U0850920

一位博士生的成长日记

一个普通家庭的成功教育经验

一篇实践陶行知教育思想的总结

一本父母子女可一起阅读的家教故事书

“一半的教育”在家庭

张乐群 著

南方日报出版社
NANFANG DAILY PRESS
中国·广州

图书在版编目（CIP）数据

“一半的教育”在家庭 / 张乐群著. — 广州 ：南方日报出版社，2014.12
ISBN 978-7-5491-1195-4

Ⅰ. ①一… Ⅱ. ①张… Ⅲ. ①儿童教育—家庭教育Ⅳ. ①G78

中国版本图书馆 CIP 数据核字(2014)第 261833 号

“一半的教育”在家庭

著　　者： 张乐群
出版发行： 南方日报出版社
地　　址： 广州市广州大道中 289 号
电　　话：（020）87373998-8502
责任编辑： 刘志一　黎　衡
责任技编： 王　兰
责任校对： 阮昌汉
经　　销： 全国新华书店
印　　刷： 广州市怡升印刷有限公司
开　　本： 889mm×1194mm　1/16
印　　张： 13.25
字　　数： 320 千字
版　　次： 2014 年 12 月第 1 版
印　　次： 2014 年 12 月第 1 次印刷
定　　价： 30.00 元

投稿热线：（020）87373998-8503　读者热线：（020）87373998-8502

网址：http://www.nanfangdaily.com.cn/press　http://www.southcn.com/ebook

目录

序　一　/1
序　二　/2
序　三　/5
前　言　/1

001 父母篇

从女儿给父母的信说起　/2
家庭更要实施素质教育　/8
宁要一个“次品”也不要“废品”和“危险品”　/10
少一点功利心　多一些平常心　/12
多一把尺子　多一批人才　/16
好学是传染的　/21
教育的秘诀是真爱　/26
只有爱心不行　还要有耐心　/30
知“道”更要努力做到　/36
此时无声胜有声　/40
好的关系胜过许多教育　/41
爱我你就夸夸我　/43
爸爸理解我　/47
既要当好师长　也要当好家长　/50
父母的“无为”是有为　/52

055 德育篇

道德是做人的根本 /56
家庭教育　德育第一 /57
百善孝为先 /61
有“心得”才能有道德 /63
家长是子女的终身德育老师 /64
为父母争气 /66
日记是“道德的长跑” /68
正直的初中生 /71
学会感恩 /72
德育注重自治 /78

081 心育篇

情商比智商更重要 /82
以爱心育爱心　以情感动情感 /85
自信是成功之父 /89
动情是教育的关键 /94
女儿的同情心 /98
培养兴趣比学习知识更重要 /100
失败是成功之母 /103
提高耐挫能力　追求成功人生 /104
意志决定成败 /111

115 智育篇

发展智力比学习知识更重要 /116
变“要我学”为“我要学” /119
总结是成功之父 /123
女儿是个“电视迷” /125
能力比知识更有力量 /127

智育注重自学 /130
课外阅读不可少 /131

135 民主教育篇

民主的家长与专制的家长 /136
民主教育要宽容 /138
孩子说话总有他的道理 /140
家庭教育要民主 /144
创造力最能发挥的条件是民主 /147

153 创造教育篇

想象力比知识更重要 /154
发明千千万 起点是一问 /155
培养孩子创造力的几点建议 /157

163 生活教育篇

过什么生活 受什么教育 /164
有钱难买少时苦 /166
姥姥是个好榜样 /168
身体不好是废品 /172
爸爸支持我游学 /174
放手让孩子读“无字之书” /178
勤做家务孩子有望成才 /180

附录一 加强家庭文化建设 提高家庭教育水平 /182
附录二 家长应该做到的40件事 /189
参考文献 /192
后 记 /194

序　一

《“一半的教育”在家庭》一书，记录的是一个在主流价值观指导下成功的家庭教育典范。

作者张乐群先生是一位教育工作者。他始终保持平和的心态，坚持以儿童为本，尊重子女的年龄特征和个性特征，循序渐进，因材施教，促使他们身心和谐发展；他不包办，不强制，创造宽松的成长环境，坚持循循善诱，使子女的个性和才能得到充分的发展。他不仅为子女的今天负责，而且更为子女的明天负责；不仅着眼于子女眼前的发展，而且还着眼于子女长远的发展，体现了可持续发展观，使子女都具有发展的后劲，实为难能可贵。

张老师教子成才的经验具有推广价值，值得广大家长学习、借鉴。

赵忠心

2012年6月26日于北京

（赵忠心：北京师范大学教授，中国家庭教育学会副会长，中国教育学会家庭教育专业委员会理事长，《中国家庭教育》杂志社主编。）

序　二

乐群是我的兄长，乳名是敬业，学名是乐群，曾自书对联“敬业乐业事业有成，乐群利群众群和谐”，横批是“敬业乐群”。人如其名，因时常琢磨一些问题，而广交学友，我是他的学友之一。

乐群研究的问题集中在教育上，又不像时下不少人为了写论文或出书功利地进行研究，而是对各种知识广泛涉猎。他以自己孩子的教育为具体案例，研究家庭教育问题，用女儿的成长日记，串起一个个家庭教育故事、一道道家庭教育问题，由此建立一个幸福家庭。

不妨沿着作者的思绪，寻珠觅玑地浏览一番：

女儿成年之际的父女通信，爱心、孝心、自信心和感恩心，心心相印；

从“以分为本”转向“以人为本”，为了孩子一生幸福而教育；

宁要一个“次品”，也不要“废品”和“危险品”，拒绝要分不要命；

即使分数少一点，只要品德好、能力强、身体好，照样能工作好、挣钱多、生活幸福；

少一点功利心，多一些平常心，孩子偶尔一次考差了，父母不要大惊小怪，更不能大打出手；

父母应该无条件地爱孩子，这对自己和孩子都是非常非常重要的；

好学是传染的，首要的也是最重要的一条就是以身作则，就是榜样示范，就是“身教重于言教”；

真正的爱是没有条件的，哪怕现在孩子是最差的，我们也要充分地理解他、相信他、鼓励他、帮助他，让他慢慢地进步；

其实父母们知道的教育孩子的道理差不了多少，成功的家长知“道”并做到了，失败的家长是知“道”而没有做到，或者是很少做到；

教育需要表扬和鼓励，但也要有必要的批评和惩罚，关键是批评和惩罚的方式方法要适当，要考虑孩子的承受能力及效果；

尊重孩子，民主平等，耐心、虚心听孩子的意见，了解孩子的需要，克服家长制作风，有了不妥之处，也能做自我批评，把教育民主的作风带到家中，处理好两代人的关系，一定能教育好自己的儿女；

应该把“孝”作为教育孩子的起点和根本，这种爱心和孝心发扬光大，就能培养出热爱老师、热爱亲友、热爱家乡、热爱祖国的深厚情感；

要用积极的心态发现孩子的优点和进步、美德和优势，引领孩子积极向上的成长力量，让孩子发现自己的优势和潜能，使孩子用自己的优势和美德，建立自尊和自信；

教育孩子的前提是了解、理解、信任、尊重孩子，不了解青少年的教育是盲目的教育，不相信青少年的教育是错误的教育，不尊重青少年的教育是专制的教育。

每一段平常的话，都是父母需要努力攀登的一个台阶。

“过什么生活便是受什么教育”，这是陶行知生活教育理论的一条基本原理，作者从中体悟到“在家庭中，生活无小事，事事是教育”。有人问作者，你是怎样教育女儿的？他的回答可以说对所有普通家庭都适用：“因为我无钱、无权又无能，只好让孩子自立、自学了。”他奉劝家长们应狠下心来开展磨难教育、吃苦教育、挫折教育，磨砺孩子的坚强意志，提高孩子的耐挫能力，才能追求成功、幸福的人生。他意识到没有文化的岳母是全家学习的榜样，是最宝贵的教育资源，女儿在姥姥家的生活，培养了女儿的爱心和孝心，这比学知识更重要。

作者对孩子的教育基本上是顺其自然地在日常生活中进行的，很少检查女儿的作业，没有刻意地要求女儿必须考多少分，必须考上什么好学校，女儿爱看电视又管得不严，她的学习成绩一直不好，小学毕业两次参加升学考试，都没有考入重点中学。就是在这种基本无压力的自由、宽松的生活环境中，她的智力得到较好的发展，身心健康成长，个性自由地发展，为后来的可持续发展打下坚实的基础。作者主张“不言之教”“身教之教”，创造好的教育环境和生活环境，顺其自然，充分发挥孩子的自主性、主体性作用，让孩子“自化”“自朴”，自己教育自己，只有这样的教育才是真正的教育，才有助于孩子成才。

这些应对和理念值得时下为孩子教育惊慌失措的家长们参考。

常人觉得唯有杰出、顶尖的人才有教育经验可写，而这本书写的是两个学习成绩一般的孩子通过适当的家庭教育铸就幸福生活的案例，既有理论的高度，又结合家庭生活实际，提炼出家庭要塑造孩子美好人性、培养孩子美好人格、为了孩子一生幸福而教育的理念，对一般的家庭更具有参考价值。

这是一本生活的写真，却又不是一般生活的流水账，父女二人骨感的生活渗透出刚性的哲理。由于作者将陶行知教育思想贯穿于整个教育过程，使它具有生动性、可读性和实践性的同时，又包含着不少几乎没有包装的教育真谛，虽一眼看到时显得有些粗朴，但结合人生经历细细品味，就会发现原本真是如此，读之能丰富家长的理论涵养。

当下的教育正在"乐此不疲"地消灭孩子的童趣，同时消灭着他们的质疑能力、想象力和创造性。孩子们从小到大好辛苦：先被学校灌输课本知识，后被灌输社会规则，继之补习潜规则，待差不多明白了，已是生命尾声。

教育本没有那么复杂。把你有兴趣的事情尽着才能做好，把你喜爱的人儿尽着力气爱好，把你想学的内容尽兴地学好。希望天下父母从读乐群的这本书开始，尽快明白过来，免得自己的孩子大了才明白，那就太迟了。

储朝晖

2011年6月28日

（储朝晖：教育学博士，中国教育科学研究院研究员，中国陶行知研究会副秘书长，《教育史研究》副主编。）

序　三

我和乐群是世交，我和他父亲解放前同过学，解放后同过事。

乐群是个进取心很强的人。他当过知青，在农村中小学任过教，后来一直从事中师、高师和高职的教学、教研工作。他热爱教育理论，40多岁了，又考入安徽教育学院教育管理系学习，毕业后回校教教育理论课，兼做学报编辑。当时我也在省教育学院搞学报工作，乐群常来合肥和我讨论、学习编辑工作。

乐群非常敬仰陶行知先生，热心陶研，常在《行知研究》等刊物上发陶研文章。他参与编印了我写的《陶行知发明创造论集》一书，参编了《学陶师陶一百题》一书。由于表现突出，他获得了安徽省学陶师陶先进个人一等奖，并被选为省陶研会常务理事。前不久，他编著出版了《中小学校长教育与管理思想研究》一书，这是一本有创新意义的书，介绍了陶行知教育思想，特别是陶行知的创造教育思想，是一本继中国陶行知研究会支持的、安徽省教育厅原副厅长王世杰主编的《陶行知创造思想》后，我看到的又一本宣传陶行知教育思想、力倡教育改革的好书。

乐群在省教育学院毕业那年，他女儿也考入了省教育学院教育管理系。父女同校同系，在我院传为佳话。他女儿的上进心也很强，一进校就准备考研，执着地自学教育理论，同时请教有关老师，也曾向我征求意见。经过拼搏，她终于成为教育管理系第一个考取硕士研究生的人，未拿到本科毕业文凭就走了，这又一次在省教育学院引起惊奇。后来我才知道，她在华南师大毕业后，又考取了华东师大的博士研究生。

乐群在做好教学、科研、学报编辑工作的同时，针对应试教育的问题，在家庭中力行素质教育，以自己的儿女为对象进行研究，多有心得，儿女都成人、成才。乐群常在阜阳市各区县、各中小学及幼儿园向家长和老师介绍经验，2001年荣获安徽省妇联、关工委、教育厅、卫生厅“家庭教育园丁”称号。在不断总结经验的基础上，他和女儿合作写出了这部《“一半的教育”在家庭》。我觉得本书有以下几个特点：

一、以《中共中央国务院关于深化教育改革全面推进素质教育的决定》为指导思想，以陶行知教育思想为指导理论，认真研究、实践家庭素质教育。每个篇章前和许多文章中都引用了陶行知先生的名言，并融合以孔子为代表的优秀传统教育思想及当代教育名人的教育思想，参考了联合国教科文组织关于教育的新要求，中国台湾、美国有关素质教育的信息，大陆素质教育的经验，列举了一些失败的家庭教育事例，启发家长认识到素质教育的重要性，内容全面，值得家长一读。

通过观察、思考、对比研究，乐群认为，应试教育是片面的教育，素质教育是全面的教育；应试教育是“以分为本”的教育，素质教育是“以人为本”的教育；应试教育是只顾眼前的考试和升学的教育，素质教育是打好基础、挖掘潜能、面向未来的教育；应试教育是不利于孩子可持续发展的教育，素质教育是着眼于孩子可持续发展的科学教育；应试教育是急功近利的教育，素质教育是塑造孩子美好人性、培养孩子美好人格、为了孩子一生幸福的教育。这样的概括很全面，较准确，体现了家庭素质教育的创新。

二、突出“爱”的情感教育。孔子说“仁者爱人”，陶行知提出“爱满天下”。乐群在家庭素质教育中，从爱心和孝心入手，培养孩子孝敬父母、热爱老师、热爱亲友、热爱家乡、热爱祖国的情感，效果很好，值得学习。

乐群借用歌词“爱我你就夸夸我”，来理解孙云晓同志说的“教育的秘诀是真爱”，很有新意。父母真爱孩子，就要多鼓励，多表扬，少批评。他女儿的语文考了49分，他没有责骂，只是帮女儿总结经验教训。女儿小学毕业两次没考上重点中学，他也没有过多批评，这令女儿既感动，又难过。后来女儿发愤学习，终于读到博士毕业。他的爱的教育是成功的。

三、乐群努力实践陶行知生活教育思想，成功地对孩子进行了生活教育。陶先生说，生活即教育，给生活以教育，以生活为中心，教育与生活相结合。在家庭生活中随时随地引导孩子向善向上，是教育孩子的重要途径。乐群曾三次送女儿到岳母家生活。他岳母虽然没有文化，但身上表现出许多优秀母亲所具有的勤劳节俭、朴实诚信、吃苦耐劳、默默奉献、无怨无悔、忍辱负重、善良宽厚等优良品德，对孩子的影响很大。他女儿在日记里写道：“姥姥是个好榜样。”

四、乐群把德育放在第一位，符合中央“以人为本，以德为先”的教育要求。陶行知说，道德是做人的根本。那些没有道德的人，学问和本领愈大，就能为非作恶愈大。家庭重视德育可以弥补学校轻德育的不足，素质教育应该以德育为根本。可是我们的教育在某些方面仍然停留在传授知识上，忽视培养孩子的道德判断和选择能力。2008年全国发生了三起大、中、小学生杀师的恶性事件，这是忽视德育的严重后果。

乐群很重视对孩子进行感恩教育，它是德育的一项重要任务。感恩教育使人知恩图报，热爱生活，热爱生命。人人知感恩，家家都和谐，社会就稳定。

五、重视民主教育和创造教育是乐群家庭素质教育的一大亮点。陶行知是中国创造教育的开拓者。陶行知说："创造力最能发挥的条件是民主。"当前，国际竞争日趋激烈，竞争的实质是科学技术（包括发明创造）和民族素质的竞争。乐群重视民主教育，大力提倡"六大解放"，培养孩子的想象能力、创造能力。民主教育要求教育要尊重儿童的兴趣、爱好、个性和人格，要以平等、博爱、宽容、友善、引导的心态对待儿童，形成有利于创造的环境，特别是不要扼杀孩子的兴趣。乐群在这些方面做得很好，孩子感兴趣的有益活动他都支持。他女儿春游时，看到一个小桥连着岸边和湖中的小岛，产生了"何时在大陆和台湾之间架一座桥"的联想，说明她的问题意识、创造性思维和创造性想象能力较强。

乐群很重视心理健康教育，特别重视提高孩子的耐挫能力。现在的年轻人耐挫能力越来越差，遇到挫折态度消极，出现了严重的心理疾病，有的自哀、自怨、自恨、自责，有的甚至自残、自杀。父母和孩子要树立辩证的思想对待挫折，积极培养耐挫能力。

六、乐群很注意智力和能力的培养，认为发展智力比学习知识更重要。中共中央和国务院的决定指出，人才资源能力建设是人才培养的核心，在提高全民思想道德素质、科学文化素质和健康素质的基础上，重点培养人的学习能力、实践能力、创新能力。可是应试教育误导多数家长重知识学习、轻智力和能力的发展。乐群的女儿用9年时间读完了一般人10年读完的课程，可见其学习能力很强。他儿子虽然只有大专文凭，但生活能力、工作能力、交往能力都较强，工作顺利，家庭和谐，生活幸福。

七、此书书名新颖，内容实际，生动感人，父女合作，有日记、有点评、有故事，介绍了家庭素质教育的成功经验，我相信会得到社会的认可、家长的欢迎。我爱人很喜欢读这本书。

祝贺乐群凭借自己的聪明才智，掌握了丰富的教育理论和大量的教育信息，坚持不懈地实践、研究，培养儿女成人、成才，为社会、国家做出了贡献。

祝贺乐群在“立德、立功、立言”方面取得成功。

希望这本书能广为流传，取得更大的社会效益！

吴一德

2012年3月24日　时年八十七岁

（吴一德：安徽省陶行知研究专家，《安徽教育学院学报》原副主编、副编审。）

前 言

《“一半的教育”在家庭》是一位博士生（我女儿）的成长日记及点评，一个普通家庭的教育故事，一篇成功实践陶行知教育思想的总结，一本两代人（我和孩子）合写的、可供两代人（家长和孩子）共同阅读的书。

一、我为什么写《“一半的教育”在家庭》

我的孩子，大的是女儿，华东师范大学教育学博士毕业，现在加拿大创立并发展了自己的公司。她品德好，学习好，能力强。小的是儿子，有个性，好活动，应试学习成绩不好，两次高考名落孙山。我认为不是因为他笨，而是因为他不适应当前的应试教育。虽然两次高考失败，但他后来到部队当了两年兵，由于品德好，能力强，当上了班长，复员后安排在我工作的单位搞保卫工作。他感到空闲而无发展前途，在我的鼓励、支持下，南下广东打工，搞了营销工作，现在是中国某大公司广东分公司的副总经理。很多人都说我的两个孩子很有出息，家庭教育很成功。

有个了解我孩子情况的同志问我：“你的两个孩子中小学学习成绩很一般，现在怎么发展得这么好？你是怎样教育孩子的？”这使我产生了写文章总结家教经验的想法。在一些家长学校讲课时，我也理论联系实际地介绍过教育孩子的经验，受到了家长的好评。我撰写、发表了十几篇家庭教育方面的文章，并因此在2001年荣获了安徽省妇联、关工委、教育厅、卫生厅“安徽省家庭教育工作园丁”的称号。

看到书店里那么多有关家教的书，也曾萌生过写一本书来总结家庭教育经验的想法，但一直忙于工作，没时间写。现在孩子都工作了，成家了，我也退休了。作为一名有责任心的老教育工作者，看到许多教育问题，特别是家庭教育的问题，我感到有责任、有义务总结自己家庭教育的经验和教训，研究家庭素质教育的理论与实践，宣传陶行知的素质教育思想，这样做对孩子有益，对社会有益，对家长有益，对推进素质教育有益，也可以了却我多年的夙愿。

《三字经》有言：“人遗子，金满嬴。我教子，惟一经。”作为教师，我没有很多财产留给孩子，这本书是我给孩子们留下的精神财富。

《中共中央国务院关于深化教育改革全面推进素质教育的决定》已经下发十几年了，当前的很多学校仍然是“素质教育轰轰烈烈，应试教育扎扎实实”，其原因固然是多方面的。但许多家长对素质教育不理解、不支持，甚至反对，确实是一个重要的原因。有人说，素质教育最大的阻力来自家长。没有广大家长的理解和支持，学校是无法全面实施素质教育的，只有社会、学校、家庭教育形成合力，才能推进素质教育。各级教育主管部门要求中小学校办好家长学校，目的也在于此。

现在有两种情况：一是很多家长对学校搞素质教育不理解，怕影响孩子的学习。如果学校搞了素质教育，减轻了学生过重的作业负担，家长就花钱请家教，大搞应试教育。二是一些有正确教育思想的家长看到孩子学习负担太重，要求学校搞素质教育，以减轻学生负担。如果学校不搞素质教育，家长主动搞素质教育，我就属于这一类家长。比如学校重智育、轻德育，我就在家庭教育中把德育放在首位，其次是心育、体育，再次是智育。针对学校普遍重应试教育、轻素质教育的问题，我想家庭更要重素质教育，这是我写《“一半的教育”在家庭》的初衷。

二、为什么以《“一半的教育”在家庭》为书名

我原来的书名是《家庭素质教育》，后来感到这个题目太大了，太正统了，缺乏吸引力，理论上也不容易说清楚。我就想到了家庭教育专家、北京师范大学赵忠心教授的说法：当前学校的应试教育是“一半的教育”，即只抓智育，忽视德育；只重视知识的学习，忽视能力的培养；只重视智力因素的培养，忽视非智力因素的培养；只抓特长发展，忽视全面发展；只抓生理保健，忽视心理保健；只抓营养保证，忽视身体锻炼。

我想，如果说目前学校的应试教育是“一半的教育”，那么，家庭教育就是另“一半的教育”；如果说学校这“一半的教育”是应试教育，那么，家庭这“一半的教育”就应该是学校忽视的素质教育，即赵忠心教授所说的六个“忽视”：德育、能力、非智力因素、心理保健、身体锻炼和全面发展的教育。

另外，我阅读并珍藏着黄全愈教授写的《素质教育在美国——留美博士眼里

的中美教育》和陈绶祥教授写的《素质教育在中国》两书。受赵忠心教授、黄全愈教授和陈绶祥教授素质教育思想的启发，我就把书名改为《一半的教育——素质教育在我家》。后来，我尊重出版社编审同志的建议，又将书名改为《“一半的教育”在家庭》。

三、如何把书写得既有理论性，更有可读性和实践性

将书写得既有理论性，更有可读性和实践性（可操作性），这的确是个难题。发生在家庭里的很多教育故事，我已经记不清楚了。幸好儿女的日记在家里，记录了许多曾经发生的故事，勾起了我的许多回忆。

我曾多次把女儿的日记给亲戚家的孩子们看，读给大学生们听，收到了很好的教育效果。在写作的过程中，我想起了青少年教育专家孙云晓“成人化孩子，孩子化成人，两代人共同成长” 的话，由此产生了一个想法：把书写成两代人都可阅读的书，促进两代人共同成长。孩子比较喜欢看同龄人的日记，可从我女儿的日记中找到共同语言，引起情感共鸣，受到启发教育。成年人比较喜欢看理论点评，以丰富家教的理论知识，掌握良好的家教方法，提高个人的教育素质。我就想到以儿女的日记为线索，以家教故事为内容，以理论点评为主导，以叙事研究、个案研究为方法来构思、写作这本书，这样可能更真实、更生动，更感人，可以避免过多的理论说教，尽可能地增强书的生动性、可读性和实践性。

四、需要说明的几个问题

1．陶行知教育思想是本书的主要理论基础。几十年来，我一直努力学习、研究、实践陶行知教育思想，在《中国教育学刊》等杂志上发表了十几篇陶研方面的文章，被选为安徽省陶行知研究会常务理事，曾获安徽省学陶师陶先进个人一等奖。这本书原是安徽省陶行知研究会立项的一个研究项目，书中每一篇前面都有几句陶行知的教育名言，文中也引用了很多陶行知的言论，目的是宣传、学习陶行知的素质教育思想，丰富家长的教育理论知识，以更好地教育孩子。

2．从内容上看，本书虽有一定的逻辑性，但缺乏理论的系统性。主要原因是我的水平有限，无力追求家庭素质教育理论的系统性和完整性，这里写的只是我的家庭素质教育的做法和感悟，如果能对家长和孩子有点启发和帮助，也就心满意足了。

3．这本书写好几年了，原准备2013年出版，但因女儿认为自己很平常，不想宣传自己，一直不赞同公开出这本书，就搁置了下来。主观上，我也不是为了

宣传自己教育儿女的经验，而是想通过我以平常心态，教育平常孩子成长为平常人的案例，证明素质教育理论（包括陶行知的素质教育思想）对教育实践的重要指导作用，批评应试教育的弊端，分析家庭教育的问题，既有利于推进家庭素质教育，促进孩子健康成长，也实现了我的教育理想。后来女儿也认为：“我们的成长和幸福是你教育理论和实践的见证，它见证了一个父亲的爱，见证了爱是教育的真谛。能够与别人分享也是一件于人有益的好事。”女儿最终同意出这本书。

我很赞赏女儿这种谦虚、谨慎、平淡、低调的人生态度，尊重女儿的意见，在书的署名和内容中均删去了她的名字。

由于我的水平有限，书中肯定还有一些不妥和讹舛之处，敬请读者指正。

张乐群

2014年2月9日于多伦多

父母篇

以教人者教己。

我们要培养新父母和新教师，以培养更有福的一代。

我希望每一个儿子做成一个什么样的儿子，我得先把自己做成那样一个儿子。

我们要跟小孩子学习。

我希望中国的父亲，都学做富兰克林的父亲；中国的母亲都学做爱迪生的母亲。

——陶行知

从女儿给父母的信说起

1993年7月29日
在生日到来之前给父母的信

亲爱的爸爸、妈妈：

你们好！这是我在18岁生日纪念日到来之前写给你们的信，当此时，你们看到这封信的时候，我也许就在不远处正品味着18年的人生悲喜。在此，首先感谢你们在18年前的今天给了我生命，让我来到这个美好的世间享受人生。18年来的养育之恩，女儿更是永记心头，衷心地对你们说："谢谢你们，爸爸妈妈！祝福你们过得更好！"

18年，我从婴儿长成一个大人，是父母生了我，养了我，教育了我，让我从无知变得成熟，从陌生地对待生活到充满爱心地去投入生活。这种恩赐是父母的美德，是女儿的福分，女儿心里好感激。

18年，意味着6574个日日夜夜，我吃着母亲的奶，牙牙学语，会叫"爸爸、妈妈"的那一天给你们带来怎样的欢喜？我不知道，但我应该能想象得到。当我挣脱母亲的怀抱，开始用自己的脚走自己的路时，爸爸、妈妈一定在身旁扶助我，呵护我，怕我会摔倒，会受伤。这一扶，扶了我18年。多少爱滋润我一天天长大，多少爱浇灌我茁壮成长。

记得上小学一年级时，我才五岁，爸爸在上大学。每个星期六，我会被爸爸从学校接走，父女俩一起放学回家过周末。50多里的路程，我们骑着车，我坐在前面的车座上，听爸爸教我唱歌，教我背古诗："白日依山尽，黄河入海流……""锄禾日当午，汗滴禾下土……"还有那"蓝蓝的天上白云飘，白云下面马儿跑"的歌声依稀回荡在耳边。似乎又看见父女俩，一个骑车，一个坐在前面，两只小手拍着车把，爸爸教一句，我学一句，还不停地问这问那，爽朗的笑声和幼稚的咯咯的笑声混在一起，随着天上的云、耳边的风飘得好远好远……

还记得三年级时，爸爸已经工作了，每天教课、写文章，还要照顾我和弟弟。家离学校很远，爸爸每天要送我们上学校，还要接我们回家。一次放学早，爸爸写文章写入迷了，忘了去接我，我便一个人走回家。开始还有几个同学陪着，可我家是最远的，最后只剩下我一个人走。我好高兴，一路上蹦蹦跳跳，好路不走，偏走路边的水泥板，一下子，裤腿划破了一个大洞，只好用手捂着，慢慢走回家。好容易到了家，我自豪地对爸爸宣布："爸爸，我走回来了。"爸爸放下笔从桌边转过身，带着深深的笑意说："爸忘了去接你，自己走回来，很有本事噢。"我仰起头，得意地笑了。继而，又把弄破的裤子给爸爸看，爸爸说："幸亏没有碰伤，下次一定要小心一点……"那时，窗外洒满明媚的阳光，我记住了每一句话、每一片阳光。

爸爸工作安定下来，只剩下妈妈一个人在插花[①]。于是一个星期的课，妈四天多上完，星期五就从插花赶回来。妈妈爱干净，我们爷仨总是把家里搞得乱七八糟。于是每到星期五的中午，便是我们紧张的大扫除日，一定要在妈妈赶到家之前，把地扫干净，把被子叠好，把脏衣服堆放好。往往活还没完，妈妈就从车站走到家了，于是立刻会投入我们的劳动，开始拾掇我们的家。每个星期我们总会盼望星期五，星期五妈妈会来，会给我们带好吃的东西。可每个星期天，妈妈都给我洗头、梳头。有一次，我为了不想洗头，就逃跑，爸爸围着食堂追了我一圈，终于把我捉回去洗头发，我当时直气自己跑得慢。

爸爸工作忙，我又贪玩，那时爸爸也让我玩，说可以开发智力。结果我一直上到五年级都没有捧回过一张奖状。直到六年级，我一下子每门成绩都达到了85分以上，光荣地捧回了我的第一张奖状，爸爸妈妈好高兴啊，中午还加了餐呢。可考差了的弟弟不服气，把我的奖状在晚上偷偷撕下了一个角。我告了他的状，害得他挨骂。

然而，两年[②]我都没有考上重点中学。记得我拿分数条走到爸爸的病床前[③]，我心里难过极了。因为还差两分考上重点三中，爸爸接过分数条后，勉强地笑着对我说："你要是考上三中，我这病就好一半了。"接着，问我饿不饿，拿钱给我，让我到门口去买锅贴吃。出了医院，我哭了，我在心里说："爸爸，我对不起你，我对不起你……"炎热的夏季，爸爸从病床上爬起来，为我上学而奔波，

---

①"插花"是我下放的农村，是我原来当民办教师的地方。我考上大学后，领导照顾，让我爱人当了民办教师——作者注。

②当时小学五年制改六年制，女儿五年级和六年级毕业参加了两次升学考试——作者注。

③当时我因患严重的胃溃疡病住院——作者注。

一中不行，三中也不行，结果我被分到一个非常差的中学。爸又请人吃饭，好不容易才把我的档案取过来，使我成为师院附中的一名学生。那骄阳下，爸爸骑车而去的身影，烈日下，爸爸大汗淋淋地从外归来，这将是我终生也难忘怀的。从那时起，我就决心要好好学，去回报我的爸爸。

上了附中，第一堂语文课，我写的《我的爸爸》，成为全班最好的作文，张老师动情地念给全班同学听。我写时并没有觉得有什么好，只是想到什么写什么，很琐碎，也很短，只有500字左右。记得第一句是：“张主任在家吗？学校找你开会。”“张主任在家吗？找你检查卫生……”开头大概是突出爸爸忙，接着又写爸爸照顾我和弟弟，还写到妈妈，中间都记不清了，只记得最后一句是：“爸爸爱我，我更爱我的爸爸。”后来才体会到：好文章是真情的自然流露。

从此以后，我成了一名学习好的学生，不再是以往的“一般成绩”。第一次附中摸底考试，我考了语数双第一，只是英语才考80多分，总分第四。爸爸好高兴，总是夸我，开始我并不觉得很好，后来被夸得飘飘然，竟然在日记里写着：“虽然没有考第一，但想想第四也不错……”结果，老师在日记评语上，婉转地把我批评了一顿，还引用了毛泽东的话：“人要想学习一点东西，必须从不自满开始……”我终于从云端跳下来，清醒了，又开始好好学习。

高中第一学期期末，我考了第二十八名。当我看到自己第二十八名的成绩时，爸爸，还记得吗？我留个字条给三婶，就直接骑车去了姥姥家，我不敢回家面对严厉的你。黑夜的风吹拂着我，一个人带着通知书和作业，骑车走在去姥姥家的路上，我心里好害怕，好懊恼，为什么总要看电视而不好好学习呢？来到姥姥家，天已经完全黑了，妈妈吵了我几句，就催我赶紧学习。我在姥姥那高高的黄色的灯泡下，开始做我的寒假作业，微弱的灯光照着我读书的身影。

之后，您和弟弟到了姥姥家，根本不理睬我，我知道这是对我的惩罚，我接受这个惩罚。于是第二学期期中考试，我考了第十一名，可我总是学不好物理。

高二分班，我想这回没有理化，我一定要考好，便下劲地学，果然考了第二名。作为一个学生，我们的喜忧来自于老师和家长的奖惩，而家长的行为又取决于我们的成绩。我知道，为了我的前途，名次是衡量我们用功与否的标准。进步了给家长增添欢悦，退步了给家人增添悲愁。从那以后，尽管是前几名，却从未进过前两名了。爸爸总是说我学得不错。其实好什么呢？跟别人差得还太远太远……高考时，我又落在第二名的位置上，我很失望，始终没有为你们，为我自己争取过第一名。

18年的历程很长，作为你们的女儿，我给你们带来欢乐，同时也带来痛苦。

我多么希望我带来的是多一分的欢乐，少一分的痛苦。

18年在历史长河中，是短暂的，在我的一生中，却是最重要的。我长成大人了，而你们的皱纹也已爬上了额头，白发在风雨中飘动，女儿多么想把它染黑，可岁月不饶人。然而只要有一颗年轻的心，外表的衰老又算得了什么？

深夜，写下这许多，却没有困意，我时而忍不住发笑，时而又禁不住落泪。18年值得回忆、留恋的太多。我们是许许多多家庭中最平凡的一家，也是很幸福的一家人，因为有爱在心头，爸爸、妈妈、弟弟爱我，我更爱爸爸、妈妈、弟弟。今天女儿18岁了，正像一首歌中唱道：“女儿已长大，女儿自有女儿的报答。”

女儿有时候很懒，很不听话，还会犟嘴，但女儿会改，会努力做一个好女儿，有一天让父母以女儿为荣，以女儿为傲。也许女儿会说错话伤父母的心，但女儿从来都是无心的，希望父母见谅。同时我也知道，父母从来不会记在心上的。人常说：“在每一位父母的眼中，自己的孩子总比别人家的好。”普天之下，最让人感动的便是父爱和母爱。愿我们一家人，永远满怀着自己的爱，爱父母，爱孩子，爱妻子，爱丈夫，爱姐姐，爱弟弟，爱生活中的每一个好人。我们在爱河中畅游，偶尔的石阻浪打只不过是畅游中的点缀而已，我们会相互扶助，直到永远。

爱，是永恒的！今天是我18岁的生日，让我们共同干杯！为敬父母的养育之恩，干杯！为女儿的长大干杯！饮下这一杯酒，我们会过得更好！

祝爸爸妈妈：相敬相爱，身体健康，生活愉快！

女儿

1993年7月29日夜2：22

给女儿的回信

亲爱的女儿：

祝你18岁生日愉快！愿你生日玩得快乐！女儿想得周到，18岁生日给父母写了一封感情充沛的感谢养育之恩的信，我们读了好几遍，泪水总是抑制不住流下来。不是悲痛，而是激动，是幸福。我们的女儿成熟了，是懂事的孩子，是有理想、有抱负的孩子，是尊老爱幼的好孩子。我们决不埋怨你，你尽了努力，尽了孝心，尽了爱心，你一定会生活得快乐！内疚的应该是我们尚未想好送你什么生日礼物，还没有给你准备好充分的过生日的东西，只给了你爱，给了你节俭。相信女儿是能够理解的。

女儿生活在我们家里，虽不算优越，可也算幸福。幸福并非因为优越的条件，人际关系的友好和谐，知识在丰富，精神在升华，就是幸福、美好。奋斗着是幸福的。女儿立志奋斗，积极向上，这是最最重要的。我们愿尽一切努力支持你！

童年的生活是令人难忘的，回忆往事有时是痛苦的，有时是幸福的，人生本来就是如此。我们一生的奋斗是值得的，有儿有女，工作顺利，家庭团结，生活和谐。我想，春雷①也一定会大有长进的。这需要我们大家帮助、教育、引导，你的影响也是很重要的。我很欣慰有这样的女儿，有这样温暖的家庭！我将越活越年轻。

顺利并非好事，准备迎接逆境，成功就在眼前。

我们不需要什么报答，只要你能不断进取，我们就高兴啦。女儿有不足之处，因你还年轻。父母也有过失，这是人之常情，关键在不断改进。不要说对不起，养儿育女是父母的责任，我们期望着女儿成功，我将为女儿骄傲自豪！

愿女儿18岁生日愉快！

父母字

1993年8月3日（旧历六月十六日）

背景介绍

1993年7月，我女儿高中毕业。她自知高考不理想，感到愧对父母。在等待高考分数的日子里，她很郁闷，很寂寞，就在生日到来之前给父母写了这封很感人的信。作为回应和交流情感，我及时给女儿写了上面的回信。

点评

父母和孩子难免存在代沟，因此需要加强交流，以了解孩子。写信是一种很好的交流方式，能表达出口头语言不好意思表达的思想感情，对于加强两代人之间的感情交流、建立亲密的关系、培养孩子的健康情感都有很好的效果。

我每次读女儿的这封信，都会被女儿的爱心、孝心感动得泪流满面，都为自己有这样的好女儿感到欣慰、幸福、自豪和骄傲。特别是其中的这一段："女儿

①我儿子——作者注。

会努力做一个好女儿，有一天让父母以女儿为荣，以女儿为傲……普天之下，最让人感动的便是父爱和母爱。愿我们一家人，永远满怀着自己的爱，爱父母，爱孩子，爱妻子，爱丈夫，爱姐姐，爱弟弟，爱生活中的每一个好人。我们在爱河中畅游，偶尔的石阻浪打只不过是畅游中的点缀而已，我们会相互扶助，直到永远。”

女儿的信叙述了我家的一些教育故事，表现了她的思想情感，反映了我的家庭素质教育思想，更是一篇不可多得的感恩教育、爱心教育的好材料。我在对学生进行心理健康教育时，在教“应用文写作”课让学生给父母写信时，在向学生做感恩教育报告时，在家长学校讲课时，多次读女儿的信给学生和家长们听，同学们听得入神，教室里一片寂静。生动感人的内容，加上我声情并茂的朗读，不少学生感动得流下了眼泪。每次读完信，同学们都报以热烈的掌声。

细心品读女儿的信，发现女儿很有爱心、孝心、自信心和感恩的心，这种爱心、孝心、自信心和感恩的心是如何培养出来的呢？我回忆、总结家庭素质教育经验，主要有以下几点：

1. 重视德育和心理素质教育，我的家庭素质教育思想是德育第一，心育第二，体育第三，智育第四。

2. 建立和谐的家庭关系，夫妻恩爱，乐于助人。以父母的爱心和孝心，培养孩子的爱心和孝心。

3. 运用陶行知“生活教育”思想，注重在生活中教育孩子。

4. 重视孩子情感、意志、性格、能力等非智力因素的培养。

5. 细心发现孩子的微小进步和优点，坚持多表扬鼓励、少批评训斥。

6. 实施民主教育，尊重孩子，注意启发孩子自我教育、自主发展。

7. 坚持以身作则，身教重于言教。

8. 注重智商和情商的开发与培养。

9. 严格要求孩子写日记，及时查看、批改和指导。

10. 重视形成民主、平等、宽松的家庭氛围，及时和孩子交流思想和感情，尽量让孩子自由地玩，快乐地学，健康地成长。

还有一些其他做法，将在后面的文字里详细论述。

家庭更要实施素质教育

教育思想决定教育行为。家庭实施素质教育，父母首先要树立素质教育的思想。

一、为什么家庭更要实施素质教育?

中共中央、国务院关于推进素质教育的决定已经过去20多年了，学校的应试教育依然"扎扎实实"。有的家庭比学校更甚，应试教育越来越扎实，素质教育越来越空无，教育问题越来越严重，有识之士越来越忧虑。

改革开放30多年来，我国的经济飞速发展，人们的生活水平有了很大的提高，就业环境有了很大的改善。但我国人口太多，就业竞争激烈，没有大学文凭很难找到好的工作。在这种情况下，学校重视应试教育、重视升学率的状况一时半会是难以改变的。但家长不能因此也像学校一样重视应试教育，轻视素质教育。一个国家不重视素质教育，培养不出有创新精神和实践能力的人才，国家就会永远落后；一个家庭重应试教育、轻视素质教育，不仅培养不出有创新精神和实践能力的人才，而且还可能培养出一个高分低能的书呆子，或导致孩子出现严重的心理问题，成为低分低能、低分体差的废品，或培养出一个分低德差的危险品。

我认为，家庭实施素质教育，至少有以下几点好处：一是弥补学校轻视素质教育的不足，有利于孩子的全面发展；二是可以减轻学校、家庭都重应试教育给孩子造成的学习负担过重的压力，有利于孩子的心理健康；三是扬长避短，更好地发挥家庭教育的功能；四是有利于提高家长的教育素质。

陶行知说："教育乃国家的万年根本大计。" 我国提出"百年大计，教育为本"。这里的"教育"不是传统教育，更不是应试教育，而是素质教育。旅美教育学家、迈阿密大学孔子学院院长黄全愈博士说："中国的前途在教育。因为有什么样的教育，就有什么样的国民；有什么样的国民，就有什么样的国家。因此，有什么样的教育，就有什么样的明天。从这个意义上说，只有素质教育能救中国。"换句话说，只有素质教育才能兴国富家。我们还有什么理由不重视、不实施素质教育呢?

二、什么是素质教育?

什么是应试教育?什么是素质教育?应试教育有什么弊端?素质教育有什么好处?这仍是仁者见仁、智者见智的问题。广大家长虽然不是教育理论工作者,不需要在概念上追根求底,但也要大概理解什么是应试教育,什么是素质教育,应试教育有什么不好,素质教育有什么好处。这几个问题可通过比较来理解。

家庭教育专家赵忠心教授认为,应试教育是“一半的教育”:

第一,只抓智育,忽视德育。

第二,只重视知识的学习,忽视能力的培养。

第三,只重视智力因素的培养,忽视非智力因素的培养。

第四,只抓特长发展,忽视全面发展。

第五,只抓生理保健,忽视心理保健。

第六,只抓营养保证,忽视身体锻炼。

我认为,如果说学校的应试教育是“一半的教育”,素质教育就是完整的教育、全面的教育;如果说学校的应试教育只抓了一半的教育,家庭素质教育就要抓好学校忽视的那一半的教育。这就要求家长:

第一,更要重视德育。德育和智育是儿童素质发展的两个基本要求,二者相辅相成、互相制约、互相促进。学校抓智育,忽视德育,家庭就要更重视德育。

第二,更要重视能力的培养。知识就是力量,把知识转化为能力更有力量。否则,就是一个高分低能的书呆子。因此,学校重视知识的学习,家庭更要重视能力的培养。

第三,更要重视非智力因素的培养。对一个人来说,智力因素好比是“资源”,非智力因素好比是“能源”,没有充足的“能源”,“资源”再丰厚,也是难以开发利用的。非智力因素的培养比智力因素更重要。学校重视智力因素的培养,忽视非智力因素的培养,家庭就应该更重视非智力因素的培养。

第四,更要重视全面发展。全面发展打基础,发展特长育人才。打好了全面发展基础,才有利于发展特长。

第五,更要重视心理健康教育。健康包括生理健康、心理健康和道德健康,心理健康不仅影响生理健康,而且还影响智力发展和道德修养。学校忽视心理健康教育,家庭就要特别重视心理健康教育。

第六,更要重视体育。忽视身体锻炼,不仅可能是个废品,而且还可能导致意志薄弱,自控能力差,终将一事无成。学校忽视体育,家庭则应重视体育。

现实一点说，把目前学校重视的“一半的教育”，即应试教育，和家庭重视的“一半的教育”，即素质教育结合起来，才是比较理想的教育。当然，这是不得已而为之的事。

严格地说，把学校教育和家庭教育说成各是“一半的教育”，并不十分准确，因为教育包括学校教育、家庭教育和社会教育。但从重视家庭教育的角度，说家庭教育是“一半的教育”也未尝不可。很多家长认为，现在教育孩子是学校一半，家庭一半。

人的基本素质包括身体、心理、思想、道德、科学、文化、劳动技能、艺术、审美等几个方面。

爱因斯坦说，当你把学过的东西忘掉了，剩下的就是素质。也就是说，忘不掉的东西才是素质。忘不掉的素质是什么呢？根据人们的深切体验，忘不掉的是兴趣爱好、行为习惯、道德修养、思维方式，是情感，是对美的追求。而应试教育不重视这些基本素质的培养，家长就应该实施素质教育，重点培养孩子这些基本素质。

通过比较，我认为：应试教育是片面的教育，素质教育是全面的教育；应试教育是“以分为本”的教育，素质教育是“以人为本”的教育；应试教育是只顾眼前的考试和升学的教育，素质教育是打好基础、挖掘潜能、面向未来的教育；应试教育是不利于孩子可持续发展的短视教育，素质教育是着眼于孩子可持续发展的科学教育；应试教育是急功近利的教育，素质教育是塑造孩子美好人性、培养孩子美好人格、为了孩子一生幸福的教育。因此，家庭更要实施素质教育。这是我对当前教育的反思和感悟，是我实施家庭素质教育的经验和体会。

宁要一个“次品” 也不要“废品”和“危险品”

1994年秋天，儿童教育专家孙云晓拜访著名教育家斯霞时，斯霞写了下面的话相赠：“德育不好是危险品，智育不好是次品，体育不好是废品。”我认为，“次品”尽管质量差一些，但还有点用处，而“废品”却是无用之物，“危险品”更令人可怕。孩子的学习不好，经过努力可以补上来，要是品德和心理出现了问题，不仅解决起来非常困难，而且还可能会出现危险的结果。我坚信陶行知“道德是做人的根本”的教导，坚信“心态决定成败”的理念，认定“身体是做事的本钱”。因此，我的家庭教育思想是德育第一，心育（即心理素质教育）第二，体育第三，智育第四。换句话说，我宁要一个“次品”，也不要“废品”和“危险品”。

我坚持德育第一、心育第二、体育第三、智育第四的教育思想，是担心孩子的学习负担过重，不仅影响孩子的身体健康，而且还可能导致严重的心理疾病。学校的作业已经很重了，如果在家里还抓学习，还布置作业，孩子怎么能受得了！有一次，我的一位亲戚，也是孩子的老师对我说：“你孩子的作业有时完不成，你咋不抓抓？”我说：“你少布置点作业，她不就完成了？”她听了很不高兴，说我对孩子太娇惯。

应试教育使多数学校和家长重视智育（严格地说是重分数），轻德育。“分分，学生的命根”，“考考（其实还是为了分），老师的法宝”，“分分，家长的希望”。校长、老师、学生、家长都围着“分数”转，校长、老师、学生、家长的喜怒哀乐都围着“分数”变。似乎“分”就是教育目的，“分”就是一切。很多人要分不要命了：因为“分数”，夏斐被母亲毒打致死；因为“分数”，徐力杀死了母亲；因为“分数”，有的孩子自杀了。是“分数”的罪过，还是人们的教育思想有问题?

我的家庭素质教育实践充分证明，孩子的道德素质提高了，心理健康了，意志坚强了，情感丰富、积极、高尚了，能力增强了，身体强健了，学习也差不了。因为孩子明确了为报答父母、报效祖国、奉献社会的学习目的，有了吃苦耐劳的毅力和积极健康的情感，就会勤奋刻苦地学习，成绩就会慢慢好起来，我女儿的情况就是这样。她小学毕业两次都没考上重点中学，中学成绩一般，高中毕业考上了大专，大专毕业后仅用了半年的时间，通过刻苦自学考上了研究生，现在已经博士毕业参加工作了。即使学习差一点，分数少一点，只要品德好，能力强，身体好，照样工作好，挣钱多，生活幸福，我儿子就是这样的人。他两次高考落榜，现在也只有成人大专学历。但他的道德、能力、身体、心理素质都很好，很会处人办事，现在是一个大公司的副总经理。我认为，我儿子不是“次品”，而是“精品”。像我儿子这样考不上大学的企业家、艺术家、作家、商人、干部多的是，难道他们不是“精品”吗?!

我宁要一个分数差一点的“次品”，也不要身体差的“废品”和品德不良的“危险品”。

少一点功利心　多一些平常心

女儿日记

1988年1月15日

今天晚上，随手翻看了一下《中国教育报》，看到一条骇人听闻的消息——“只因两门功课低于90分，一个小学生被母亲打死”。

夏斐今年9岁，上小学四年级。期末考试，数学82分，语文79分，名列全班第五。因为怕挨打，夏斐向母亲说，两门全在90分以上。母亲得知实情后，从中午12点开始，用铁制三角形木锉一直打到4点。直到5点多钟，孩子的爸爸才送孩子去医院抢救，可已经来不及了。事后，发现尸体上还有许多发青的斑斑伤痕。

我从来没有被父母打过，就是批评也是极少的。这次语文考49分，爸爸也只不过批评了我几句，并帮我查找原因，总结教训。

点评

当年，夏斐被母亲毒打致死的新闻震惊全国，我也常在课堂上和文章中评论这个例子，说明家庭教育问题的严重性，没想到女儿把这件事记叙得如此详细。这则日记至少反映了以下几个问题：

一是女儿很有同情心，非常同情夏斐，憎恨“那个可恶的母亲”。二是女儿善于对比和体验生活。她通过对比和联想，深切地体验到了父亲的宽容和慈爱。三是说明了我女儿的学习不太好，语文考49分，我也没有打骂她。其实，孩子偶尔一次考差了，父母不要大惊小怪，更不能大打出手。孩子考差了，打骂不是好办法，而是要耐心地引导孩子查找原因，帮助孩子总结教训。四是证明了我不太重视应试教育的分数。

最近，网上有个令人震惊的消息：一个大学的女老师竟然因十几岁的儿子睡懒觉，活活地掐死了儿子！伟大的母爱哪儿去了？被人崇拜的、有文化的大学老师如此没有自控能力？真是不可思议！打骂是无能的教育行为，打死女儿更是惨无人道的暴力行为。应试教育使很多校长、老师、学生、家长重分轻人。最近几年发生的孩子杀死父母、学生杀死老师的教育悲剧，都与急功近利的“分数”教育有关。

我认为，中小学的考试分数对升学确实重要，但对人今后的工作、生活和事业影响不是很大。对此，我有切身的体会。我初中毕业下放农村10年，1977年改革招生制度后，靠自学考上师范学院中文系。由于没上过高中，语文基础知识不够扎实，大学的各科学习成绩一般。但是我求知欲强，兴趣广泛，勤学好学，特别对教育学、心理学理论感兴趣，喜欢读孔子和陶行知等教育家的书。有一次，我在图书馆借到一本陶行知的著作，废寝忘食、手不释卷地读。同宿舍的同学不理解，说，你是学中文的，怎么对教育感兴趣了？几十年过去了，我对教育理论的兴趣越来越浓厚，目前已经发表了近百篇教育论文，出了专著，在本地也算是一个学有所成、业有所成的人了。我的感悟是：学习不在于考多少分，而在于有无学习兴趣和学习动力，是否有奋斗的目标和不怕吃苦、勤奋好学的精神和意志力。

应试教育使许多教师和家长心中想着升学率，背上压着分数，手里举着教鞭，口中喊着学习，采取高压手段，搞“题海战术”，牺牲了学生的身心健康，牺牲了学生素质的全面发展，培养许多“高分低能”“高分低德”“高分低体”的学生，有的学生出现了严重的心理问题，导致出现自杀、杀同学、杀父母、杀老师的恶性事件。有个家长，也是老师，曾对我说：“孩子考了第三名，被我训了一顿。后来想想，考第三名也不错了。”有的孩子考了第二名，家长要求考第一名；考99分，家长要求考100分。求知是人的一件快乐的事，如果成天想到的只是考试分数，求知将会变成一种无穷无尽的苦难。如果因为争高分而扼杀了孩子的求知欲，让孩子感到学习是一件痛苦的事，我宁愿不要高分。

中国有句古话：人无远虑，必有近忧。育人也是一样，只顾眼前的分数，不顾孩子长远的发展和一生的幸福，必有近忧。

中国教育科学研究院研究员、中国陶研会副秘书长储朝晖博士认为，当前对教育危害最大的不是传统观念，而是“急功近利”观念与传统观念的结合，不消除过度的功利观念，教育走不出危机。

澳大利亚钢琴家托萨说：“如果一个满怀功利心的家长站在身后，即使孩子是天赋神童，也难成大师。”

中科院心理研究所郑钢博士认为，目前我国青少年教育中很多问题的产生都源于教育方式和教育评价过于功利化。他用社会心理学中“共同灾难”的术语来形容当前我国教育的严峻问题。所谓“共同灾难”，即在一个社会中，如果人们只顾个人的眼前利益，不顾长远的发展状况，最终将不得不一起吞食恶果，这种适得其反的教育一旦发生，教育者必将为之付出惨重的代价。

目前，素质教育难以推进，应试教育甚嚣尘上，一些政府官员急功近利的政绩观起到了推波助澜的作用。素质教育周期长，不能立竿见影，而地方领导任期一般一届也就三五年，任期内很难见到成果。在急功近利思想的驱使下，很多地方领导口头上对素质教育很重视，行动上却不作为。相反，他们像抓GDP一样抓高考分数，很多地方对校长、老师的评价，就是按分行赏，政府在教育资源配置时，也是锦上添花做得多，雪中送炭做得少，结果学校之间的差距越拉越大。正如朱永新教授所指出的：急功近利的教育思想人为地造成了优质教育资源稀缺和学校的乱收费，导致了恶性的升学竞争。

德育效果差也是急功近利的教育造成的。尽管家长也认识到道德很重要，但普遍重智育，德育常常是缺位的。在一些老师和家长眼中，分数是实的，品德是虚的。分数就是成绩，就是金钱，就是升学率，就是老师和家长的面子。良好的道德品质、行为习惯是长期教育、训练、修养的结果，其效果短期是见不到的，因而很少有人花大力气、长时间地抓德育，德育的效果越来越差。

在我国，政治、经济等各个领域中都存在着"急功近利"的问题。"大跃进"是"急功近利"的产物，结果导致了经济困难。许多干部为了追求"政绩"，"急功近利"地大搞形象工程，牺牲了人民群众的利益，影响了一个地方的可持续发展。我们已经吃过了不少急功近利的亏，再也不能急功近利了。

平常心就是要求孩子做平常的人，干平凡的工作，过平常的生活，让孩子幸福快乐地度过一生。我就是以这样的心态来教育两个孩子的。女儿小学毕业两次没考上重点中学，儿子两次高考失败，我也坦然面对。这反而让孩子感到了我对他们的理解和关爱，激发了他们的内驱力，促进了他们后来的发展。

急功近利的教育是非常危险的，因为它扼杀了孩子的发展潜力，使师生之间、父子之间的关系越来越紧张，越来越不信任，不友好。有一次，在我的办公室里，一位同志的孩子在用两个原子笔芯写作业。我很好奇，走过去看看，原来他在写一个数学定理。我问："你为什么用两根圆珠笔芯写字？"他说："这样可以一下子写两遍。"我问："老师叫你写多少遍？"他说："写100遍。"我很惊诧，也很生气。我说："你的校长我认识，我给他写封信，让他减轻作业。"他说："不要，我怕挨训。"我又问："老师叫你写这么多，你愿意吗？"他说："很不愿意，我们背后都骂老师。"我十分感慨，师生关系如此紧张，还怎样教育孩子?!

在很多家长心中，孩子上学不是为了做平常人，做平凡的事，做普通的工作，上学就是为了进名牌大学、出国、做大官、当大老板、赚大钱，做不平凡的事，就是希望孩子成龙、成凤，出人头地。徐力为什么杀死亲生母亲？南京的王林为什么杀死了都是大学老师的亲生父母？徐力的母亲要求他必须考上重点大学，考上一般大学不行，电视不准看，球不能打，母亲整天唠叨，还不准顶嘴，徐力完全失去了行动和言语的自由，情绪冲动之下，打死了亲生母亲。王林考不上大学想当工人，父母不准。父母都是大学老师，儿子哪能当平凡的工人呢？王林的父母和儿子断绝了亲子关系。冲动之下，王林杀死了父母。父母不考虑孩子的实际能力，不能以平常心对待孩子的选择，一味地要求高、要求严、要求急，超过了孩子的心理承受力，孩子出现了心理问题，控制不了长期压抑而产生的愤怒情绪，杀死亲生父母的悲剧就这样酿成了。

“功利”者，“功效和利益”也。用正确的手段，追求合理合法的功效和利益，是人们行为的一个目的。可以说，人人都是一个功利者，建功立业、追求功名，往往成为人们奋斗的目标。但是，“急功近利”的思想却是错误的，它是教育问题的罪魁祸首，其害处很多：一是容易使孩子形成以自我为中心、处处讲功利的不良品性，养成没有好处的事情不干，只管自己得失、不管他人的利害思想。二是淡化人情，冷漠亲情，中华民族的传统美德，如尊老爱幼、团结互助在“急功近利”中会消失殆尽。三是容易诱发犯罪，那些违法乱纪、贪污受贿者，就是因为爬不出“急功近利”的怪圈而受到法律的惩罚。

黄全愈博士认为，美国的教育之所以成功，是因为“美国搞‘百年树人’的素质教育”；中国的教育之所以不成功，是因为“我们搞‘立竿见影’的应试教育（即急功近利的分数教育）”。看来，我们天天喊着素质教育，实际上搞的却是应试教育；美国可能不提素质教育，但他们在扎扎实实地搞素质教育。

急功近利的教育违反了孩子成长的规律，是素质教育的大敌。家长必须认清急功近利教育的危害性，要着眼于孩子一生的可持续发展，切莫为了分数，涸泽而渔，扼杀了孩子的发展潜力。

为了孩子一生的幸福，家长要少一点功利心，多一些平常心。

多一把尺子　多一批人才

——多元智能理论的启示

我女儿高中毕业考上了专科学校，后来以专科毕业的文凭考取了研究生。儿子两次高考失败，后来读了成人大专。我爱人多次数落我：“两个孩子都没有考上正规的大学，你还自吹会教育孩子。”在她眼里，孩子只有考上大学，才算是教育成功，孩子才算成才。而我的人才观和她不一样，我认为，不管什么学校毕业，干什么工作，只要思想品德好，能自食其力，对社会有用，都是人才。那些只有小学、中学、中专文凭，甚至没有文凭靠自学成才的优秀作家、艺术家、企业家、干部、教师、医生、厂长、老板、经纪人，以及工人、农民中的能工巧匠等难道不是人才？我儿子高中毕业当兵，现在只有成人大专的文凭，当上了一个大公司的省级副总经理，难道不是人才？

很多家长和我爱人一样，认为孩子只有考上大学才算是家教成功。这种人才观致使千军万马齐过独木桥（考大学）的现象经久不衰。这种人才观源于古代中国“万般皆下品，唯有读书高”和“学而优则仕”的思想，产生于中国古代的农业社会。那时候，人除了读书做官，很难有其他成才的出路。这种读书为做官的“官本位”思想在中国根深蒂固，影响深远。现在，很多小学生都想当班级干部，将来大学毕业考公务员，还是当干部。

《论语》中，于夏曰：“学而优则仕。”意思是学习好的人只有通过考试，才能做官。这比学习不好，没有文凭，用钱买官高尚得多，也比“文革”时期靠打、砸、抢当上官的人高尚得多。想做官必须学习好，本意并不错。但在工业化、信息化、多元化的现代社会，如果还以为只有学习好，考上大学，当上大官才算成才，那就太落后于时代了。

中国人几乎都知道“三百六十行，行行出状元”，只是“官本位”思想太严重，太轻视职业技术和能工巧匠。中国有句俗话：“有智吃智，无智吃力。”很多人仍然只想“吃智”，不想“吃力”；只想动脑，不想动手；只想当白领，不想做蓝领；只想当干部，不想学职业技术。所以，为了孩子考上大学，很多家长从幼儿园开始，就不惜花大钱为孩子选择学校，聘请家教，假期里也不让孩子玩，逼着孩子上奥数班、作文班、英语班……有的家长甚至辞掉工作，专陪孩子上学。家长很累，孩子很不情愿，很不快乐，好苦、好累、好烦。关注孩子变成了关住和管住孩子。

现代社会的职业远远超过360行，行行都需要人才，行行都能出人才。还用“上大学”一把尺子量人，认为考不上大学的人不能成才的思想既不符合实际，也不利于人才培养和国家的发展。

王林的父母都是大学老师，要求儿子一定要考上大学，儿子要上中专，当司机，父母坚决不同意。王林大学没考上，父母更感到丢面子，要和儿子断绝关系，王林在走投无路的情况下，酿成了杀死父母的惨剧。这是要面子、不要儿子，要大学、不要中专，要干部、不要技术工人的错误的人才思想酿成的悲剧。

我儿子初中毕业时正赶上全民经商的热潮，他看到他的初中毕业的同学摆地摊赚了很多钱，也不想上高中了，也想摆地摊做生意，我没有同意，一定要他读高中。他说：“我学不好，考不上大学。”我说：“学啥样是啥样，考不上大学也要读高中。”我认为，初中毕业的孩子年龄太小，各方面都不成熟，踏入社会太早，不利于今后的发展。我没有给他学习压力，不要求他学习多好，但一定不能学痞学坏。读高三复习班期间，他要跑保险，我支持他，目的是锻炼他，给了他几百元钱交押金，结果没挣到钱，押金也赔了，我也没有责怪他。

人民解放军是一所大学校，对培养人的思想品德、锻炼人的意志、增强组织纪律性等很有好处。我儿子高考失败后，我支持他进入军队这所“大学”学习。由于他表现好，很快就当上了班长，第二年发展为预备党员。他读了两年的军队“大学”，虽然没有在一般大学学的知识多，但是受到的锻炼和收获比读一般大学重要得多。复员回来安排在我院搞保卫工作，他感到这个工作太清闲，没有挑战性，没有发展前途。

根据我的观察，我儿子的智商（不是知识）、情商和财商都较高，能力较强，品德较好，是个好活动、爱交友的人，为人正直、义气，在朋友中很有影响力。他不适应死记硬背知识的应试教育，不情愿端“铁饭碗”，即在我院搞保卫工作，而愿意从商，我支持他下海从商。中国已经从传统的农业社会走向工业社会，由重农抑商的封建社会走向重视工业、商业和贸易的现代社会，由计划经济转向市场经济，很需要商贸方面的人才。我儿子生逢这样的时代，又愿意经商，何不根据他的个性特点，顺其自然，因势利导，满足他从商的要求呢？我儿子从商成功的实践充分证明：一个人只有干了自己最想干、最爱干、最适合干的工作，才能发挥他的优势，才能成功。

多一把尺子量孩子，就会多一大批人才。教育孩子成才，父母要树立多元化的人才观。一个人的成功，与读没读大学并没有很大的关系，读书是一条出路，但不是唯一的出路。如果我像王林的父母一样，为了自己的面子，非要求儿子考上大学，我爷俩的关系肯定搞僵，后果不堪设想。我如果不支持他下海经商，他的优势得不到发挥，至今可能还是学校里普通的保安人员，中国就会少一个商业人才和企业管理人才。

俗话说得好："女怕嫁错郎，男怕入错行。"管理学有一句名言："垃圾是被放错了地方的宝贝。"人如果被放错了位置，他就会平庸无奇，永远不能成才。我的理想是当教师，我的个性适合当教师，不适合搞行政工作，尽管有三次改行从政的机会，但我都坚决放弃。如果我改了行，肯定没有现在这样事业有成，儿女成才。

美国教育心理学家加德纳的多元智能理论对我们改变传统教育观、树立多元人才观很有启发。加德纳认为，过去的智力的定义过于狭窄，未能正确反映一个人的真实能力。他在《心智的架构》一书里提出，人类的智能至少可以分成七个范畴（后来增加至八个）：

1. 语言智能：指听说读写能力，在作家、演说家、记者、编辑、节目主持人、播音员、律师等职业上有更加突出的表现。

2. 逻辑数学智能：从事与数字有关工作的人特别需要这种智能。

3. 空间智能：空间智能可以划分为形象的空间智能和抽象的空间智能两种能力。形象的空间智能为画家的特长。抽象的空间智能为几何学家的特长。建筑学家形象和抽象的空间智能都擅长。

4. 肢体运作智能：这种智能主要是指人调节身体运动及用巧妙的双手改变物体的技能。运动员、舞蹈家、外科医生、手艺人都有这种智能优势。

5. 音乐智能：这种智能在作曲家、指挥家、歌唱家、乐师、乐器制作者、音乐评论家等人员那里都有出色的表现。

6. 人际智能：是指能够有效地理解别人及其关系及与人交往的能力，包括四大要素。（1）组织能力，包括群体动员与协调能力。（2）协商能力，指仲裁与排解纷争能力。（3）分析能力，指能够敏锐察知他人的情感动向与想法，易与他人建立密切关系的能力。（4）人际联系，指对他人表现出关心，善解人意，适于团体合作的能力。

7. 内省智能：这种智能主要是指认识到自己的能力，正确把握自己的长处和短处，把握自己的情绪、意向、动机、欲望，对自己的生活有规划，能自尊、自律，会吸收他人的长处。这种智能在优秀的政治家、哲学家、心理学家、教师等人员那里都有出色的表现。

8．自然探索智能：能认识植物、动物和其他自然环境的能力。包括对于社会的探索和对于自然的探索两个方面。

加德纳的理论告诉我们：人的智能是多元的，每种智能发展并不均衡，每个人都有自己的优势智能，也有自己的弱势智能。某一智能的欠缺并不影响在其他方面的成功。

用加德纳的多元智能理论分析、研究我儿子，我认为在人的八种智能中，他的优势智能是人际智能和内省智能。

首先，他的人际智能较强：第一，他喜欢与人交往。初中时就把好友请到家里吃饭，我很支持。第二，他的组织能力较强。高中期间，班级组织学生到南京春游，他不是班干部，但积极联系包车和旅馆，帮助班干部组织协调全班男女同学互相照顾，安全春游。第三，他能够敏锐察知他人的情感动向与想法，易与他人建立密切的关系。他乐于助人，和我院的很多同龄孩子建立了很好的关系，经常带朋友到家里玩。我院很多同志都说我儿子很懂事，会处人。第四，关心他人，善解人意，敢作敢为，具有团体合作和领导能力。入伍不久就担任了班长，部队领导很喜欢他，后来发展他为预备党员。

其次，他具有较强的内省智能。他有自知之明，基本能把握自己的长处和短处，自强，自尊，自律，他在QQ上的留言是“成功不是想干什么就干什么，而是不想干什么就能不干什么”。他忠于爱情，勤于家务，说话谨慎，办事稳重，为人忠厚，很会做人，和领导、同志、家人、亲友、邻里的关系处理得比较妥当。他深有体会地说：“做生意要做人，人做好了，生意也就做好了。”

人际智能和内省智能较高，就是情商高的表现。这样的人适宜当领导，当老板，搞管理工作。领导正是看重他这方面的素质，所以提拔他担任副总经理。

每个人的智能都是有差异的，这种差异不应该成为孩子成长的负担，相反，应视为一种宝贵的资源。家长们要善待差异，用赏识和发现的目光去看待孩子，改变以往用一把尺子衡量人的标准，要认识到每位孩子都是一个天才，只要我们正确地教育引导，充分挖掘他们的潜能，为孩子创设一个有利于自我展示、自我发展的环境，让他选择一个适合干的工作，每个孩子就都能成才。

古人说“天生我材必有用”，但关键在于能否扬长避短，自用其才。否则，会感到“英雄无用武之地”。美国成功心理学大师克利夫顿认为，人的成功最重要的是知道自己的优势是什么，并最大限度地发挥优势，将自己的生活、工作和事业的发展都建立在自己的优势上。人的优缺点是互相依存的。倘若人们总是把全部精力都用于弥补弱点上，其一，会无暇顾及自己的优势，其二，也许会削弱相应的优点。

很多老师和家长认为，人的成长是不断克服缺点的过程，所以，他们更多的是在批评孩子，让孩子弥补最差的学科。而人才的价值在于充分发挥个人最大的优点。研究发现，大部分人在成长过程中都试着改变自己的缺点，希望把缺点变成优点。但他们却遇到了更多的困难和痛苦。微软全球原副总裁李开复认为，人成功的秘诀是“加强自己的优点，并管理自己的缺点”。我们教育孩子应该扬长避短，不能因补短而忘了扬长。

实践证明，一个人的人际智能和内省智能的高低与知识的多少不一定成正比关系。香港首富李嘉诚和台湾首富王永庆的学历都很低，但他们的情商和财商绝对一流，他们的人际智能和内省智能一定很高。否则，他们不会如此的成功。应试教育培养出来的本科生、研究生，知识学了很多，但未必有他们那样的情商和财商。李远哲教授尖锐地批评台湾的教育：“不断重复已经学会的东西，没有培养解决未来问题的能力。”“台湾企业界能拿到世界第一的是王永庆、张荣发、许文龙。他们三位都有个共同点，就是‘没有上大学’。”台湾的教育是这样，大陆的应试教育更是这样。

当年，陶行知曾经尖锐地批评旧中国的一些老师“教死书，死教书，教书死”，批评旧中国的一些学生“读死书，死读书，读书死”。中国现在仍有一些书呆子老师，教出许多书呆子大学生，知识学了很多，但高分低能，有的甚至找不到工作，有的有严重的心理问题，更谈不上成才、成功了。据统计，因各种问题自杀的大学生，按百分比计算，研究生比本科生多，大学生比大专生多。真是应了陶行知的“读死书，死读书，读书死”的话。家长们应该与时俱进，树立多元化的人才观，多一把尺子量人，就会多一大批人才，既有利于孩子成才，又有利于国家的发展。

好学是传染的

女儿日记

1994年8月1日

今天凌晨一点左右，父亲坐火车从合肥回来，带回一些消息，说是考研究生比考大学容易。他的老师有两个就是专科毕业考上研究生的。他要开始学英语，准备拿学士学位。父亲的干劲确实令人钦佩，毕竟是48岁的人了。妈常说他是活到老学到老。像他这样年纪的人很少想到去上学，再说已经是本科毕业，这种行为就很了不起。

背景介绍

我的好学精神与我的求学道路坎坷有关。1958年大跃进，教育事业大发展，每个公社都办中学，几乎所有的学生都能升初中。1959年，我小学毕业却因家庭出身不好（我父母均为人民教师，我爷爷是富农成分），上不了初中，正值求学年龄的我失学三年，在家帮妈妈带孩子，做家务，直到1963年，我才考上初中。1966年我初中毕业时又赶上“文化大革命”，1968年底下放农村，没有机会上高中，这些原因使我一直热爱学习。1977年，邓小平主政改革了招生制度，我这个初中生靠自学幸运地考上了阜阳师范学院中文系。由于喜爱教育理论，我毕业后一直在中等师范学校教教育学、心理学课。调到教育学院后，因中文专业和教育理论专业不对口，不能晋升高级职称，47岁的我又考上了安徽教育学院教育管理系。我女儿很“钦佩”我这种学习精神，说我“很了不起”。看来，我的勤奋、刻苦、好学精神，对女儿起了榜样作用。

点评

陶行知先生说：“好学是传染的，只有好学的先生才能教出好学的学生。”中国教育学会会长顾明远教授指出，家庭教育没有专门的教师、教材和课堂，教育的力量全在于父母的榜样作用。

孔子说：“政者，正也。子帅以正，孰敢不正？”中国有“修身、齐家、治国”的优秀传统，要“齐家、治国”，必先“修身”，必须“以身作则”。教育，包括干部教育、学校教育、家庭教育、社会教育，说复杂也复杂，有关的图书汗牛充栋，道理千千万万；说简单也简单，首要的、也是最重要的一条就是以身作则，就是榜样示范，就是“身教重于言教”。

好学是传染的，好玩、贪玩也是传染的。如果我们的干部、教师、家长都是讲学习、好学习、会学习、勤学习、乐学习的榜样，都能以身作则地学科学、学文化、学理论、学技术、学法律，都好学而不好玩、贪玩，好利而不忘义，好财而不贪财，好德而不好色（孔子说：“吾未见好德如好色者焉。”），何愁我们的群众、学生、子女不好好学习?!

人类进入了学习化社会，科学技术的更新迅速加快，学习的重要性超过了过去任何一个时代。终身学习强调的不仅是终身学习，更要使学习成为人的生存、生活乃至生命的第一需要，人人都要成为“全时空学习者”，做到生活学习化、工作学习化。

家长们最关心的是孩子的学习。怎样才能让孩子学习好呢？“孟母三迁”的故事告诉我们，环境对孩子的教育起决定作用。因此，父母要更新学习思想，建设学习型的家庭，让孩子生活在一个学习化的家庭环境之中，父母好好学习了，孩子就有望天天向上了，这是解决孩子学习问题的关键。

我的“感悟学习”的文章，有位同志读后立即用电子邮件发给他的正在读大学的女儿，认为可以促进孩子好好学习，现附在下面，供家长和孩子参考。

感悟学习

几十年的生活、学习与工作，使我对学习不断有新的理解、新的感悟，说出来与各位父母和孩子们共勉。

第一，学习是快乐的。这是孔子的学习思想。孔子说：“学而时习之，不亦说（快乐）乎？”为什么孔子说学了知识及时地、时常地温习、练习、实习、实践是快乐的呢？我的理解是：因为人有许多欲望，如食欲、物欲、性欲、财欲、求知欲、权力欲、名誉欲、表现欲、游玩娱乐欲等。任何一种欲望的满足，都可给人带来快乐。学习可以满足人的求知欲望，当然是一种快乐了。

学习是一种快乐，可能是因为学习的内容幽默、生动、有趣、感人，满足了你的情感需要；学习的内容充满着诗情画意，满足了你爱美的需要；学习的内容反映了科学真理，满足了你追求真理的需要。

学习是一种快乐，也可能是因为老师的知识渊博、教法灵活、语言生动风趣，满足了你寻求快乐的需要。

学习是一种快乐，还可能是因为你应用所学知识解决了你思想、品德、工作、情感、生活等方面的实际问题，知识改变了你的命运，学习促你不断成功……

有人可能会说，我不仅没有感到学习的快乐，反而感到学习是一种负担，是一件苦事。这可能是因为你的求知欲被物欲、财欲、爱欲、权力欲、游玩娱乐欲等干扰了，代替了，你的求知欲不强了；或者是你对学习产生了逆反心理；或者你认为自己已经有了什么文凭，不需要学习了；或者是学习内容枯燥无味；或者是老师的教学态度不好、方法单一、语言无趣……

快乐和痛苦一样，是人的一种主观体验，它是由人的思想、态度、情感决定的。心态好，一切都好。只要你热爱学习，就会感觉到“学而时习”的快乐。宋代教育家朱熹真实地感悟到学习的快乐，他在《四时读书乐》的诗中说：春季“读书之乐乐如何，绿满窗前草不锄”，夏季“读书之乐乐无穷，拨琴一奏来春风”，秋季“读书之乐乐陶陶，起弄明月霜天高”，冬季“读书之乐何处寻，数点梅花天地心”。

宋人陈直说：“至乐莫若读书，至要莫若教子。”父母们要追求快乐，要想做好“教子”这件“至要”之事，就要增强求知欲，把读书求知放在第一位，把物欲、财欲、爱欲、玩乐欲降到次要位置，对知识不仅要“知之”，对学习知识更要“好之”“乐之”，这样学习起来才能发愤忘食，乐而忘忧，乐此不疲，乐在其中，才能感受到“学而时习”的快乐，才能成为孩子学习的榜样。

第二，学习富人。在农业社会里，土地就是财富；在工业社会里，机器、资金就是财富；在知识经济社会里，知识就是最大的财富。因此，有人说知识经济就是教育的经济，学习的经济。知识就是资本，学习就是财富，已经成为全世界人民的共识。其实，这种思想也不是西方人的发明创造。中国有一句古话叫：“书中自有黄金屋，书中自有千钟粟。”还有一首儿歌：“从小读书不用心，不知书中有黄金，早知书中黄金贵，高点明灯苦用心。”这些话里就含有知识经济的思想，现在还应该提倡，以鼓励人们学习致富。联合国教科文组织编写了一本书叫《教育——财富蕴藏其中》，有人翻译成《学习——财富蕴藏其中》。我把自己的工作概括为四句话：“读书做人，教书育人，学习富人，编书益人。”所谓“学习富人”，即学习、应用知识可以丰富人的知识、思想、情感、精神，可以使人发财致富。

人人都想发财，问题是靠什么发财。靠贪污受贿发财？靠制假、卖假货发财？靠偷抢骗人发财？那是要犯法的。只有努力学习，成为知识经济时代的“知（识）本家”，发财才指日可待。“知本”的时代已经来临，“造原子弹的不如卖茶叶蛋的”“拿手术刀的不如拿剃头刀的”时代已经过去了。在先富起来的那部分人中，最受人尊敬和称道的是那些爱学习、会学习、掌握了科学知识和技术的知识分子。

第三，学习就是榜样。在《好学是传染的》中已有论述，这里不再赘述。

第四，学习就是工作。在学习化社会里，学习是工作的新形式，是工作的主要内容，学习与工作在学习型组织中不再是分开和对立的，而是密不可分的。从学习活动来看，学习已不是闭门造车或学术意义上的学习，而是研究和解决工作和生活中的问题；从工作过程来看，工作已不是照葫芦画瓢动动手脚的劳动，而是用脑用智慧做事，工作中的学习就是工作。实践出真知。因此，我们要做到工作学习化，学习工作化。

第五，学习就是生活。学习就是生活，生活就是学习，这是终身教育的学习观。这种思想源于伟大的人民教育家陶行知先生的“生活教育思想”。陶行知说：“生活教育与生俱来与死同去。出世便是破蒙，进棺材才算毕业。”“生活即教育”，“社会即学校”，“教学做合一”，“活到老，学到老”。在生活中学习，在实践中学习，读“无字之书”，对每个人来说，既是非常重要的事，也是天天进行着的事。我们要为了生活、生存得更好而学习。学习应该成为我们的生活方式。在生活中学习，在学习中生活，把无意识的生活，变成有意识的学习，使学习不脱离生活，生活因学习而更加丰富多彩。为此，每一个人都应树立永不嫌晚、永不嫌多、永不嫌累的学习精神，做到生命不息，工作不停，学习不止。

第六，学习就是交流，交流就是学习。爱尔兰作家萧伯纳说过：倘若你有一个苹果，我有一个苹果，两人交换一下，各自还是只有一个苹果；你有一种思想，我有一种思想，两人交换一下，每个人将有两种思想。可见，交流是一种非常重要的学习方式，是父子之间知识、信息、思想、情感、经验的交流。

不了解孩子的教育是盲目的教育，不相信孩子的教育是错误的教育，不尊重孩子的教育是专制的教育。21世纪是两代人互相学习、共同成长的世纪。因此，父子之间要加强交流，在交流中了解，在交流中学习，在交流中互动，在交流中提高认识，丰富情感，增进了解，增强互信，共同成长。

第七，学习才能与时俱进。现在，不少父母说，孩子懂得的新知识、新名词太多了，特别是网络技术，我教育不了孩子了。这就需要父母们与时俱进，终身学习，这是学习化社会对每个人的要求。

青少年教育专家孙云晓说，现代社会是“成人化孩子，孩子化成人，两代人共同成长”的时代。学习如逆水行舟，不进则退。父母只有成为好学习、会学习、勤学习、乐学习的人，才能与时俱进，跟上时代前进的步伐，才能教育指导孩子。

第八，学习有助于健康。现代社会人们不仅追求身体健康，更要追求心理健康。西汉刘向有句名言：“书犹药也，善读之可医愚也。”现代社会，儿童的心理健康问题日趋严重。治疗心理健康问题不需要吃药，努力学习有关知识，提高心理素质，加强自我调节，就能提高心理健康水平。

美籍华人杨振宁教授认为，书是精神旺盛的营养品，经常接受新知识、新观念，就能精神愉快。烦闷时，书是安慰剂，它可让你处变不惊，恬静养神，宁静致远。世界卫生组织早就指出：“许多人不是死于疾病，而是死于无知。”并一再告诫人们：“不要死于无知，不要死于愚昧。”要变“无知”为“有知”，唯一的办法就是学习。

“用进废退。”“知识是精神还童的妙药。”英国科学家柯斯基等人认为，脑运动能促进脑健康。勤于用脑的人，大脑血管经常处于舒张状态，以输送充足的氧和营养物质，从而延缓中枢神经老化，使全身各系统功能保持协调统一，有益于健康长寿。爱学习，多思考，常用脑，勤写作，能防止衰老，健康长寿。长寿老人周有光今年109岁，是中国语言学家、文字学家，通晓汉、英、法、日四种语言。周老100岁时，一位记者问他：“你一生百岁，有什么经验可以留给后人？”周老说：“如果说有，那就是坚持终身自我教育，百岁自学。”周老的终身自我教育实为终身学习、研究、写作。周老一生著作等身，2010年周老105岁时出书《朝闻道集》；2011年周老106岁时又出自选集《静思录》，这可能打破了吉尼斯世界纪录，这还不是他最后一本书。周老的健康长寿肯定与他好学、勤研与长期坚持写作有关。

健身先健心。《维多利亚宣言》提出了健康四大基石：“合理膳食、适量运动、戒烟限酒、心理平衡”，其中“心理平衡”最为重要。保健专家洪昭光教授给我们开了能保证心理平衡的特效配方——“养心八珍汤”：“慈爱心一片，好肚肠二寸，正气三分，宽容四钱，孝顺常想，老实适量，奉献不拘，回报不求。”此方要求人们不断学习，修身养性，净化心灵，升华人格，调适心理，陶冶情操，阴阳平衡，品德高尚，助人为乐，奉献社会，延年益寿，享受人生。

第九，学习是人的责任。“学生”一词的含义是什么？陶行知先生说：

“‘学’字的意义，是要学生自己去学……‘生’字的意义，是生活或生存，学生所学的是人生之道。”可见，学生的责任就是学习人生之道理、生存之能力。尽管人的职业不一样，年龄不一样，所应该负的责任也不完全一样，但人人都有学习的责任。

信任产生负责，自主促进负责。家长式的管理，不利于培养孩子的自我负责精神。如果老师和家长对孩子管制太严，对孩子的学习督促得太急，就容易使孩子感到学习好像是老师和家长的责任，而不是自己的责任，学习好像是为老师负责，对家长负责，而不是为自己负责，他们就不会有责任心，学习就没有自觉性、主动性。父母应创造一个有利于培养孩子的责任心的学习和生活环境，引导孩子认识到学习是自己义不容辞的责任，并勇敢负责，学习也就搞好了。

第十，学习是每个人的需要。马克思把人的需要分为三个层次：生存的需要、享受的需要和发展的需要。马斯洛把人的需要分成七个层次，一是生理的需要，二是安全的需要，三是爱和归属的需要，四是尊重的需要，五是求知的需要，六是求美的需要，七是自我实现的需要。不论你是想满足生存、享受、发展的需要，还是要满足生理的、安全的、爱和归属的、尊重的、求知的、求美的、自我实现的需要，都要学习，学习，终身学习，“学而时习”，否则，将无法满足你的合理需要，实现你的人生理想。

心态决定一切。认真刻苦、持之以恒地学习应是人们的一种积极的生活态度。面对瞬息万变的世界，不断学习，更新头脑，提升自我，是我们无法回避的选择。继续学习不仅是人们掌控自己命运的义务和权利，更是面对生活应有的一种积极的态度。

（原载《阜阳师范学院学报》2007年第2期，有删改。）

教育的秘诀是真爱

女儿日记

1989年5月10日

一天晚上，我到邻居家看电视看到半夜才回来，我硬着头皮叫门，我听见妈妈训我的声音："你还知道回家……"我听见爸爸起床的声音，妈妈的声音更高了："不给她开门，你天天惯着她，看电视看到半夜，也不着她一手指头，看你能把她惯成啥样！"爸爸最终还是给我开了门，虽然他也不停地训我，但我感到不够严厉，这就是爸爸的一片爱心啊。

我妈妈是个爱唠叨的人，她气我不好好学习，不听话，可也从来没狠狠地打过我一次，而且在吃穿上，妈妈从不委屈我……

弟弟虽然顽皮，可我们之间有着颇为深厚的手足之情。有一次，放学时下起了大雨，我正愁没带雨伞，却看见一个小小的身影在雨中向我移动，走近一看，原来是弟弟给我送伞来了。

家庭给我的一丝一毫的爱，我将永远记在心头，我要用自己有限的爱去报答那无限的爱。

背景介绍

1989年的时候，我爱人没有工作，经济比较困难，没有钱买电视机，爱看电视剧的女儿经常晚上到别人家看电视。我比较尊重孩子的兴趣，并认为看电视也有好处，《红楼梦》《西游记》《烟雨蒙蒙》等很多好的电视剧对女儿产生了积极的影响，女儿经常看到很晚才回来。

点评

这则日记反映了我不重分数的教育思想和我对女儿的爱，女儿切切实实地感受到了"家庭给我的一丝一毫的爱"，并表示"将永远记在心头"，"要用自己有限的爱去报答那无限的爱"。

儒家倡仁爱，墨家主兼爱，西方讲博爱，家庭需亲爱，朋友要友爱，儿童需关爱，教育特别需要爱。从孔子的"爱之，能无劳乎？忠焉，能无诲乎？"到夏丏尊的"没有爱就没有教育"，从罗素的"凡是教师缺乏爱的地方，无论品格还是智慧都不能充分地或者自由地得到发展"到陶行知的"爱满天下"，古今中外的教育家都视爱为教育的灵魂。可见，爱是教育的核心，情是教育的生命；没有爱的教育是失败的教育，没有情的教育是苍白无力的教育。

陶行知先生是一位"爱满天下"的伟大教育家。他爱祖国、爱人民、爱科学、爱儿童、爱真理、爱教育事业。他说："一个人没有爱便没有意义。""我们奋斗的工具是爱力，不是武力。”

什么是爱呢？爱的力量为什么这么大呢？因为爱是生命的火焰，没有它一切变得黑暗；爱是冬天的阳光，它使饥寒交迫的人感到人间的温暖；爱是沙漠中的一股清泉，它使绝望的人重新看到希望；爱是一剂良药，它能医治人心灵的创伤；爱是一盏明亮的灯，照亮人们前进的方向；爱是一首飘荡在夜空中的歌，它使孤独的人得到心灵的慰藉；爱是一片洒落在久旱土地上的甘露，它使心灵枯萎的人得到情感的滋润；爱具有不可穷尽的感召力量，它能化解人间的烦恼和纷争；爱能产生永恒的、无限的力量，激励人们克服困难、不怕牺牲，实现心中的梦想。

爱心无价，人的其他品质都是爱心的延伸。有爱，才能感受到生活的乐趣；有爱，才能创造和谐的人际关系；有爱，才能享受到人生的真谛；有爱，才能感受到人类的伟大，才爱自己的爸爸妈妈，爱生活中一切美好的事物。教给孩子知识，不如教孩子学会爱。

现在，大多数的孩子不缺吃穿，不缺钱花，最缺的是母爱和父爱、友爱和自爱。如果学校的老师不爱，家长溺爱或无家长爱（父母离异或打工在外），同学不互爱，朋友不友爱，自己不自爱，就会出现忧郁、孤独、自卑、自闭、冷漠、暴躁等心理问题。

爱是教育孩子的前提和条件，是教师和家长最起码的职业道德，是合格教师和家长最基本的素质，是培养孩子健康高尚情感的重要手段，是教育好孩子的基础和前提。这些道理几乎每个家长都知道，为什么很多人做不到呢？为什么许多孩子感到老师和家长缺乏爱心呢？这可能是因为许多父母的爱不是真爱，是假爱，是溺爱，是自私的爱、功利的爱、专制的爱。有个孩子说：“我知道爸爸妈妈很爱我，可爱得我都想去死，爱得我一点点自由都没有了。”

孙云晓说：“教育的秘诀是真爱。”

真爱就是把孩子当成真正的人，了解其特点，尊重其人格，满足其合理的需要，引导其健康发展。

真爱孩子的父母不是只给孩子吃饱、穿暖、有钱花……满足孩子的物质需求，而是特别重视满足孩子的精神需求：当孩子取得成绩和进步的时候，及时表扬他们；当孩子做了好事的时候，立即奖励他们；当孩子获得表扬和奖状的时候，热烈地祝贺他们；当孩子受到伤害的时候，勇敢地保护他们；当孩子受到委屈的时候，充分理解他们；当孩子遭受挫折的时候，鼓励他们勇敢面对；当孩子遇到困难的时候，帮助他们解决；当孩子出现了小的缺点时，理解宽容他们；当孩子违反纪律的时候，婉转地教育他们；当孩子遇到巨大压力的时候，为他们减轻一些；当孩子疲劳的时候，让他们休息一下；当孩子痛苦的时候，为他们分担一些；当孩子有了失误的时候，为他们承担一些责任；当孩子学习退步的时候，帮他们找找原因；当孩子交友的时候，给予指导支持；当孩子对好事感兴趣的时候，大力支持；当孩子提问题的时候，给予鼓励并引导他们寻找答案；当孩子有创意的时候，为之鼓掌；当孩子和你谈心的时候，把他们当朋友；当孩子放假的时候，带孩子游乐一下；当孩子成功的时候，分享他们的喜悦；当孩子高兴的时候，分享他们的高兴；当孩子向你诉说事情的时候，你要耐心地倾听；当孩子有缺点错误的时候，耐心地教育他们；当孩子苦恼的时候，安慰他们；当孩子的意见和你不同的时候，尊重他们；当孩子顶撞你的时候，冷静对待他们；当自己教育失误的时候，勇敢地承认……

真爱是纯粹的爱、科学的爱、理智的爱。如果是真爱孩子，说的话、做的事，就会感动孩子，教育效果就好。

真爱是没有条件的，哪怕现在孩子是最差的，我们也要充分地理解他，相信他，鼓励他，帮助他，耐心地引导他慢慢地进步。

真爱孩子，就会对孩子少一分指责，多一分关爱；少一分苛求，多一分理解；少一分埋怨，多一分宽容；少一点失望，多一些希望。

爱孩子是人的本能。家本来应该是充满爱的地方，可有的孩子为什么没有感受到父母的爱呢？因为有的家长的爱是有条件的，孩子表现好时，家长就有爱的表现；当孩子考试不好、犯了错误、遭受挫折，最需要父母关心、爱护、帮助的时候，有的家长却横眉冷对，出口骂人，甚至大打出手。有的父母只关心自己的需求，总想把自己以前没有考上大学的希望寄托在孩子身上，总是给孩子安排很多自己认为应该做的事、应该学的知识。当孩子做得不理想的时候，有的父母就批评、训斥，甚至打骂。原来父母的爱是有条件的，是在用爱做筹码，我给你爱，不管这个爱是否合适、是否符合孩子心理，不管你愿不愿意，需不需要，你必须无条件接受。不少家长爱的是孩子的分数、是奖状，心里想的是能否考上重点学校、能省多少择校费。

很多家庭教育悲剧的根源都是因为家长不会爱孩子，不知道孩子最需要什么，要么是溺爱，要么是给孩子忍受不了的严酷的、专制的爱。有的父母经常严肃地用命令和训斥的方式和孩子说话，以为自己所做的一切都是爱孩子，都是为孩子好。可很多孩子不仅没有感受到父母的爱，反而感觉到的是被干涉、被管制。他们没了自由，得不到尊重，就要反抗。这时，有的家长会伤心地说：“我这么爱你，为了你我付出了所有，你还这样伤我……”其实，这是用假爱来伤害孩子。也许父母觉得这种教育可以树立自己的权威，孩子会因此听话，会因此取得好的成绩。也许孩子会被迫顺从，但孩子的内心充满了抵触的情绪。

很多做父母的，总想着要教儿女学习知识，将来考上大学。实际上，远比知识更重要的是父母对儿女的爱的情感教育。因为，一个人或一个家庭生活是否幸福，学会爱人和被爱是一个基本的条件。这种爱的情感一旦内化到儿女们的内心深处，不仅会成为他们人格中最重要的部分，而且也会成为他们情商的基础。有些人被物欲迷了心窍，成了物欲的奴隶，只爱物，不爱人。他们既没有真心地爱过人，也没有被人真心爱过。即使他们有宫殿般的住宅和花不完的钞票，也可能只是一条没有体验过真正幸福的可怜虫。

每个人都有爱与被爱的需求，儿童更甚，特别是后进的和有心理疾病的孩子。缺乏爱的教育，对儿童来说是一种侮辱和折磨。孩子需要的是无私的、无条件的爱，是对他们无条件的包容，是没有侮辱、威胁和体罚。这种爱能使他们有安全感、自信心和勇气，能帮助他们勇敢地去尝试、去克服困难、战胜自我。

有这样一个美丽动人的故事：传说智慧、成功和爱三位天使来到人间，一位母亲请他们到家里做客。一位天使对那位母亲说：“我们三位就去一位吧，你回家商量一下，看选择我们中的哪一位。”母亲回家商量后，决定把爱的天使请回家。奇怪的是，另外两位天使也跟了进来。母亲很惊讶，那两位天使回答说：“哪里有爱，哪里就有成功和智慧。”家长们想让孩子智慧和成功，首先教孩子学会爱吧。

只有爱心不行　还要有耐心

女儿日记

1988年1月15日

我从来没有被父母狠狠打过，就是批评也是极少的。这次语文考49分，爸爸也只不过批评了我几句，还耐心地帮助我总结教训。

点评

女儿的学习成绩很不稳定，这次语文考了49分，我当然很生气，但还是耐住性子，批评几句后，耐心帮她总结经验教训，找到了几条考差的原因。（详见《自信是成功之父》）这样做的结果能让孩子感到你的爱心，比狠狠批评，甚至打骂效果好得多。

一位妈妈检查孩子的作业时，发现有一题没有做，就大吵起来：为什么没有做？不会，为什么不问老师？为什么不早点和我说？就知道贪玩！将来考不上好大学怎么办？……孩子也很犟，一边辩解，一边和妈妈顶嘴。妈妈没有耐心听孩子辩解，而是越吵越厉害，孩子难过得哭了起来。

日本教育家铃木说："没有培养好孩子的大人首先不要发牢骚，应该分析一下没有培养好孩子的原因。"很多家长不是这样，一看到孩子考差了，或作业做错了，或没有及时做，不是耐心地听孩子"辩解"，耐心地帮孩子查找原因，而是大声训斥，批评孩子"不长记性""就是贪玩、粗心""笨蛋""屡教不改""白养活你"等等，这样做的结果可想而知。即使孩子错了，大吵大训也不是好办法，应该耐心地听孩子解释，帮助孩子寻找原因，指导孩子如何做，下次不要拖拉作业。大声训斥孩子，孩子可能和父母顶嘴，既达不到教育的效果，也影响父母的威信，教育的效果会越来越差。

一位爸爸是数学博士，然而他读小学的孩子的数学却较差。问其原因，说是爸爸辅导孩子数学缺乏耐心，总是埋怨孩子："这么容易的题目，你怎么不会？"言下之意：你真笨，这么容易的问题都不会。孩子得不到及时的鼓励和耐心辅导，对数学越来越不感兴趣。

几乎所有的老师和父母都说自己是爱学生和孩子的，但为什么仍有一些老师和父母不会教育问题学生和孩子呢？根据我的经验和观察，缺乏耐心是其中的一个重要原因。一些家长和老师只有爱心，没有耐心，动辄批评、训斥甚至体罚、打骂孩子，甚至出现了打死、打伤学生和孩子的事情。因此，教育人只有爱心还不行，还要有耐心。

"没有爱就没有教育。"我认为，这个"爱"主要表现在耐心上。没有耐心，孩子很难感觉到你的爱心。

上海的一项"关于师生关系的现状"的调查报告说，有90%的老师说他们是爱学生的，但只有5.6%的学生说感受到了老师的爱。为什么这么多的学生没有感受到老师的爱？其中的原因当然不止一个。老师对问题学生缺乏耐心的启发诱导和说服教育工作，方法简单，态度粗暴，对问题儿童动辄批评、指责、训斥、惩罚，甚至体罚，无疑是其中一个重要原因。

家庭教育中也存在同样的问题。据武汉华中师大第一附小的高级心理教师尹双安的调查表明：61%的中学生认为自己与父母存在矛盾，80%的中学生认为家中有一个人最啰嗦，15.2%的中学生认为在家庭中得不到尊重，父母经常批评、指责、训斥，甚至打骂自己，不与自己交流谈心，很少感受到或者根本感受不到父母的爱。这些父母不是不爱孩子，而是只有爱心，没有耐心，只有好心，没有好脸，没有好话。实践充分证明：耐心体现爱心，没有耐心就没有爱心。

没有耐心教育孩子的家长古已有之。孟子在回答公孙丑“君子之不教子，何也？”的问题时说：“教者必以正。以正不行，继之以怒。继之以怒，则反夷矣。‘夫子教我以正，夫子未出于正也。’则是父子相夷矣。父子相夷，则恶矣。古者易子而教之。”我认为古人“易子而教”的原因有五个：一是父亲教育方法简单，动辄训斥；二是君子行“未出于正”，即不能言行一致，致使教育无效；三是讲的理论可能太深，要求太高、太严，儿子接受不了；四是君子的封建专制思想严重，只能教训儿子，不能接受儿子提的意见，一听儿子说他行“未出于正”，就大发雷霆，致使“父子相夷”；五是父母缺乏耐心，“以正不行，继之以怒”，即怒斥、打骂，致使父子间伤了感情，教育的效果越来越差，只得易子而教了。

成功的教育都是因为父母既有爱心，又有信心和耐心。教育专家周弘，以伟大的父爱、坚定的自信心和超人的耐心，经过16年的努力，把生下来就聋哑的女儿培养成为一个大学生，后来，又被美国加德特大学录取为研究生。他总结自己的教育经验时说：“没有种不好的庄稼，只有不会种庄稼的农民。”言下之意：没有教育不好的孩子，只有不会教育的家长。

江苏省杨思中学是全国闻名的教育改革先进学校，该校有一句和周弘相同的教育理念：“没有教育不好的学生，只有不会教育的老师。”这个理念是怎样产生的呢？该校校长蔡林森有三个孩子，小时候都在家乡的小学里读书，成绩都不理想。面对孩子作业中的错误，他没有批评、训斥，而是耐心地引导孩子自查自纠。他经常叫女儿口述学过的例题，口答习题。如果哪一道错了，就在那道题旁边打个“？”，让女儿自己思考、更正。女儿急得满头大汗，他也不讲，而是耐心地指导孩子仔细检查，反复练习，直到得出正确的答案为止。每天晚上，他都让女儿默写英语单词，错了的让她自己更正，并反复检查。由于他的耐心引导和教育，他的三个孩子都学会了自学，后来都成了好学生，考上了大学，还有一个考上了研究生。蔡校长认为，如果老师都像他这样耐心地教育每个学生，还有教不好的学生吗?!杨思中学“没有教育不好的学生，只有不会教育的老师”的理念就是蔡林森校长在总结家庭教育经验的基础上提出的。

卡尔·威特是一个小村庄的牧师，在他的耐心教育下，他的儿子小卡尔·威特八九岁时就能自由运用德语、法语、意大利语、拉丁语、英语和希腊语这6种语言；并且通晓动物学、植物学、物理学、化学，尤其擅长数学；9岁时他进入了哥廷根大学；年仅14岁就被授予哲学博士学位；16岁获得法学博士学位，并被任命为柏林大学的法学教授。然而，婴儿时期的卡尔反应相当迟钝，显得有些痴呆。很多人不相信老卡尔能把这样的孩子培养成才。在充满爱心、信心和耐心的老卡尔的精心培育下，小卡尔取得了如此惊人的成就。卡尔·威特的教育秘诀是唤起孩子的兴趣和让孩子提出问题。当小威特提出问题时，他总是给予鼓励，并耐心回答。正如教育专家在《卡尔·威特的教育》一书中的“专家导读”中所说：孩子的成功并不是偶然的，而是源于父母为之做出的努力；但是如果父母缺乏耐心，孩子本来的天赋则可能会丧失……爱是起点，也是终点，开始于父母的耐心与陪伴，行动与教养，完满于孩子光明的未来与灿烂的笑脸。如果父母在孩子小的时候，以爱心与耐心灌溉他，培育他，在这种环境中长大的孩子就会像小卡尔一样杰出。

旅居美国的台湾人林瑞瑜是个既有爱心、又有耐心的成功母亲，她的三个孩子在她的耐心教育下都成为哈佛大学的学生。她在教育曾被老师认为有“学习障碍”的小儿子时特别有耐心。在总结教子成才的书《哈佛之路》中，她说：“小儿子小学的时候，学业方面毫不出色，心思完全不放在学业上，得过且过……对于这个小时候各方面表现都不如兄姊的小儿子，我除了给他加倍的爱心和耐心之外，别无他法。”

无数成功教育的典型案例告诉我们，教育孩子，特别是教育那些智商不高或者是问题多多的孩子，只有爱心还不行，还要有耐心。

人是在失败、失误中成长起来的。聪明的教练在选手比赛出现失误时，即使很想发火也绝对不发火，而是极力忍耐着，对选手说：下次努力就行了。

爱尔维修说：“人刚生下来时都一样，仅仅由于环境，特别是幼小时期所处的环境不同，有的人可能成为天才或英才，有的人则变成了凡夫俗子甚至蠢才。即使是普通的孩子，只要教育得法，也会成为不平凡的人。”这里的“教育得法”，就包括耐心地启发诱导，细心地观察、发现、培养兴趣等。

每个孩子都有巨大的潜能，发现和挖掘孩子的潜能，需要聪明而耐心的父母给孩子表现、发挥潜力的机会，等待孩子发挥潜力。有些家长嫌孩子做不好事，干脆自己干；一些家长看到孩子一时达不到自己的要求，就一味地指责、批评，孩子的潜能就会被压抑。

孩子长到三四岁时，提出的问题会越来越多，而且千奇百怪。有的家长不为孩子好问感到高兴，不是耐心地回答孩子的问题，而是有厌烦情绪，随便敷衍一下，这样就打击了孩子的好奇心，不利于培养孩子对大千世界追根求源的兴趣。

教育孩子养成好习惯、纠正不良习惯都需要耐心。心理学研究认为，一个好的习惯动作养成需要连续重复21天（次）以上。一个不良习惯的纠正，需要的时间更长，没有耐心是绝对不行的。

“耐心”既是指不急躁，不厌烦的心态，也是指一个人不急躁、不厌烦的性格，就是甘于把时间投入到简单、枯燥，但是最终会意义非凡的事务当中去。一个人有多大的耐心，他的成功概率就有多高。反过来，没有耐心的人终将一事无成。

人缺乏耐心的原因是多方面的：不喜欢孩子的人肯定没有耐心，有的人是独身主义；有的结了婚的人不要孩子，认为教养孩子太麻烦，成为丁克家庭；也有个别的父亲很少抱抱孩子，亲近孩子，不喜欢孩子，也不管教育孩子的事，根本谈不上爱心和耐心。

性子急的人往往没有耐心，他们急于求成，恨铁不成钢。看到孩子不顺眼，批评、训斥、骂人的话张口就来，甚至抬手就打。教育、转变问题孩子有一个过程，急于解决问题往往事与愿违。孩子的缺点、错误可能会改了再犯，教育者应给孩子改正错误的时间，应允许孩子出现反复，耐心等待孩子的进步。

工作忙、事务多、贪玩的人往往没有耐心。有的父母或忙于工作，或忙于挣钱，或忙于家务，或忙于打牌喝酒，来也匆匆，去也匆匆，哪有耐心教育孩子。

没有宽容之心的人缺乏耐心。他们不能宽容孩子的缺点和成长中的错误。孩子的错误已经发生，你发再大的脾气，也于事无补。大发脾气训斥孩子会使孩子更害怕、恐惧。孩子的错误已经发生，你应该耐住性子，以宽容之心对待孩子的错误，耐心地引导孩子分析错误产生的原因，帮助孩子勇敢地面对错误，承担后果，让孩子感悟“失败是成功之母”的哲理。

没有理解之心的人没有耐心。他们不懂儿童心理发展的规律，不理解儿童心理，看到孩子有毛病，就忍不住批评、训斥。人非圣贤，孰能无过。要允许孩子犯错误，给孩子改过的时间，要允许孩子说明原因，耐心听孩子辩解或解释，给孩子指明努力的方向和改错的方法。

有专制思想的人没有耐心。在缺乏民主传统的中国，有专制思想的人不少，他们很少给孩子自由，听不进孩子的不同意见，批评孩子时不容孩子申辩理由，否则，就暴风雨般地训斥，甚至打骂。

“耐”除了含有“耐心”的意思外，还含有“忍耐”“耐久”“吃苦耐劳”等含义。可见，耐心不仅是教育者的良好素质，耐心、忍耐、吃苦耐劳也是一种美德，所有的人都应该具备这种美德。

孝敬老人需要耐心。为什么人们常说“久病床前无孝子”？因为老人病久了，有的子女伺候烦了。我们要有足够的耐心伺候老人，才不会心烦，不会有怨言，成为大孝子。同理，护理长期生病的人要有耐心，特别是那些卧床不起的重病人，没有爱心和耐心是绝对不行的。那些几年、十几年，甚至几十年照顾久病的亲人或残疾人的人被评为道德模范，就是让人民学习他们的爱心和耐心。

有人总结出成功需要十颗“心”：雄心、信心、决心、爱心、专心、诚心、耐心、恒心、虚心、静心。耐心是其中之一。韩信具有超人的耐心。他应约等候一位老者，约好的时间是傍晚。韩信能耐心地从傍晚一直等到第二天黎明。韩信经得住老人的考验，得到一本绝世兵书，成就了他军事家的美名。

政治家需要耐心。有一位外国记者问邓小平：你能三下三上，秘诀是什么？邓小平回答说“忍耐”。忍人所不能忍者才能成大事。只要你能忍受委屈和打击，忍受住折磨，守得住底线，耐心等待机会，生活不会抛弃你，命运不会舍弃你。林彪就没有这种忍耐的功夫，已经是写入党章里的法定“接班人”，却要急于接班，最后落得个机毁人亡的叛徒下场。

领导者需要耐心。要能耐心地听取各种意见和建议，好话、坏话、刺耳话都能耐心听得进，这是大度，是谦恭，也是自信有力量的体现。没有耐心的领导听不到真话，决策可能失误。领导干部解决员工的思想问题时，要耐心地做深入细致的思想教育工作，批评、训斥解决不了思想问题。

学说话要有耐心。会说话的人先要具备耐心听别人说话的态度。说话是为了交流，不是一个人的事情，别人问多少事，或表达思想时，我们都要耐心听明白，然后才能有恰当的回话。

做学问要有耐心，耐得住寂寞，特别是学习那些没有趣味的知识，探讨那些难以找到答案的重大问题时。

编辑工作需要耐心。审读、修改文章要耐心、细心，一个字、一句话、一个标点都要认真推敲，马虎不得。现在，一些报刊经常出现错别字、病句，都是作者和编辑粗心、性急的结果。

营业员要有耐心。面对顾客，特别是难缠的顾客，要耐心地介绍商品，解答问题。

耐心和细心总是联系在一起的，人们常说思想工作需要“耐心细致”。教育工作者只有爱心是不够的，一定要耐心和细心：细心地观察、分析儿童的情绪变化和肢体动作，耐心地和学生交流、聊天、讨论问题，耐心地听学生陈述思想，细心揣摩学生的心理活动和言外之意，耐心地回答学生提出的问题。

所有不利于成功的负面品质都是缺乏耐心的体现，或者说是缺乏耐心的结果。“急于求成”“急功近利”都是缺乏耐心的表现，懒惰和草率的人是缺乏耐心而不愿投入时间和精力去认真做事，肤浅是因缺乏耐心而不能运用心智深入思考问题。所有的成见与偏见，都是因为缺乏耐心而不愿投入更多的时间、精力去认真分辨每个个体的特征，而宁愿用简单的分类方法替代思考。

教育工作者不仅自己要耐心，还要教育儿童读书要耐心，做作业要耐心。要培养儿童的忍耐之心，用耐心和毅力去面对人生的成功和失败。有的人产生心理问题，是因为他处事有急躁的心态和急功近利的想法，等不到、抓不准时机就盲目行动，失败后又缺乏忍耐力，因而常常自责、自卑而焦虑不安。人生需要耐心和等待，只有摒弃拔苗助长的欲速，坚持瓜熟蒂落的等待，才能如愿以偿。

现在，急功近利的教育使父子关系、师生关系紧张，教育爱缺失得很厉害；为了挣钱，父母在外打工，留守儿童缺乏应有的父爱母爱；为了个人的感情，离婚的越来越多了，单亲家庭的孩子得到的关爱越来越少了。分数、金钱使爱心稀缺，更谈不上耐心了！

孩子的成长过程是长期的，缓慢的。当老师和父母的要懂得“只有爱心不行，还要有耐心”。因为耐心是爱心的表现，没有耐心，就没有爱心；没有爱心和耐心，就没有教育！

我们要切记教育专家的箴言：“爱是起点，也是终点，（它）开始于父母的耐心与陪伴。”愿我们让爱心与耐心同行！

知“道”更要努力做到

一天早晨，我和学生一起上早操，广播出了问题。我看同学们站着无聊，就让同学们跟我一起大声说三句话——一日之计在于晨，一岁之计在于春，一生之计在于勤，并让同学们用“勤”说几个成语，如“天道酬勤”“勤能补拙”“勤学苦练”等。后来，一位同学对我说：“我上小学时就知道这三句话，就是没有坚持做到。”这或许正是许多人没有成功的主要原因。

有位企业家问一位成功的企业家：“我们知道的道理差不多，为什么你成功了，我却失败了？”这位成功的企业家说：“我们知道的是差不多，只是我做到了，而你没有做到。”其实父母们知道的教育孩子的道理也差不了多少，成功的家长知“道”并做到了，失败的家长是知“道”而没有做到，或者是很少做到。这个“道”就是家庭教育的道理，即规律。

有人问我：“当年，你的孩子学习不好，你不担心他们以后考不上大学、找不到好工作吗？”说一点不担心是假话，但我更担心的是孩子学习负担太重的后果，担心打骂逼迫孩子学习的后果。如果因为逼孩子学习而把父子关系搞僵了，孩子出现了逆反心理，不仅学习搞不好，而且心理、品德也会出问题。经验证明：父母把自己的思想强加在孩子身上，就学习讲学习，效果往往是不好的。

万事万物都有其发生、发展、变化的规律，即“道”。因此，就有了“天道”“地道”“人道”“世道”“孝道”“家道”“教道”“妇道”“为官之道”“为人之道”“经商之道”“用兵之道”等说法，也就有了“学道”“信道”“尊道”“行道”“悟道”“传道”“得道”的愿望和行为。这里“教道”即育人之“道”，育人的理论，或曰规律。我的经验是“学道”“信道”“尊道”“行道”，即学习教育理论，坚信教育理论的指导作用，遵循教育规律，努力按教育规律教育孩子。

有人说，你是教师，懂得教育规律，我们哪能跟你比。这话听起来很有道理，仔细一想，并非懂得教育规律就一定能教育好孩子。当老师的都学过教育理论，但不是所有的老师都能教育好孩子（包括学生）。学过教育理论的父母，如果不能理论联系实际，不按规律办事，照样教育不好孩子。王林的父母都是大学老师，不仅没有教育好儿子，反而酿成被儿子杀害的悲剧。很多贪官都是有文化的人，哪个不懂得廉洁为民的道理，还不是照样贪财、骗色？孔子、孟子等许多伟人、名人的母亲，可能连文化都没有，即使有，也不会很多，她们照样能把孩子教育好。

我认为，现在的问题，一方面是懂不懂教育理论的问题，另一方面是知“道”能不能做到，即言行是否一致的问题。比如，多数父母都懂得“上梁不正下梁歪”的道理，即以身作则，身教重于言教，但能做到的家长有多少？很多父母都知道“孟母三迁”的故事，按教育理论的话说，即“环境起决定作用”，但能注意为孩子创造一个良好的、宽松的成长环境的家长有多少？父母们几乎都知道“曾子杀猪”的故事，即要言行一致，说到做到，但能说到做到的家长有多少？父母们都知道不能溺爱孩子，但很多父母仍然溺爱孩子，有的溺爱孩子的表现令人感到可怜、可悲。诸如此类的现象太多了。

大道似简，道不远人。育人之道并不神秘，它就表现在人们日常的生活之中，体现在普通人的生活经验里，蕴含在人们朴素的思想和话语中，如“再穷不能穷教育，再富不能富孩子”“三岁看大，七岁看老”“跟着好人学好人，跟着巫婆下假神”“教妇初来，教子婴孩”“己不正不能正人”“榜样的力量是无穷的”“兴趣是最好的老师”等等。没读过书的人，只要用心观察、注意总结育人经验，也能把孩子教育好。

伟大的思想家、教育家孔子和孟子的母亲的文化肯定不多，因为那时不重视女子教育，但她们都很会教育孩子。孔子的父亲在孔子三岁时就去世了，孔母知道环境的教育作用，为了给儿子选择一个有丰富文化典籍的良好学习环境，毅然决定离开家庭，到富有古文化传统的鲁国的国都曲阜城里的娘家居住。孔母很重视从小教育孔子学习礼仪。司马迁在《史记·孔子世家》中说：“孔子为儿嬉戏，常陈俎豆，设礼容。”孔子小时候常找来一些泥土，捏成像祭礼时存放供品用的方形和圆形俎豆祭器一样的小泥炉，插上草棒，按照祭礼的次序，像祭礼一样，一节一节地练习磕头，揖让，为其以后成为一位知书通礼的伟大思想家、教育家奠定了坚实的基础。

在中国，“孟母三迁”的故事家喻户晓。孟母通过观察，认识到“跟着啥人学啥人”的朴素道理，三次搬家，最后把家搬到学宫旁边，孟子从此喜欢读书，最后成为“亚圣”。用教育理论的话说，即“环境起决定作用”。运用这条教育规律，肯定能教育好孩子。然而，现在有的家庭里酒场、牌场不断，酒令声、麻将声半夜不停，有的干部家里，送礼的络绎不绝，请吃的排着队，孩子学不好，还怨孩子笨，不努力，这能教育好孩子吗？

我院后勤处有位转业军人，中学毕业，没学过教育，但他是个细心观察、善于总结经验的人。他认为，很多家长在学前期教孩子认会很多字，会100以内的加减并不好。理由有二：一是孩子在学前就学会这些东西，到上小学时认为自己会了，可能会骄傲自满，上课不注意听老师讲课，久之，养成注意力分散的不良习惯，学习就可能永远搞不好。二是学会这些知识，主要靠死记硬背，思维不一定敏捷，孩子不一定聪明。

很多有文化的人，知道的育人道理也不少，却常常因为事情多，工作忙，做不到。有的忙于跑官、做官，忙于吃请，有的忙于打牌，有的忙于赚钱，有的忙于打工，有的忙于吃喝玩乐，就是没时间、没工夫、没耐心教育孩子。

陶行知特别强调“教学做合一”，并要求以“做”为中心。思想指导行动，实践出真知。有的人对教育理论只是简单地知道，或者是死记硬背一些教育的名言，没有深入地思考和理解，也没有认真实践，那些正确的教育思想还没有内化为自己的教育思想，所以知“道”做不到。

有的家长说，我读了那么多家教的书，知道了很多的教育孩子的道理和方法，为什么总是做不好呢？家长们应该认识到孩子的成长是个长期的、不断变化的过程，教育孩子是个复杂、艰巨、长期的工作，是因人而异、因时空而变化的系统工程。没有对教育理论的系统学习和深刻理解，没有对教育规律的深刻把握和灵活运用，生搬硬套别人的经验是不行的，别人好的教育方法在你的孩子身上不一定适用，没有一定的教育思想素质，好的教育方法你也可能用不好。所以说，教育好孩子，首先是教育好家长的问题，是家长的自我教育问题。

简单不等于容易，把简单的事情做好就是不简单，更何况育人是世界上最重要、最复杂、最困难的工作，也是最幸福、最具挑战性、最需要艺术性和创造性的工作。现代社会，经济发展迅速，生活变化加快，各种诱惑增加，儿童的心理特点也有所变化，有的传统教育理论和方法已经过时，需要家长与时俱进，努力“学道”，用心“悟道”，努力“行道”，不断总结实践经验，家庭教育一定会很有成效。

可惜的是，很多人只信钱，不“信道”，“道”知道的不少，而没有坚持做到。所以，很多地方孝道下滑了，师道不传了，“人道”不仁了，官道黑了，商道假了，医道、妇道都变了！

孔子曰：“人能弘道。”《三字经》有言：“教之道，贵以专。”我们要像孔子那样，“志于道”，“笃信好学，守死善道”，以“朝闻道，夕死可矣”的精神，专心学习，努力实践“育人之道”，一定能教育好孩子。

此时无声胜有声

女儿日记

1993年7月29日　星期五

高中第一学期期末，我考了第二十八名。……我留个字条给三婶，就直接骑车去了姥姥家……您和弟弟到了姥姥家，根本不理睬我，我知道这是对我的惩罚，我接受这个惩罚。于是第二学期期中考试，我考了第十一名。

点评

这则日记记叙了我以无声的“不理睬”的方式，表示对女儿学习不好的“惩罚”，也使孩子感觉到了我对她的理解、宽容，给孩子留下了自我认识、自我教育的机会，收到很好的效果，正是“此时无声胜有声”。这样做，符合卢梭的“自然惩罚法则”：当孩子犯了错误或学习退步的时候，父母不要立即指责孩子，而应让孩子自己承担错误的直接后果，从而让孩子自我反省，自己纠正错误。

教育需要表扬和鼓励，但也要有必要的批评和惩罚。关键是批评和惩罚的方式方法要适当，要考虑孩子的承受能力及效果。

人非圣贤，孰能无过，更不要说孩子了。孩子有缺点、毛病，或者学习不理想，甚至犯了错误都是正常的。家长要理解孩子，对他们幼稚的、美丽的错误，没有必要严加批评和惩罚。有时候“不理睬”比大声批评训斥，甚至打骂孩子的效果更好。

孩子有过失的时候，恰好是教育的良机，此时对孩子表示理解和关爱，可能使他们刻骨铭心。

我儿子上幼儿园时，不小心把一个幼儿推倒在地，头皮磕破了，老师带着到医院缝了三针。我知道后，没有吵他、打他，问他怎么办，他不吱声。我说，买点水果去同学家看看，说几句道歉的话，他点头同意了。我告诉他，见了同学应该说“对不起，请原谅”。他说好。我和儿子拎着水果到同学家，见了同学，儿子什么话也说不出来，眼泪就流出来了，显然是知道错了，这比训斥、打骂效果更好。

教育孩子，父母必须选准契机，抓住时机，及时实施。这需要父母有理解之心、容忍之心、仁爱之心，懂得儿童心理，掌握育人的艺术，善于控制自己的情绪。不能一看到孩子学习退步或犯了错误就来气，就唠叨个没完没了，甚至说一些诸如“你不争气”“给我丢脸”“我白养活你”等孩子接受不了的难听话。有的父母不问原因，大发雷霆、训斥打骂，其结果是父母出了气，孩子受了气，但心里不服气，其教育效果可想而知。

好的关系胜过许多教育

——“君子之不教子，何也？”

一些教师在学校教育人家的孩子效果很好，在家里教自己的孩子效果却不理想，我父亲就是这样的教师。他在学校里工作认真负责，关爱学生，对贫困学生从不吝啬钱物，对差生循循善诱，被评过模范班主任、先进教师。现在离休多年了，还有学生来看他。前不久一位分别了几十年的学生，自己不能来，派他的亲戚买礼物来看他。我父亲的学生写在困难时候得到我爸关怀的文章《难忘关怀》登在了《中国教育报》上。可在家里，他是个不受儿女欢迎的爸爸，我们感觉他对子女不如对学生好。我常思其原因，没有得到满意的答案。

近读《孟子·离娄上》，方知这种“师不教子”的现象古亦有之。孟子对这一现象的解释颇有道理，现引文如下：

公孙丑曰：“君子之不教子，何也？”孟子曰：“势不行也。教者必以正。以正不行，继之以怒。继之以怒，则反夷矣。‘夫子教我以正，夫子未出于正也。’则是父子相夷矣。父子相夷，则恶矣。古者易子而教之。”

这段话的意思是，公孙丑问孟子：君子不亲自教育儿子，为什么？孟子答：由于父子的亲情关系而行不通。教育一定要用正道正理，用正道正理教育孩子无效，父亲就会忿怒，这样就会伤害儿子的感情。儿子会说，你拿正道正理教育我，而你的行为却不符合正理正道。这就会使父子之间产生隔阂，那就无法进行教育了。所以古人易子而教。

从孟子的回答中我们可以看到，古代君子不教子的原因主要有二：一是父亲教育方法简单，只讲大道理，动辄忿怒；二是君子行"未出于正"，即不能言行一致，致使教育无效。仔细研读孟子的话，我想可能还有两个原因：一是君子讲的理论是正确的，但对儿子来说，可能太深，要求太高、太严，儿子接受不了，要不怎么会君子教之"以正"，儿子反而"不行"呢？二是君子的封建家长制思想严重，只能教训儿子，不能接受儿子提的意见。一听儿子说他行"未出于正"，就大发雷霆。这就会使父子之间伤透了感情，隔阂会越来越大，甚至没有一点共同语言，那就只好易子而教了，这都是由于父子的亲情关系造成的。父子之间有了亲情的关系，父母就会有私子之心，养儿为防老，儿女成才为光宗耀祖，就会爱子心切，就会要求过高，孩子可能就做不到。父母有了私子之心，认为儿女是私有财产，训斥打骂儿女，别人管不着。所以当教子无效时，父母就会忿怒，甚至打骂。父母有了私子之心，认为在家里做丑事别人不知道，儿女知道了，也不会说出去，家丑不会外扬，所以有时就会言行不一。而孩子却是天真纯洁，没有私情的。他们不理解父母的私子之心，接受不了父辈望子成龙、恨铁不成钢的要求。老子忿怒多了，打骂狠了，会引起儿子反抗，这就更加触犯封建家长制作风，老子会更加忿怒，打骂就是可想而知的事了。所以孟子说，君子不亲自教育儿子，是由于父子亲情关系（即私子之心）造成的，这是颇有见地的。孙云晓同志说："好的关系胜过许多教育。"这和两千多年前孟子的思想不谋而合。

一般说来，教师在学校爱生如子，较容易做到。而在家里，却因有私子之心，不容易做到爱子如生。在这方面，伟大教育家孔子早已给我们做出了榜样。他不仅爱生如子，且能爱子如生。他教学生多少知识，就教儿子同样多的知识，不因私子而多教儿子知识。据《论语·季氏》记载：有一次，孔子的学生陈亢问孔子的儿子伯鱼说："你在你的父亲那里听到过一些我们听不到的教导吗？"伯鱼说："没有啊。父亲个别教导我说：'不学诗，无以言；不学礼，无以立'。"陈亢一听，知道孔子的这些教导和其他学生是一样的，便赞扬孔子说："君子之远其子也。"（即君子不私其子，能平等地对待所有的学生。）

许多教师教子女时，总想多教些知识，更严格要求，结果却事与愿违。看来，"君子之不教子"都是私子、爱子太过的结果。所以家长"树立为国教子的思想"并不是一句空洞的政治口号，它既有利于为国家培养人才，也有助于搞好家庭教育。

两千多年过去了，“君子之不教子”的现象由于父子亲情的关系仍然存在。教师要教育好子女，就要树立为国教子的思想，在家庭教育中运用和学校教育相同的理论和方法，努力做到爱子如生，待子如生，就能教育好自己的孩子。

具体地说，对子女的要求要和对学生一样，从实际出发，因人而异。根据孩子的特点和兴趣，提出适当的要求。而不要望子成龙心切，提出过高的要求。对子女的态度和学生一样，和蔼可亲，关心爱护，有了缺点毛病，耐心说服教育，积极引导。而不是缺乏耐心，动辄忿怒。教育的方法和学生一样，坚持启发诱导，正面教育，多表扬、少批评，多鼓励、少惩罚，多交谈、少训斥。而不是不讲究方法，不考虑后果，张口就骂，举手就打，简单粗暴，互伤感情。行为表现在家和在校一样，如曾参杀猪，不说假话，处处言行一致，以身作则，身教重于言教，使自己成为孩子的榜样。而不是为了私利，说假话，干歪事。生活作风在校在家一样，尊重孩子，民主平等，耐心、虚心听孩子的意见，了解孩子的需要，克服家长制作风。有了不妥之处，也能做自我批评，把教育民主的作风带到家中，处理好两代人的关系，这样一定能教育好自己的儿女。

爱我你就夸夸我

——表扬的力量是无穷的

女儿日记

1993年7月29日　星期五

一次放学早，爸爸写文章写入迷了，忘了去接我，我便一个人走回家……到了家，我自豪地对爸爸宣布：“爸爸，我走回来了。”爸爸放下笔从桌边转过身，带着深深的笑意说：“爸忘了去接你，自己走回来，很有本事噢。”我仰起头，得意地笑了。那时，窗外洒满明媚的阳光，我记住了每一句话、每一片阳光。

点评

教育孩子，只有爱心是不够的，还要细心。只有心细，才能观察到孩子的表现，发现孩子的微小进步，并立即给予表扬。我女儿好容易走到家，并"自豪地对爸爸宣布：'爸爸，我走回来了'"，她的潜台词就是：你不接我，我也能自己走回来，我长大了，有本事了。因此很"自豪"。这时，她最想要的是父母的表扬。我一句"自己走回来，很有本事噢"。这时，她感到"窗外洒满明媚的阳光，我记住了每一句话、每一片阳光"。

人们常说，给孩子点阳光，他就灿烂；给孩子点表扬，他就有笑脸；给孩子点鼓励，他就进步。在同一天的日记中，女儿还记叙了老师的鼓励促进她学习进步的事。

上了附中，第一堂语文课，我写的《我的爸爸》，成为全班最好的作文，张老师动情地念给全班同学听……开头大概是突出爸爸忙，接着又写爸爸照顾我和弟弟，还写到妈妈，中间都记不清了，只记得最后一句是："爸爸爱我，我更爱我的爸爸。"后来才体会到：好文章是真情的自然流露。

从此以后，我成了一名学习好的学生，不再是以往的"一般成绩"。第一次附中摸底考试，我考了语数双第一，只是英语才考80多分，总分第四。爸爸好高兴，总是夸我。

孩子的喜忧和进步来自于老师和家长的鼓励。"我写的《我的爸爸》，成为全班最好的作文，张老师动情地念给全班同学听。""从此以后，我成了一名学习好的学生。""第一次附中摸底考试，我考了语数双第一。"可见表扬的力量是无穷的。

前文说过，我儿子不适应应试教育，中小学的学习成绩都较差，高考两次失败。但我仍是多表扬，少批评，经常表扬他勤快、会做家务、有孝心、善交朋友、为人忠诚、会说话办事等。我曾对别人说过："我儿子除了读书学习不如我，其他方面，如社会交往、说话办事能力等都比我强，胆量比我大，将来一定能成为有用之材。"我儿子说我把他估计得太高了。我儿子成才的实践证明，我的看法是对的。

人最殷切的需求是渴望被肯定、被表扬，这是人的本性。该表扬的时候及时地表扬，就是对孩子真正的爱。有一首儿歌唱得好："爱我你就夸夸我，如果真的爱我，你就夸夸、夸夸、夸夸我。”

比尔·盖茨在短短的20年里就成为了世界首富，他的父母亲是怎样教育这个旷世奇才的？1975年，盖茨在哈佛大学读二年级。这一年的母亲节来到时，他在给母亲的卡片上写了这样几句话：“我爱你，妈妈，你从来不说我比别的孩子差；你总是在我干的事情中，不断寻找值得赞许的地方。我怀念和你在一起的所有时光。”

父母是经常用语言来教育孩子的。你说他行，他就行；你说他不行，他就不行；你为他喝彩，他会给你一个惊喜；你说他笨，他会用行动证明他真的很笨。一个人从小生活在“你不行”的环境中，慢慢地把“你不行”内化为“我不行”，他就真的不行了；一个人从小生活在“你能行”的环境中，慢慢地把“你能行”内化为“我能行”，他就真的能行。

“好孩子是夸出来的。”这道理几乎人人皆知。“爱我你就夸夸我”的歌几乎人人会唱，但为什么很多家长总是发现不了孩子的进步和优点，反而老是看到孩子的缺点和毛病，并经常批评、唠叨，甚至打骂呢？为什么不能容忍孩子的退步、错误和失误呢？我认为，主要原因是有的父母具有完美主义的思想，要求过高、过急，缺乏耐心，急于求成。

有一次，我到邮局寄东西，一个女服务员的女儿在写作业，我问她：“你会唱‘爱我你就夸夸我’这首歌吗？”她说：“会。”我说：“唱给我听听好吗？”她高兴地唱起来，我给予热烈地鼓掌。我又问她：“你爸爸妈妈经常夸你吗？”她说：“爸爸好吵我[①]。”我说：“下次爸爸再吵你，你就唱这首歌给他听。”她说：“光唱不行，我要写下来贴在他的床头上。”我立即表扬她：“好主意，好主意。”多聪明、可爱的孩子啊，为什么爸爸发现不了她的优点啊？

罗丹说，生活中不是缺少美，而是缺少发现美的眼睛。孩子身上不是缺少优点，而是我们过分关注他们身上的缺点和不足，缺少发现他们的优点的眼睛。

我教学生“应用文写作”课时，要求学生给父母写封信。下面是我的一个学生写给她父母信里的一段话：

上小学时，我一直是班里的尖子生，每学期都能捧回一张梦寐以求的大奖状。我捧着奖状走在回家的路上，笑眯眯地想，到家后你们肯定会眉开眼笑地夸我呢。可是，每一次你们一点反应都没有，没说好，也没说不好。原本以为你们会给我做点什么好吃的，结果等到的却是你们的面无表情地说：“考完了，放假

---

①“吵我”是当地方言，意为“训斥我”——编者注。

了，没事就跟我到地里拔草去吧。”你知道我当时心里有多么委屈吗？我就弄不明白，我的父母咋跟别人的父母不一样呢？同村的小霞仅得了一张“优秀少先队员”的奖状，她的父母见人就夸女儿好，还为她买了好东西吃，我当时好想做他们的女儿呀！

孩子得了奖状，本以为父母“会眉开眼笑地夸我”，然而父母不置可否，面无表情，“一点反应都没有”。这不仅使女儿感到委屈，甚至产生了“好想做别人女儿”的思想。可见，积极的应答和及时的表扬鼓励对孩子多么重要啊！

下面是一位平凡的母亲，在明知儿子智力不济的情况下，信任、鼓励、赏识儿子，促使儿子一步一步走向成功的故事。

一位母亲第一次参加家长会，幼儿园的老师说：“你的儿子有多动症，在板凳上连三分钟都坐不了，你最好带他去医院看一看。”回家的路上，儿子问妈妈，老师都说了些什么。她鼻子一酸，差点流下泪来。因为全班30位小朋友，只有她的儿子表现最差。然而她还是告诉儿子：“老师表扬你了，说宝宝原来在板凳上坐不了一分钟，现在能坐三分钟了。其他妈妈都非常羡慕你的妈妈，因为全班只有宝宝进步了。”那天晚上，她儿子破天荒吃了两碗米饭，并且没让妈妈喂。

儿子上小学了。在一次家长会上，老师说：“全班50名同学，这次数学考试，你儿子排在第40名，我们怀疑他有些智力障碍，你最好能带他去医院查一查。”走出教室，她又流下了泪。然而，她回到家里，却对儿子说：“老师对你充满了信心。老师说你并不是个笨孩子，只要能细心些，会超过你的同桌，这次你的同桌排在第21名。”说这话时，她发现儿子黯淡的眼神一下子充满了光亮，沮丧的脸也一下子舒展开来。她发现，从这以后，儿子好像长大了许多。第二天上学，去得比平时都早。

孩子上了初中，又一次家长会。她坐在儿子的座位上，等着老师点她儿子的名字，因为每次家长会，她儿子的名字总是在差生的行列中被点到。然而，这次却出乎她的预料，直到家长会结束，都没听到她儿子的名字。她问老师，老师告诉她：“按你儿子现在的成绩，考重点高中有点危险。”听了这话，她惊喜地走出校门，发现儿子在等她。她心里有一种说不出的甜蜜，她告诉儿子：“班主任对你非常满意，他说了，只要你努力，很有希望考上重点高中。”

高中毕业了。第一批大学录取通知书下达时，学校打电话让她儿子到学校去一趟。她有一种预感，她儿子被重点大学录取了，因为在报考时，她对儿子说过，相信他能考取重点大学。儿子从学校回来，把一封印有清华大学招生办公室的特快专递交到她的手里，转身跑到自己的房间里大哭起来。儿子边哭边说：“妈妈，我知道我不是个聪明的孩子，可是，这个世界上只有你能欣赏我……”听了这话，妈妈悲喜交加，再也抑制不住十几年来凝聚在心中的泪水……

我们为这位母亲锲而不舍的育儿精神所感动。这是一位平凡但又不简单的母亲，她在明知儿子智力不济的情况下没有放弃儿子，而是采用信任、激励、赏识的教育方法，引领儿子一步一步走向成功，这个智慧的母亲成就了一个成功的孩子。这个孩子是幸运的，因为他有一个爱他并欣赏他的母亲，即使他的老师表现出的是不屑和不信任。但他从母亲那里，从母亲善意的谎言中得到了激励和自信。

教育的首要任务是培养孩子积极上进的态度，而不是教给孩子知识。这需要家长有鼓励和欣赏的态度。家长要用积极的心态发现孩子的优点和进步、美德和优势、引领孩子积极向上的成长力量，让孩子发现自己的优势和潜能，使孩子用自己的优势和美德，建立自尊和自信。

有人把父母分为三种：第一种是无论做什么，父母都批评你；第二种是无论做什么，父母都忽视你；第三种是无论做什么，父母都鼓励你。愿天下的父母成为第三种人。

爸爸理解我

女儿日记

1993年8月1日　星期日

昨天晚上，远门的大哥和同学在我家借宿一晚。今天上午，我一边给爸抄稿，一边跟大哥叙话。妈妈看到屋里只有我们俩人，心中不满。我想，跟男同学一起聊聊天又算得了什么呢，毕竟我已经踏出了中学校门，而且很快就要升入大学了。大哥走了，我一进屋，妈便冲我说：“跟男同学叙什么叙，有什么话说不完……”我一听这话就火了：“难道以前为了学习很少交朋友，很少出去玩，现在考完了，放假了，就不能跟同学一起叙叙话，一起玩吗？”我终于体会到老年人和青年人那种思想的对立和无法沟通。

晚饭时，妈不在客厅，我便对爸说：我现在已经踏出中学校门，不再是小孩子了，以后学习不那么紧了，社会交往一定会扩大，交际也是一门很重要的学问。卡耐基说过：“一个人成功百分之十五是由于他的专业技术，另外的百分之八十五是靠人际关系和处世技巧。”毛泽东不是也说“读无字之书”是更重要的学习吗？可我妈不能看我与男同学交往，这就是所谓的“代沟”吧，你说我该怎样处理这种关系？爸说：“这就是代沟，你妈也是为你好。”“我知道妈是为我好，可我18岁了，我有头脑，有分析判别能力，有一定的是非标准，我不再是小孩子了。”“以后你做什么事别太明显，隐蔽一下不就行了。”我没想到爸会教我这一招。所谓“隐蔽”，岂不是不让妈知道吗？想想这个方法也不错，毕竟人的思想观念是不容易改变的，有些事我不能按妈的意思办，但她又不高兴，也只有不让她听说最好，好在爸爸理解我。

点评

母亲担心女儿和男孩交往是可以理解的。而女儿已经高中毕业了，不让他们交往就不对了。在现代社会，人的交往能力越来越重要。我支持她扩大交往，读“无字之书”，但又要让她理解妈妈的良苦用心，不要正面和妈妈冲突，让她注意“隐蔽”，不失为一个两全其美的方法。

女儿之所以敢和我谈这件事，是因为我俩的关系比较好。我俩经常交流思想，讨论学问。她妈妈嫉妒地说：“你爷俩哪有那么多话？”

儿童教育专家孙云晓说：“教育的关键在于有良好的亲子关系。”当然，良好的亲子关系，并不是一味地对孩子好，而是尊重、了解、理解孩子。

首都师范大学的心理学博士李文道指出，世上没有哪个父母能为孩子抵挡住所有的挫折和困难。家长唯一能做的，是尽可能地贴近孩子的心灵，与他们建立良好的关系，在恰当的时候给他们足够的支持和尊重，在关键的时刻给他们及时的引导。

教育孩子的前提是了解、理解、信任和尊重。不了解青少年的教育是盲目的教育，不相信青少年的教育是错误的教育，不尊重青少年的教育是专制的教育。

青春期的孩子面临许多烦恼，有的来自学习，有的来自家庭。不少家长担心男孩女孩交往出现越轨行为，就采取各种方法阻止他们交往，其结果往往事与愿违。许多家长往往用成人庸俗的观念来看待男女孩的交往，把孩子们正常的行为恶俗化了，即人们说的“想歪了”。这容易使孩子感觉到喜欢异性是不道德的，会使孩子产生自我鄙视的思想。孩子在和异性交往时觉得正常，才能坦然、自信、自尊和自爱，才能用理性和意志控制自己的行为。

男女孩之间的交往是很正常的，家长应理解和支持，而不要敏感地将其理解为早恋。就是早恋，也不要大惊小怪。异性交往也有很多积极作用，可以避免产生恋父和恋母情结，可以促进孩子懂得异性之间需要尊重和平等，还可以促进学习。在情窦初开的少男少女心中，对异性的朦胧感觉是非常美好的，父母对孩子异性交往的压制和打击，会扭曲孩子对美好感情的认识，会让他们误认为心中美好的感情是肮脏、丑陋、被人嘲笑的东西。这会影响孩子成年以后对爱情和异性感情的信任，甚至会影响他们的婚姻生活。

家长要有理解之心，要理解青春期的孩子的需要。青春期正是孩子藐视和挑战权威的时候，越是成年人阻止的事情，孩子们越想尝试。因此，父母们应该告诉孩子的是和异性交往的技巧和禁忌，而不是一味地阻止，应该倡导他们大胆交往，主动交往，群体交往。青春的友情是开放、纯洁而美丽的。家长不要打击孩子爱的积极性，而要帮助孩子学会爱与被爱，引导其健康发展。现在提倡人与人之间互相理解，这是减少人际矛盾，建设和谐社会、和谐家庭的需要。

有的家长习惯于用成人的思维和标准来看待和要求孩子，因而孩子常说成人不理解他们，误解了他们，这是产生代沟的原因。当我们的谆谆教导孩子听不进去的时候，我们应当反思：我们的教育要求符合孩子的心理特点吗？成为孩子的心理需求了吗？要把我们的教育要求内化为孩子的心理需求，首先我们必须了解并理解孩子的以下几点需求。

1. 对爱的需求。 每个人都需要爱与被爱，孩子更甚。孩子的心灵，是一个千变万化的世界，父母要了解它，必须捧出爱心来做通行证。只有无私的、无条件的父母之爱，才能使孩子有安全感、自信心和勇气，才能帮助他们克服困难，战胜自我。

2. 对尊重的需要，包括自尊和他尊。 每个孩子都有自尊的需要、上进的愿望和强烈的荣誉感。如果家长不顾孩子的心理状态和心理需求，一旦犯错，就采取打击、讽刺、挖苦等侮辱性手段，让其当众出丑，必然会使孩子感到莫大的难堪，甚至无地自容，遂产生自卑、逃避、反抗，或逆反、报复等不良行为。

3. 对理解的需要。理解也是爱的体现。不理解孩子，就谈不上收到好的教育效果。理解孩子，才能从孩子的角度思考问题，若能理解他们年少的失误，宽容学生美丽的错误，分析其行为背后的真正原因，因材施教，就能促进孩子健康成长。

4. 对玩乐的渴望。爱玩是儿童的天性，有一定的玩乐时间是孩子的权利。玩乐不是坏事，不是学习的天敌。会玩则需要聪明、智慧和技巧，要玩出点门道来，不仅需要智慧，还需要一定的综合能力。满足了孩子玩的需求，学生才能静下心来学习，玩个痛快，才能学得踏实。澳大利亚的学校号召学生利用休息时间充分地玩，拼命地玩，玩过瘾，以保证学生在学习期间踏实、认真地学习。家长应该和学生一块儿玩，引导孩子把玩乐与学习有机地结合起来，在玩的过程中教育孩子遵守游戏的规则，体验动手动脑的乐趣，培养孩子对科学的兴趣，激发学生的求知欲，进而内化为持久的学习动力。通过玩，可以帮助孩子养成认真、细致、耐心、踏实、负责的良好性格。

5. 对成功的需要。没有人不渴望成功，特别是那些争强好胜的儿童，只要给孩子一次成功的机会，就可能会激起他们追求千百次成功的欲望。失败是成功之母，是对有心理承受力、不怕失败而善于总结经验的人而说的。“成功使人成功”的道理，则适用于所有的人。应试教育是选优的教育，是淘汰的教育，多数学生不能体验到成功的快乐，遭遇的是失败的煎熬，以致出现自卑、自暴自弃、破罐破摔等心理问题。所以，孩子特别渴望成功，家长要降低要求，创造条件，帮助孩子成功。

6. 对表扬的需求。（详见《爱我你就夸夸我》。）

儿童的心理需求是多方面的。家长需要学习儿童心理学，在日常生活中仔细观察儿童的心理活动，全面了解并理解他们的心理需求，千方百计地满足他们合理的需求，才能促进他们进步。

理解万岁。有了理解和了解，才能有和解，才能有和谐教育。

既要当好师长　也要当好家长

有一个区（县）的领导很重视家庭教育，提出“不懂家庭教育的校长和老师是不合格的”要求，这是很有道理的。我认为，校长和老师既要当好师长，也要当好家长。其理由如下：

第一，好校长、好老师应该是个好家长。教育好孩子是每一位家长的职责，不要以为教育孩子是家长的私事，它也是公事。校长和老师要“树立为国教子的思想”，为国、为家培养出合格的接班人。如果只顾把别人的孩子教育好了，而自己的孩子出了问题，不仅影响自己的威信，还会遭到家人和孩子的抱怨，既影响工作，也后悔莫及。如同好校长首先应是好老师一样，好校长也应该是一个好家长。

第二，当个好家长是为了更好地当好师长。人们普遍认为，一个能把自己孩子教育好的师长，才有可能教育好别人的孩子。这样的师长可以把教育自己孩子的经验用来教育别人的孩子。江苏省杨思中学的蔡林森校长，就是这样一位好校长、好老师和好家长。

蔡林森说：“我有三个孩子，他们小时候都在我家乡的小学里读书，成绩都不理想。老师跟我开玩笑地说：‘你的孩子是一个不如一个。’我一不给他们买资料，二不给他们补课，主要是引导孩子自查自测，自己更正，达到了‘日日清’‘周周清’‘月月清’。以女儿为例，每天中午我就叫她口述上午学过的例题，口答习题。如果哪一道错了，就在那道题旁边打一个‘？’，但我不讲，让她自己思考、更正。她急得满头大汗，我还是不讲，耐心地等待她的回答。她终于说出了正确的答案。我利用散步、洗脚、在床上没睡着的时间，再问几十道类似的题目，让她真正地理解并能运用。每天晚上，都让她默写英语单词。错了的，让她自己更正，并反复检查。星期六回家，她坐在我的自行车上，我一边赶路，一边问，把本周的错题再查一遍，错了，再更正。就这样，孩子把课本上的每一道习题都搞熟了，也变巧了。读完初一时，我的三个孩子都成了好学生，都会自学。从此，他们越学越好。后来，我大儿考取上海交大，二女儿考取华东师大，他们获得学士学位后，都赴美留学，二儿担任中国石化二公司财务科长。我想，如果像我对待自己孩子那样，去教每个学生，还能教不好吗？差生不是因为脑子笨，而是因为问题成堆、失去学习的信心和能力而形成的。只要从实际出发，给他适宜的条件，再引导他不停地有针对性地补缺、由浅入深地学习，差生就一定会变成好学生。”杨思中学“没有教不好的学生”的理念就是蔡林森校长在总结家庭教育经验的基础上提出的。蔡校长把他的家庭教育的经验推广到学校教育中去，让每一位教师都认同他的教育理念，相信每一位学生都愿学习、能学习，都有学习的潜力可以挖掘。在这一教育思想的指导下，全国各地送来的“教不好”的学生，被杨思中学的老师教好了，杨思中学的奇迹就这样产生了。

第三，有利于家校合作，共同教育好学生。目前，学校教育的作用相对减弱，家庭教育的作用越来越大。没有受到良好家庭教育的孩子，学校教育起来非常困难。只有家校合作，才能教育好孩子。学校在家校合作中应起主导作用。

因为学校是专门的育人场所，有责任和义务指导家长学习家教理论，改进家教方法，提高家教效果。现在，许多学校按上级的要求办起了家长学校，并请一些有家教经验和理论的专家、学者为家长讲课。如果学校的校长和老师懂家教理论，有家教经验，何必还花钱请专家呢?

第四，有家教经验的校长能有效地指导教师搞好家庭教育。这一条是专门针对校长而言的。指导、帮助教师搞好家庭教育也是校长应该做好的工作。现在，由于多种原因，有的教师能教育好人家的孩子，却教育不好自己的孩子。两千多年前，孟子曾对这种"君子之不教子"情况进行了研究，并给出了很好的回答（详见《好的关系胜过许多教育》）。有的教师为此也很苦恼，不仅影响情绪，还影响工作。有家教经验的校长，及时地深入教师家庭，指导、帮助教师搞好家庭教育，这是教师们求之不得的事情。这样既可以解决教师的后顾之忧，也能使教师备感领导的关怀，从而激发教师的工作积极性，确实是一举两得的大好事。

父母的"无为"是有为

我信奉陶行知的生活教育思想和卢梭的自然主义教育思想，对孩子的教育基本上是顺其自然地在日常生活中进行的。我很少检查女儿的作业，没有刻意要求女儿必须考多少分，必须考上什么好学校。她好看电视，我管得又不严，她的学习成绩一直不太好。就是在这种基本无压力的自由、宽松的生活环境中，她的智力得到较好的发展，身心健康成长，个性自由地发展，为后来的可持续发展打下坚实的基础。

现在不少父母为了孩子将来有"作为"，不管孩子的兴趣，不尊重孩子的意愿，也不管孩子的基本素质，就为了孩子而积极有"为"，盲目地进行"过度教育"，强制实行"早餐"和"多餐"教育，即不顾孩子的身心发展特点和知识水平，盲目地进行早期教育，任意增加家庭作业，参加各种训练班，给孩子开"小灶"，吃"偏食"。有的为孩子制订学习计划、成长方案、学习专业、要读的大学，逼孩子走父母为之选择的道路。这种"有为"和"强为"的结果往往是事与愿违。

陶行知教育孩子"自助助人，自立立人"，养成自立习惯，凡是孩子能做的事，都放手让孩子自己动手，边学边做，以减少对大人的依赖。

冰心说，要让孩子像野花一样自然生长。不怕孩子倔，就怕不讲理。

陈鹤琴说，凡是儿童能做的事，尽量让他自己做；凡是儿童自己能想的，应该让他们自己想。儿童进一步，大人退一步。父母的包办代替越多，孩子的依赖性越强。父母的溺爱剥夺了孩子的自立能力。

父母应该顺其自然，以“无为”而有所为。这种“无为”不是什么都不干，而是不妄为，不强为，不乱为，不随意而为，是尊重孩子的意愿，根据孩子的特点，符合孩子的实际去引导、帮助孩子积极有为，这才是父母的应有之为。

“十年树木，百年树人。”人们常常把树人和树木联系起来。柳宗元写的《种树郭橐驼传》，就说明了树木的成长规律与人才成长发展规律的相通之处。

郭橐驼种树不仅棵棵成活，而且枝繁叶茂，果子结得又早又多。别人向他请教种树的经验，他说，他并没有非凡的才能和秘诀，只不过是顺应树木自然生长的天性，没有阻止果子的自然发育而已。如果“爱之太殷，忧之太勤”，早晨去看看摸摸，晚上去摇摇晃晃，唯恐树根没扎好，表面看是关心、爱护树木，其实是毁坏树木。

人的成长和树木一样，有其自身的规律，如果违反规律，“爱之太殷，忧之太勤”，则会事与愿违。

老子说，“圣人处无为之事，行不言之教”，就是说要按规律施教，充分相信孩子有发展的内在动力和潜力。

《老子》第五十七章说：“圣人云：我无为而民自化，我好静而民自正，我无事而民自富，我无欲而民自朴。”可见，在“我”“无为”“无欲”的前提下，儿童可以通过“自化”“自朴”，实现其自然本性。这样的教育，才能使儿童真正具有发展自我的自主性、主体性，才能真正实现“处无为之事，行不言之教”。很多农民并没有文化，也没有对孩子进行刻意的教育，这些孩子过着艰苦的生活，在自由、宽松的环境里自我教育，自主发展，很多孩子成功、成才。费孝通教授曾批评现在的应试教育给孩子过重的压力，家长的望子成龙，使孩子过着痛苦的生活。他说：“我们生活在贫穷的旧社会，却有一个快乐的童年；现在的孩子生活在幸福的新社会，却有一个痛苦的童年。”

欲“行不言之教”，家长必须做到“无为”“好静”“无事”“无欲”。有的家长“有为”到“妄为”的程度，望子成龙、盼女成凤心切，不顾孩子的基础、能力和意愿，不惜重金请家教，拜名师，逼孩子上重点校、进重点班、考重点大学。这种“妄为”的结果往往适得其反。

“行不言之教”，并不是说什么事都不做，而是要求人们“行无声之教”，

“行身教之教”，顺着儿童的自然本性，促其发展。20世纪五六十年代，中国的农民基本上就是这样教育孩子的。他们很忙，很少有时间管教孩子；他们没有文化，或文化程度不高，无力辅导孩子学习，他们用其勤劳、朴实 、善良、诚实、节俭、乐于助人，能吃苦耐劳、任劳任怨的精神品质“行不言之教”，像放牧牛羊一样散养孩子，孩子像野地里撒欢的牛羊一样，自由自在地在沟河里戏水、捉鱼，上树掏鸟窝，在月光下玩犴牛阵，挥洒着天然的本性。农民的生活艰苦，孩子又多，没有条件娇惯孩子。穷人的孩子早当家。很多农村的孩子生活在这样的环境里，很小就能独当一面，智商和情商发展得较好。现在五六十岁的干部、教师、医生、工人，很多都是农民出身的。我们应该学习农民的“不言之教”，“身教之教”，创造好的教育环境和生活环境，顺其自然，充分发挥孩子的自主性、主体性作用，让孩子“自化”“自朴”，自己教育自己，这样的教育才是真正的教育，有助于孩子成才。

德育篇

道德是做人的根本。根本一坏，纵使你有一些学问和本领，也无甚用处。否则，没有道德的人，学问和本领愈大，就能为非作恶愈大。

私德不讲究的人，每每就是成为妨碍公德的人，所以，一个人的私德更要紧。私德更是公德的根本。私德最重要的是“廉洁”，一切坏心术坏行为，都由不廉洁而起。

千教万教教人求真，千学万学学做真人。

德育注重自治。

——陶行知

道德是做人的根本

女儿日记

1988年2月25日

爸爸工作很忙，对于我的语文、数学关心极少，但却注重我的思想教育，他几乎每天都要看我的日记。他说："人的思想要是走了弯路，将干不成一件正事。"他虽然不很关心我的学习，却通过查看日记了解我的思想、我与老师同学的关系，时时促进我改正缺点。

爸爸对我的日记要求很严。他经常抽出时间指导我写日记，教我处朋友，记人记事，检查我的日记从来一丝不苟。他说，写日记就是练文字、练毅力、练思想。有一次，由于功课紧，日记没有写，他硬是要我补完了日记才休息。

点评

这则日记反映了我"德育第一"的素质教育思想。

在应试教育的误导下，学生的书包越来越重，作业越来越多，压力越来越大，学生已难以承受。但很多家长望子成龙、盼女成凤心切，为了孩子学习好，不惜花钱请家教。我市有位小学校长，为了让孩子考上重点中学，同时请了三位主要学科的家教，每周轮番辅导其子。孩子无法承受来自学校、父母和家庭教师的共同压力上吊而死。由于类似的原因，孩子离家出走的、患精神病的、身体搞垮的，甚至被母亲打死的、心理变态杀死父母的，虽为数不多，却时有所闻。两位离家出走的学生在给老师的信中写道："我们没有了星期天，没有了看电影电视、欣赏音乐的时间，同时也没有了感情，没有了个性，没有了思想。我们只是在你们手下操纵的机器人。如果读书和牺牲是分不开的，那么我们宁可不读书……"不少家长只看到了抓学习、得高分的短期效应，却不知这样做会导致"高分低智""高分低能""高分低德""高分低体"的现象。

重智育、轻德育是应试教育造成的，目前一时半会是改变不了的。但如果家庭只重智育，德育几乎无人管，那是非常危险的，孩子会出现逃学、打架、小偷小摸、出走甚至犯罪等问题。

我坚信陶行知“道德是做人的根本”的教导，始终坚持德育第一的家庭教育思想。我认为，孩子学习差一些，只要品德好、能力强，学习也可以赶上去。如果思想品德差了，不仅纠正起来很费劲，学习再好可能也没用。正如陶行知说：“道德是做人的根本。根本一坏，纵使你有一些学问和本领，也无甚用处。否则，没有道德的人，学问和本领愈大，就能为非作恶愈大。”

道德可分为社会公德、职业道德和私德（包括家庭美德）三个层次，私德处于基础的层次，是公德之本。陶行知说：“私德不讲究的人，每每就是成为妨碍公德的人，所以，一个人的私德更要紧。私德更是公德的根本。私德最重要的是‘廉洁’，一切坏心术坏行为，都由不廉洁而起。”学校关注较多的社会主义、集体主义、爱国主义等公德教育，不太重视私德教育，很多学生不会处理私人之间的关系。因此，家庭应首先抓好私德教育，如孝敬父母、友爱同学、诚信对待朋友等。

家庭教育和学校教育，各有自己的优势。提高孩子的文化知识水平，由于家长的文化水平和职业等方面的原因，应该主要依靠学校的老师。而要提高孩子的思想道德和心理素质，应该主要依靠父母。如果说学校教育主要是教师在课堂教学中有意识地渗透德育，主要是提高孩子的道德认识，那么家庭则是实践道德认识、训练良好行为习惯的基地。如果说学校教育主要是通过各科教学，偏重传授如何做人的知识，那么家庭则是通过待人接物，衣、食、住、行等活动，实践如何做人的天然场所。如果说学校教育主要是育才，那么家庭教育则主要是育德。可见，德育是家庭教育的主要任务，家长是孩子德育的第一责任人，是教孩子做人的“人师”。孩子的品德有问题，首先要检讨的是父母，其次才是学校和社会，把全部责任推给学校是不公平的。

家庭教育　德育第一

女儿日记

1987年12月29日

今天观看了电影《少男少女们》。电影的线索是由丢失了70元钱开始的。通过描写班长偷钱的过程，真实地反映了现代中学生的学习、生活和情感。爸爸联系电影中的班长对我说：“她学习不错，但因为想当演员，偷钱讨好别人，还欺骗老师和同学，和社会上的人混在一起。”

回家后，爸爸叫我写日记，并要看，可有几篇已经被我撕掉了。爸爸非叫我补起来。我到哪儿去找那失去的几张纸呢。爸爸却以为我不想给他看。爸爸说：“我不了解你的心理，怎么教育你呢？学习成绩不好，经过努力可以补上来，要是思想出了问题，教育起来可就难了……”其他的一些话，我已经记不清了，反正他希望我有一个好思想、好品德，我又何尝不想呢。

点评

这则日记也反映了我“德育第一”的家庭素质教育思想。

既然“道德是做人的根本”，那么家庭教育就应该德育第一。

前不久，我在一个家长学校做报告，题目就是“家庭教育，德育第一”。为了引起家长对德育的重视，我出了两个选择题让家长判断、选择。第一个题目是：对个人而言，知识、能力和道德三者，你认为第一重要的是什么？第二个题目是：对社会而言，政治、经济和道德三者，第一重要的什么？大多数的家长选择的是道德第一重要。这说明多数家长的认识是正确的，是知道道德的重要性的。但在我让家长提出具体需要帮助解决的问题中，多数问题仍然是孩子的学习问题。我认为，以知识为本、分数为本的应试教育是造成这一现象的主要原因。

“以德为本”是中国传统文化的基本精神。中国传统文化是由儒家文化和道家文化构成的。儒家思想的核心是“仁”。“仁”的要义是“爱人”，主张“仁政德治”，“为政以德”，从政和做人都应以德为本。可见，以仁为本的儒家文化是以人为本、以德为本的。

《道德经》以“道德”二字命名，充分证明老子的思想也是“以德为本”的。老子说：“道生之，德畜之，物行之，势成之，是以万物莫不尊道而贵德。”“重积德，则无不克。”“修之于身，其德乃真；修之于家，其德乃余；修之于乡，其德乃长；修之于邦，其德乃丰；修之于天下，其德乃普。”“少私寡欲。”老子“尊道、贵德、修身”的思想，充分说明“以德为本”是道家文化的基本思想。

中国的传统教育也是以德为首的。《论语·述而》说：“子以四教：文、行、忠、信。”“文”主要指“六经”，是文化知识教育；“行”“忠”“信”

都是道德品质教育。孔子的“文”，即《六经》，也有称之为《六艺》的，其主要内容也是为道德教育服务的。

《大学》曰：“大学之道，在明明德，在亲民，在止于至善。”“身修而后家齐，家齐而后国治，国治而后天下平。自天子以至于庶人，壹是皆以修身为本。”治国、平天下者需要“以修身为本”。一般的人虽然谈不上治国、平天下，但都要“齐家”，都要教育子女，所以都要“以修身为本”。

赫尔巴特说：“道德普遍地被认为是人类的最高目的，因此也是教育的最高目的。”蔡元培说：“德育实为完全人格之本，若无德，则虽体魄智发达，适足助其为恶，无益也。”

台湾教育家高镇东先生对中国传统教育思想有深入的研究和独到的见解。他在创办忠信学校的实践中，继承了“以德为本”的传统教育思想，实践了“德育是智、体、美、群育（台湾提倡群育，即群体和谐教育）的基础”的教育理念。他说：“智育没有德育做基础，智育就是犯罪的帮凶；体育没有德育做基础，体育就是暴力的前卫；群育没有德育做基础，群育就是社会动乱的根源；美育没有德育做基础，美育就是腐化的催化剂。”品德差而智商高的人，犯罪的危害性更大；品德差而体力强的人，常是打架斗殴的先锋；品德差而善于拉帮结派、搞小群体的人，常是社会动乱的根源；品德差而好色的人，常常贪污腐化。高镇东先生用不同的语言，表达了和陶行知先生相同的思想——“道德是做人的根本”，德育是智、体、美、群、劳教育的基础。

道德是一个人幸福快乐的源泉。一个人如果常常感到道德在约束着他，说明他是一个有道德的人。但是，道德的作用远不止于给人以约束，当一个人做了一件有益于他人和社会的事情后，他内心的幸福感和愉快感是没有别的东西可以替代的。

美国的家庭教育几乎与读书、学习、成绩、升学无关，重视的是思想、道德、理想、责任心、信心、善良、勇敢、诚实、宽容、礼貌、独立、感恩等做人的教育。

人既有兽性之劣根性，也有异于禽兽之人性。故孟子见人性，说“人之初，性本善”；荀子见兽性，说“人性本恶，其善者伪也”。人的恶性，如好逸恶劳、贪生怕死、欺软怕硬、贪心不足、好好色、恶恶臭等。人的兽性看来不是好东西，但却是人类生存进步的动力。可率性而升华之，却不能消灭之。好逸恶劳是人类追求生活品质的动力，多数的劳动工具都是“懒人”发明的。好好色、恶恶臭，是追求真善美的动力。欺软怕硬之心是督促人类的自强之道，身要强，国要强，否则会被人欺。《中庸》曰：“天命之谓性，率性之谓道，修道之谓教。”教育工作就是要根据人性发展的规律，顺其自然，修养人性，升华兽性，至少要做到保持人性，抑制兽性，这就是扬善抑恶。

《三字经》说：“苟不教，性乃迁。”其实是苟不学，则恶性长而善性消。教育的最终目的是发扬人性，扬善抑恶，而非只为学些知识、技术，只为挣钱。只有把育德作为教育的核心和基础，才能解决全世界道德日益滑坡的社会问题。

下面这个富有哲理的故事启发我们：只学知识，或用简单的方法抑制恶性，效果是不理想的。只有修养德性，才能抑制恶性，才能成人、成才。

田野的杂草怎样除掉

一位智者教授的弟子个个满腹经纶。智者意识到自己去日无多，但对弟子们还有些不放心，于是露天设坛讲授最后一堂课：“你们看田野上长着些什么？”

“杂草。”众弟子不假思索地回答。

“告诉我，你们该如何除掉这些杂草？”弟子们愕然，这问题太简单了。甲首先说：“我只要有一把锄头就足够了。”乙说：“还不如用火烧。”丙反驳：“要想让它永不再生，只有深挖才行。”……等弟子们讲完了，智者站起来说：“这堂课就上到这里。你们回去后按照各自的方法除一片杂草，一年后再在此相聚。”

一年后弟子们来了。他们很苦恼，因为无论采用什么方法，都没有明显的效果，有的杂草反而更多了。弟子们急着要向老师请教，然而智者已经不在了，只给弟子们留下一本书。书中有这么一段话：“你们的办法是不能把杂草除净的，因为杂草的生命力很强。除掉田野上杂草的最好办法是在上面种上庄稼。想没想过，你们的心灵也是一片田野。”

是的，我们的心灵也是一片田野。因为这世界的五彩缤纷、五光十色、五花八门，我们的心就生出了数不清的欲望。

有些欲望是“杂草”。它们来自于原始的生物本能，不用“浇水施肥”也会疯长，稍不留心就会荒芜我们心灵的田野。如果我们只是一门心思除它，常常是事倍功半。这些“杂草”的名字统称叫邪恶。

有些欲望是“庄稼”。它们需要栽种，需要精心呵护。“庄稼”越多，“杂草”的生存空间就越小；“庄稼”越茁壮，“杂草”就越孱弱。同时我们再清除“杂草”，田野就干净得不能再干净，有价值得令我们自己都不敢相信。这些“庄稼”的名字统称叫美德。（摘自伍章鸿《每天进步一点点》）

百善孝为先

女儿日记

1994年12月18日　星期天

今天是星期天，全家一起去看姥姥。看姥姥躺在冰冷的被窝里，因为被子全都尿湿了，我不禁流下泪来。爸爸说："这样不行，别说有病了，冻也冻坏了。"爸和我把姥姥移到另外一张床上，把被子都拿出去晒。我跟爸说："放假了，明天我就把被子带来，住在姥姥这儿，一天做三顿饭给姥姥吃。"爸说："你一个人在这儿照顾，倒不如把姥姥接到家里，大家一起分担。"最后，爸爸决定接姥姥到我家住。现在我在写日记时，姥姥已经安安稳稳、暖暖和和地躺在爸妈床里面的一个新铺的小床上了，我感到很舒心。毕竟姥姥一辈子没享一天的福，到老还吃不好，睡不好，真是太让人难过了。现在好了，我可以在家陪姥姥说话，给她买好东西吃，让她睡在干干暖暖的被褥里，真正过几天舒服的日子，我打心眼里高兴。

点评

这则日记反映了我和女儿对老人的孝心和爱心。我岳母晚年卧床不起，儿女们又不能经常守在身边，我就决定接她到我家，全家人共同照顾老人。我爱人说，她村里人都知道我是个孝子。

我爱人是个很有爱心和孝心的人。很多媳妇和婆婆关系不好，而我爱人和我父母亲的关系却很好。我父母晚年生病时，我爱人对我父母的照顾很好，这肯定对孩子起到了榜样的作用。

在我们的影响下，我们的孩子都很有爱心和孝心，这从"女儿给父母的信"中可以看出来。我儿子同样很有爱心和孝心，在我爸爸晚年患病卧床不起的时候，我儿子照顾得比我还耐心细致，我很感动。

古人云："百善孝为先"，"夫孝，德之本也"。"孝"是中国伦理道德的根本和核心，是人之大伦，应该把"孝"作为教育孩子的起点和根本。孔子说：

"孝悌也者，其为仁之本欤。"言仁必言孝。"身体发肤，受之父母。"孝敬父母，报答父母的养育之恩，是中华民族的传统美德，是做人最基本的道德要求。

孝敬父母，不仅是供养父母衣食住行，更重要的是尊敬父母，经常地问寒问暖，不惹父母生气，积极、主动地排除父母的忧虑。在这方面，赵小兰是我们的榜样。她在《我的事业、我的人生从白宫开始》的自述中说，小时候，她感受到母亲因为生了三个女儿而自卑。为了孝敬母亲，便立大志，干大事，一定要让母亲觉得生女孩比生男孩更有用。这个目标成了她奋斗的原动力，激励她从小刻苦学习。考上哈佛大学后，她更加发愤读书，以全A的成绩取得硕士学位。后来由于她的杰出贡献和卓越的管理才能，她当上了美国国务院交通海运署副署长，后来又当上了美国劳工部的部长，成为历届美国政府中职位最高的华裔女性。

没有孝心就没有爱心，孝敬父母是孩子的爱心表现。中国有一句很重的骂人不讲良心的话是"忘八"，即忘掉了"孝、悌、忠、信、礼、义、廉、耻"八个德行，第一个不能忘记的就是孝。比尔·盖茨曾说，孝敬父母是一分钟也不能耽误的事情，因为父母年龄大了，不知道什么时候就走了，再不抓紧时间孝敬他们，可能就没有机会了。

孩子从小理解了父母养育孩子的艰难，就会把报答父母作为努力奋斗的目标，就有了学习的动力，这种动力推动着孩子克服困难，自强不息。这种爱心和孝心发扬光大，就能培养出热爱老师、热爱亲友、热爱家乡、热爱祖国的深厚情感。这正是"忠臣出于孝子之门"的原因。所以，从培养孩子的孝心入手，注重培养孩子的爱父母、爱老师、爱亲友、爱家乡、爱祖国的深厚情感，是爱心教育、感恩教育的成功经验。我的家庭教育的实践证明，孩子心中有父母，就天天进步。孩子有了报答父母养育之恩的孝心，品德差不了，学习不会差。

有些家长，特别是独生子女的家长，对孩子很溺爱，很效劳。孩子过生日，家长大摆宴席；而孩子却不知道父母的生日，不知"孝"为何意，更别谈报答父母养育之恩了。溺爱出逆子。父母过分地溺爱娇纵，使孩子任性自私，依赖、攀比、好逸恶劳，年轻人"啃老"现象越来越严重。不少孩子恨父母，常对父母发脾气，打骂、虐待父母，甚至杀死、毒死父母，如徐力杀死了母亲。

中国的许多父母无条件地满足孩子的要求，让孩子吃的是最好的，干的是最少的，甚至什么也不用干。难怪日本人说："非常羡慕中国的孩子，他们享受了世界上最好的待遇。中国的父母为孩子的付出，在全世界也许是最多的。"然而，享受最好待遇的孩子，往往依赖性强、独立性差，不能成为优秀的孩子。

改革开放以来，随着传统家庭功能的变化，中国人的孝道意识有所减弱。有人对某市的村“两委”干部进行调查，有65%的村干部认为本村存在虐待老人现象，不孝敬老人的中年人和年轻人比例各半；70%的村干部认为本村存在尊老不足、爱幼有余的现象，农村老年人非正常死亡的现象几乎各村都有。因财产和经济问题对父母大打出手的现象也时有发生，孝道之衰落可见一斑。可见，弘扬优秀传统文化，加强爱心和孝心教育是当务之急。

古人云：父慈子孝。培养孩子的孝心，关键是父母的以身作则。父母慈爱、善良、宽厚，以身作则地孝敬老人，就能培养孩子的孝心和爱心。如果孩子缺乏孝心和爱心，我们做父母的应该从自身上找找原因。

有“心得”才能有道德

女儿日记

1991年2月16日

几天来，电视台连续播放琼瑶的力作，看了秦汉主演的《烟雨蒙蒙》，得到几点启示：

一、依萍的要强、犀利，最终伤害别人，也伤害了自己。这说明一个人不要老想着复仇，要尽量与人友好、友善，否则后悔莫及。要学会原谅别人，使自己胸怀宽阔起来。

二、梦萍的任性和随意也使她自食其果。所以，一个人要有良好的修养，不能随心所欲，狂妄任性，导致一生路上出现一些不必要的麻烦。

点评

这是女儿看《烟雨蒙蒙》后写的心得体会。从中可以看出，她看《烟雨蒙蒙》很动情，体会较深刻，从不同的人物性格中受到了启发教育。女儿上初中的时候特别爱看电视，而那时我家没有电视机，她就常常写完了作业（有时可能没写完）就跑到别人家看连续剧，常常看到深夜，我不去找都不回来。她看《红楼梦》很入迷，并对剧中的情节和人物之间的关系理解得比我还清楚。我认为好的电视剧对孩子有教育作用，特别是对丰富孩子的情感有巨大作用，因为文学作品都是以情感人的。

很多孩子看电视、读小说，不是为了丰富知识、受到教育，只是为了消磨时间、追求刺激，看后没有心得体会，没有受到启发和教育，以至于影响了学习成绩。家长应该加强对孩子看电视和读课外书的指导。我的办法是要求孩子写看电视和读书的心得体会，实践证明效果是好的。

古人很有智慧，创造的“德”字，既有双人旁，又有“心”字底。因为“德”要“外施于人”，用“德”来处理人与人的关系，所以有双人旁。人“行道，有得于心”，即人们按一定社会要求的行为规范去做，并有心得，即产生了思想、感情，并把它内化为自己的品德，才算有“德”，所以“德”有“心”字底。可见，读书、看电视剧有了“心得体会”，才会“动情”，才能有道德情感的体验，才能把道德知识内化为自己的思想，进而转化为道德行为。学生背会了道德知识而没有心得体会，没有发自内心的感悟，其效果是不会好的。

很多老师和家长把道德教育等同于科学知识教育，把教条的、空洞的道德知识和规范用说教的方式灌输给儿童。成人讲道德，儿童听道德，机械地、被动地死记硬背成人传递的道德知识，很少有感动和“心得”，思想道德课考再多的分，也不会有良好的道德行为，可能还会出现知行不一的现象。当然，有了心得体会，还必须进一步落实在行为中，才算是真正有德行的人。

家长是子女的终身德育老师

人们常说，家庭是孩子的第一所学校，父母是孩子的第一任老师。这个“第一任老师”的任务很重，既要做“经师”，即教孩子学文化知识的老师，更要做“人师”，即教孩子做人（主要指德育）的老师。如果父母的文化水平不高，不能做经师的，即不能辅导孩子学习文化知识的，也一定要以身作则地做好人师，教孩子学会做人。因为，家庭教育的效果全在于父母的榜样作用。

应试教育不仅使学校重智育、轻德育，也使家长重智育、轻德育。许多家长请的家庭教师都是补习文化课的，只有极少数有远见的家长为子女请了德育老师。广州市有一位只有初中毕业文凭的房地产老板，就是这样一位高明的父亲。我女儿在华南师范大学读研究生时，被这位老板请去做家教。这位老板深知道德和能力的重要性，他对我女儿说："请你做家教，不是只让你给孩子辅导功课，主要是引导孩子学会做人，学会学习，学会生活，进行思想品德教育，养成好的习惯。"

相当一部分家长最头痛的并不是孩子的学习问题，而是思想品德问题，诸如逃学、打架、自私、小偷小摸、好吃懒做、出走、失足甚至犯罪。有的家长说，孩子学习差点也比天天惹是生非强。看来为子女请个德育教师，还是很有必要的。但是，德育老师是很难请到的。

其实，德育老师不好请，也不用请，父母就是子女的德育老师。不管你是否意识到，不管你是否称职，自有孩子起，父母就已经是子女的德育老师了。人们常说：父母是孩子的第一任老师，是孩子的终身老师。第一任老师也好，终身老师也好，其主要责任不是教子女学习文化知识，而是教育子女学习做事，学习做人，学做好人。由于父子之间有血缘关系和经济关系，一般情况下，父母的教育较有权威性和长期性。父母和孩子在一起生活的时间最长，接触的机会最多，了解的情况最清，父母的思想品德、行为习惯对子女的影响最大，最有条件做孩子的德育老师。

学校是以教学为中心的，重在传授文化科学知识，寓德育于智育之中。家庭则应以德育为中心，重在培养孩子良好的思想品德和行为习惯，寓德育于行为习惯的养成之中。家庭是对孩子进行德育的最好环境。父母每天在这个环境中自觉或不自觉地影响着孩子学习衣、食、住、行、为人处世等生活经验，养成孩子早睡早起、卫生文明、勤劳节俭、热爱劳动等良好的习惯，培养孩子尊老爱幼、乐于助人、言行一致、遵纪守法、勤奋刻苦、积极进取等思想品质。家庭这所学校的教育效果如何，取决于家长是不是合格的德育老师，是否为孩子营造一个精神健康、物质文明的家庭环境。每位家长应按《家长教育行为规范》第八条要求："保持家庭和睦，创建民主、平等、和谐的关系，形成良好的家庭教育环境。"

家长要成为合格的德育老师，首先要端正教育思想，变重智育为重德育，把育德作为家庭教育的核心。《家长教育行为规范》第二条要求家长"重在教子做人，提高子女思想道德水平，培养子女遵守社会公德习惯，增强子女法律意识和社会责任感"。

有的家长可能会说："我文化水平低，怎么能当子女的德育老师呢？"其实，人的品德好坏并不一定和他的文化水平的高低成正比。工人、农民文化水平一般不高，但他们勤劳、善良、无私、节俭、纯朴、正直、乐于助人，他们的品德一般是很好的。许多名人都写文章回忆母亲的良好教育和久远的影响。其实很多伟大的母亲、优秀的母亲是没有文化的，或者是文化水平很低的。我岳母就是这样一位没有文化的优秀母亲。德育是身教重于言教的，是潜移默化的。有些贪官、贪医、贪师、奸商，倒是很有文化，却因品德不良，是不称职的父母。

可见，父母要想成为合格的德育老师，关键在加强自己的思想品德修养，不仅要具备良好的职业道德、高尚的社会公德，还要有健康的家庭美德。按《家长教育行为规范》第七条要求，努力做到“举止文明、情趣健康、言行一致、敬业进取，各方面为子女做榜样”，就是最合格的德育老师。

家庭德育的主要方法是榜样示范。教育特别是德育，最重要的原则就是以身作则。如果父母品行不端、言行不一，要求子女做到的，自己却做不到，孩子就会形成逆反心理，你说的道理再正确，孩子也不会听，更不会做。可见，家长不用花钱请德育教师，德育老师也不好请，只要加强自己的品德修养，切实做到“以德为本”、以身作则基本就行了。如果再学点德育理论，按德育的规律进行德育，效果就更好了。

为父母争气

女儿日记

1990年8月24日

中午家里来客人，我在厨房里帮妈做菜，妈说：“你也不争口气，某老师请校长、主任吃饭，就不请你爸，明摆着是看不起你爸。”……我心里非常气愤，我一定要争口气，争取头一年考上大学，也让人看看我爸教育有方，看谁还敢看不起我爸。

我决不能让人看不起！我爸哪点也不比人差，怎么会被“她”看不起呢？我要咽下这口气。我的前途还很远大，我一定会不断进步，不辜负父母的期望，成为一个让人看得起的人！

1993年7月29日

女儿有时候很懒，很不听话，还会犟嘴，但女儿会改，会努力做一个好女儿，有一天让父母以女儿为荣，以女儿为傲。

点评

1990年8月24日的日记中记载的事，我一点印象都没有了。我的书生气较浓，不喜欢请客吃饭。我爱人有点虚荣心，计较这件事。不过，以此事来教育孩子“争气”，倒是很有效果的。

从这篇日记里，还可以看出女儿有强烈的自尊心、自信心和忍耐性：“我决不能让人看不起！我爸哪点也不比人差，怎么会被‘她’看不起呢？我要咽下这口气。我的前途还很远大，我一定会不断进步，不辜负父母的期望，成为一个让人看得起的人！”日记表明女儿强烈的学习动机是“争取头一年考上大学”，为爸爸“争气”。

俗话说：“人争一口气。”这个“气”是指志气、志向。没有志气，难有上进心。正是因为女儿初中就有这种为父母争气的志气，她后来不仅头一年考上了大学，还考上了博士研究生，为爸爸争了气，为全家争了光。今年春节，我问女儿：“你可记得高中毕业时写的那句‘有一天让父母以女儿为荣，以女儿为傲’的话？”她说：“记得。那是我的诺言，是我努力奋斗的目标。”现在，女儿实现了自己的诺言，达到了奋斗的目标。我们全家都为出了一个女博士感到光荣，感到骄傲！

我在下放农村期间，曾因受有权人的欺负而生气，并暗下决心，一定要争口气，混出个人样来。事情是这样的：1974年，国家推荐知青上大学，和我一起下放的知青都招工了，大队推荐我到公社参加选拔考试。当时公社分管知青工作的一个干部，把他的儿子从外地转来，顶我的名额推荐上了大学，还说我的考试成绩不如他儿子，真是欺人太甚。我气极了，在公社院里大吵大闹，要求公开试卷，或者重新考试。结果可想而知，我只得忍气吞声，仍然在农村当民办教师。我憋着气发愤学习，努力教书，从生产队的红儿班，教到大队的小学、初中，而且教学质量较好。在教学相长中，我的语文水平不断提高，这为我1977年考上师范学院奠定了基础，真是“塞翁失马，焉知非福”。可见，受点气也未必是坏事，关键是受气后要有志气，要争气，才能实现目标。

古人云：“人无志不立。”孔子之所以成为思想家、教育家，是因为他“十五”就“有志于学”。巴斯德说：“立志是一件很重要的事情。工作随着志向走，成功随着工作来。立志、工作、成功，是人类活动的三大要素。立志是事业的大门，工作是登堂入室的旅程。这旅程的尽头就有个成功在等待着……”为学必先“立志”，即确立学习的目标，端正学习动机，解决前进的动力问题。孩子有了为父母争气的思想，有为报答父母养育之恩而学习的志气，就有了上进的动力，学习就会刻苦、努力，品德也会好。因此，我经常和学生说：“心中有父母，天天有进步。”

机器没有动力无法启动，人没有学习动力，就不会努力学习。动力大小决定儿童学习的积极性的高低。高尔基说：“一个人追求的目标越高，他的才能就发挥得越快，对社会就越有益。”动力和目标是紧密联系的。教育要以培养孩子的学习动力为首要目标。诸葛亮说：“志当存高远。”家长不仅要引导孩子明确学习对家庭、对个人的重要意义，而且要引导孩子明确学习对国家和人类社会进步的重要意义，只有这样才能学习得更好，对社会做出更大的贡献。

立志后更要持志，即锲而不舍，坚持志向。立志而不能持志，就不能实现奋斗目标，等于无志。王夫之说：“志于此又志于彼，而直谓之无志……志不持则无一可用。”宋代教育家朱熹总结自己的读书方法，除了“循序渐进”“熟读精思”“虚心涵泳”“切忌体察”“着紧用力”外，特别强调“居静持志”，即读书必须精神专一、集中注意力，还要树立远大的志向、高尚的目标，并以顽强的毅力长期坚持。他说：“读书之法，莫贵乎循序而致精，而致精之本，则又在于居静而持志。此不易之理也。”

古今中外的成功者，都是立志而又持志的人。父母经常给孩子讲讲名人成功的故事，有利于促进孩子的立志、持志，但关键在实践，在持之以恒。如果父母能以身作则地立志、持志，那就更好了。我多次放弃从政的机会，立志坚守三尺讲台，读书做人，教书育人，编书益人，对女儿产生了榜样的作用。

日记是“道德的长跑”

女儿日记

1988年3月6日

今天是星期天，我把写过的日记按时间的先后顺序排放好，发现我最早写日记是从三年级开始的。

1987年2月22日

日记，你是一台摄影机，
每天摄下我生活中的——喜、怒、哀、乐，
我总是摄摄，又放放。

人们若是放映机，
胶卷是人们每天所做的事情，
那么，银幕便是人们的日记。

——摘自《青少年日记》

1987年11月25日　星期三

爸爸好久没有看我的日记了，今天突然高兴，把我的日记念给弟弟听。说实话，我真有点不好意思。尽管我写着数学，耳朵却听着爸爸念日记，我时气时喜，时悲时欢，几十篇日记都是我的心血，听起来可有意思了。

爸爸说："将来你姐姐考上大学了，我就写一篇关于写日记的文章，你们俩的日记都是我的素材。"

我的日记呀，我的知己，我的自传。

1992年3月11日

当我不想学习的时候，心里总是很烦，于是便很想记日记。借此发泄心中的烦闷，以激励自己。

1992年4月24日

好久没有写日记了，总觉得写来写去总是千篇一律，然而写一写，却可以发现自己的不足，不断鼓励自己。我对有些事眼高手低，对有些事却眼低手高，不写日记觉得写不写没什么，又浪费时间，写起来才觉得收益不少。真是"不写不知道，日记真奇妙"。毕竟它被名人视为"道德的长跑"。

点评

女儿从三年级就开始写日记，以日记为话题写了好几篇日记。其实她成年之后直到今天在加拿大工作，都一直坚持写日记的良好习惯，记录生活和工作中的喜怒哀乐，总结成功的经验和失败的教训，不断反省自己，鞭策自己，鼓励自己，努力让自己成为一个自立自强、自尊自爱的职业女性和贤妻良母。日记在她的成长中扮演了非常重要的自我教育的角色。女儿的成长主要得益于她养成了坚持写日记的好习惯。

不同的习惯造就不同的人生。心理学博士卢志新在谈到成功的人们似乎永远在成功，失败的人们似乎永远在失败的原因时说：“‘习惯’两个字在起作用。”

英国诗人德莱敦说：“首先我们养成习惯，然后习惯养成了我们。”教育家叶圣陶说：“教育就是帮助学生养成良好习惯。”柏拉图曾告诫过一个游荡者：“人生是习惯的奴隶。”人们常说，播种一种习惯，收获一种性格；播种一种性格，收获一种人生。

女儿在日记里记着我的话：“将来你姐姐考上大学了，我就写一篇关于写日记的文章，你们俩的日记都是我的素材。”这话真的实现了，没有儿女的这些日记，我肯定写不出这本书。

坚持记日记的好处太多了，它不仅是“道德的长跑”、养成良好习惯的途径和方法，而且有利于思想的升华、意志的锻炼，对一个人总结生活经验、提高语文水平、促其成功帮助极大。我爸爸是中学老师，一辈子写了很多日记，我也写了不少日记，这对女儿肯定有很好的影响。另外，还要感谢《青少年日记》的影响，感谢她的中小学老师的引导和要求。在女儿的小学阶段，我为她订的唯一的书刊就是《青少年日记》，她的中小学老师也严格要求学生坚持写日记，并给予认真的批改和评论，对孩子的健康成长影响很大。我的经验证明：教育好孩子最简单的、有效的办法就是引导孩子坚持写日记。用我女儿的话说，就是“日记真奇妙”，它是“道德的长跑”，“摄下我生活中的喜、怒、哀、乐”，“当我不想学习的时候，便很想记日记激励自己”，“我的日记，我的知己，我的自传”。

我的家庭德育主要方法之一，就是要求孩子写日记，我看日记、批日记。我认为这是家庭德育的好形式。我看孩子的日记，不仅改错别字、病句，特别注意从思想教育方面下批语。用这种方式可更多地了解孩子，与孩子平等地交流思想、感情和做人的体会，比说教、训斥的效果好得多。

这种办法应该在孩子初学写日记的时候用，孩子养成了写日记的习惯以后不一定再用。因为看孩子的日记要尊重孩子的意愿，孩子不同意看的日记也不要强迫。孩子大了，有自己的隐私，要保护孩子的隐私。我女儿上初中、高中时写的许多日记当时我也没看，是最近我写作此书时才看的。

正直的初中生

女儿日记

1988年2月6日

星期四下午考数学，我在准备送数学试卷的时候，某老师向这边走来，坐在我后排的某同学身边。某同学问："这道题做得对不对？""不对。"某同学就要在试卷上改，"重写，重在草稿纸上算一遍"。一会儿，算好了，某同学心满意足地在试卷上改起来，而老师已经若无其事地走开了。这一幕发生在短短的五分钟内，而且可能不会有别人发现，而我却亲眼目睹这桩悲剧。我心潮澎湃！难道一个老师连最起码的考场规则都不知道吗？我一分钟也待不下去了，交了卷静静地走开了，我需要更深的思索……

点评

这则日记充分表现出我女儿诚信、正直的思想品质，具有了用正确的道德价值观去观察、判断善恶是非的能力。"我心潮澎湃！""我一分钟也待不下去了"，表明她对错误行为的义愤填膺，可以说是疾恶如仇。即使是老师也不能原谅，真有点"吾爱吾师，吾更爱真理"的品质，这是非常难能可贵的，我非常欣慰，平时重视德育有了很好的结果。

目前，诚实守信在中国成为一个热点和难点问题。假商品、假文凭、假文章、假党员、假干部、假学生、假货币、假数字、假话、假药等几乎无时不在，无处不有。林彪的名言"不说假话办不成大事"还有一定的市场。有人说，十亿人民九亿假，谁不作假谁傻瓜。尽管很夸张，但也反映了部分真实情况。目前，一些老师的职业道德素质下降已是不争的事实，老师作假的现象（有时是被逼迫而作假）严重影响了教育的效果。如果家长再不重视道德教育，孩子的思想道德素质真是不堪设想。据某报报道，一个小学生的理想是长大后当个贪官，因为贪官的钱多。对错不分，好坏不明，多么危险呀！

德育的核心任务是为了培养学生正确的人生观、价值观、世界观，培养儿童的道德判断能力。然而目前的学校和家庭德育对学生的自主判断和选择能力是不够尊重的，孩子的道德行动是被老师和家长安排、决定了的，是被强加和灌输的，孩子很少有选择和判断的自由。这样做的结果，不仅不能培养孩子选择道德行为的自主性，反而养成了奴性人格。这种强制式、灌输式的道德教育，使孩子只能服从而不能自主判断、选择，孩子遇到应该做出判断和选择的时候，就会无所适从，不知所措。

目前，学校的德育过多地传递既定的道德知识，忽视对学生敬老爱幼、诚信、正直、勤俭、善良、谦虚、负责等基础德性的培养，不重视培养孩子的道德判断和选择能力。当道德规范和学生的思想实际发生矛盾时，不是鼓励学生从生活实际出发独立地做出判断和选择，而是要求学生被动地听从、盲目地服从。这容易使学生形成言行分离的双重人格，甚至搞两面派。因此，家长应该鼓励孩子做道德判断和选择的主人，帮助孩子学会选择和放弃，做个有思想、有道德、有自主判断和选择能力的人，将来才能独立地生活和工作，成就一番事业。

学会感恩

女儿日记

1987年9月24日

今天，我随手翻了翻日历，偶然翻到了农历六月十六日——我的生日。看着我的生日，我想起了爸爸、妈妈、弟弟的生日。十二月二十六日是弟弟的生日，爸爸、妈妈的生日是哪一天呢？我过生日时，怎么没有想起爸爸、妈妈的生日呢？

我把想知道爸爸、妈妈生日的想法告诉了弟弟，弟弟问妈妈：“你和爸爸的生日是什么时候？”开始妈妈不想回答，后来说：“你爸的生日是五月十四日，我的是十月初六。”我像得了珍宝似的把这两个日期在日历上做了明显的记号。我将在爸爸、妈妈以后的生日里，奉上自己心爱的礼物，表达女儿的心意，感谢父母的养育之恩，使他们也像我们一样，幸福地过上自己的生日。

我将永远记住五月十四和十月初六这两个日子，因为它们是爸爸、妈妈的生日。

1987年11月12日　星期四

妈妈今天满面阴云，什么原因呢？这得从头说起。

两年前，妈妈是新河小学的语文老师，后来，爸爸到合肥学习，我和弟弟无人照看，妈妈便来师范学校进修一年英语，回去又教了两年初中英语，一直是在农村当老师。由于爸爸当了主任，工作忙了，妈妈便放弃了教师的工作，到城里一个工厂做临时工，使得全家终于生活在一起。然而两年后的今天，又一次为了爸爸的工作忙、我和弟弟的学习紧张，放弃工厂的工作，又来到师范学校重翻英语课本。40多岁的妈妈为我们家付出了多大的代价呀！

今天有了转正的机会，然而妈妈落选了，这又一次沉重地打击了妈妈。

我在心里呐喊："妈妈，你不要气恼，你的女儿将用优异的成绩来报答你的养育之恩。"

点评

这两篇日记都是女儿在12岁的时候写的，她对妈妈几次为了支持我的工作、为了家庭生活和孩子的教育，多次变换工作的事情记得清清楚楚，对没有转正的母亲的心情非常理解，并表示："妈妈，你不要气恼，你的女儿将用优异的成绩来报答你的养育之恩。"一个小学毕业生就如此懂得感恩，令我感动和欣慰。这种思想在她的18岁生日的日记中表现得更加充分：

18年，我从婴儿长成一个大人，是父母生了我，养了我，教育了我，让我从无知变得成熟，从陌生地对待生活到充满爱心地去投入生活。这种恩赐是父母的美德，是女儿的福分，女儿心里好感激……

我儿子同样很有孝心。儿子8岁的时候，钓鱼为我过生日。在我爸爸卧床不起的时候，我儿子对爷爷的照顾比我还耐心细致。现在，儿女都不在身边，每逢我们的生日，每到母亲节、父亲节、中秋节、春节，都打电话问候我们的身体和生活情况。今年，儿子回来过春节，打扫卫生时，把我的皮鞋擦得亮亮的。儿媳妇听说我今年66岁，给我买了6斤6两肉，祝愿我健康长寿。我为有这样的孩子感到自豪。我爱人是个完美主义者，每当我说两个孩子教育成功了，她就说："儿女都没有考上正规大学，成功啥！"在她眼里，只有考上大学才算成功。然而我始终认为，儿女们的品德很好，知道孝敬父母，为人善良，能自食其力，对社会有用，就是成功了。

知恩图报是中华民族的传统美德。现在，大中小学都在对学生进行感恩教育，因为有不少学生不知感恩，很多家长也有同感。

"孝"是中国的优良传统，但这种美德目前下滑得很厉害。中国的父母在孩子心目中的位置远不如美国和日本。日本中学生心目中最尊敬的人第一是父亲，第二是母亲。美国中学生心目中最尊敬的人，第一是父亲，第二是篮球明星乔丹，第三位是母亲。

据调查，在中国中学生心目中，父母亲被排在第十位和第十一位，屈居英国前首相撒切尔夫人之后。一向被认为重视亲情的中国的父母亲在中学生心中的地位，远远低于我们认为不注重亲情的美日，这是令人尴尬和忧虑的。

日本很重视儿童的感恩教育，日本的几乎每一所学校都标示自己的培养目标包括"感谢之心""感动之心""仁爱之心""体谅之心"等。我们应该学习日本，把对儿童的感恩教育放在比学习知识更重要的位置上。

古人云：滴水之恩，当涌泉相报。感恩是人的一种美好的感情，是道义上的净化剂，是高尚的境界，是传统美德，是人的德性修养。

中国传统文化原本是讲究感恩的，如儒学中所强调的"忠孝节义"，实际上就包含了对国家、恩亲、社会、他人的感恩之情。"羊有跪乳之恩，鸦有反哺之义"，是以自然现象来倡导感恩精神。所谓"投桃报李""滴水之恩，当以涌泉相报"，讲的都是感恩。

然而，中国人的感恩精神似乎越来越淡。据新华网转载的消息，2007年8月湖北襄樊市19位女企业家在市总工会的牵线下，与22名贫困大学生结成帮扶对子，承诺4年内每人每年资助1000元至3000元不等。入学前，该市总工会给每名受助大学生及其家长发了一封信，希望他们抽空给资助者写封信，汇报一下学习生活情况。但一年多过去，三分之二的受助大学生未给资助者打过一次电话、写过一封信，有一名男生倒是给资助者写过一封短信，但信中只是一味强调自己的困难，希望资助者再次解囊，通篇连个"谢谢"都没说，让资助者心里很不是滋味。

中国人感恩精神的缺位，和当代一些不正确的思潮或者不适当的教育有关。"文革"中对传统文化的糟蹋和批判，加上近几十年来全社会在倡导"只讲奉献、不求回报"的同时，忽略了帮助者获得回报的权利，要求得到感恩被认为"小气""自私"，由此造成了中国感恩精神的沦丧。

实际上，感恩精神和宽容精神、奉献精神一样，是人文理念中不可或缺的重要组成部分。如果说，奉献精神使人们更团结，宽容精神则使社会更和睦，那么，感恩精神则是前述两种精神的多角度再现，也是奉献和宽容得以延续的基础。

感恩精神应当包括三个方面。首先是对上天赐予的感恩，这种感恩会让我们真正明白遵守自然规律的必要性，避免“战天斗地”式的野蛮破坏，从而实现生态平衡和可持续发展；其次是对他人帮助的感谢，在这种感谢的循环中，一份帮助就会化为无限的延续，让这个社会充满温馨；最后是父母的感恩，让我们将古代的孝道融入现代文明元素，使得社会更多温暖、更多传承。

下面的文章是我在一所民办中学为学生做的报告（有删改），对培养孩子的感恩思想会有一些启发。

感悟感恩

我出生在农村，小时候是在农村长大的。那时一到春节，多数农民家的正屋中间挂的中堂是用红纸写的五个大字——“天地君亲师”，当时我也不知何意。现在明白，“天地君亲师”是中国人感恩的对象。为什么中国人要感谢“天地君亲师”呢？

1. 感谢天。因为天上的太阳给了我们阳光和温暖；空中的雨水、空气，供我们享用；天气的变化使万物得以生存……

我们不仅要感谢天，还要学习天“自强不息”的精神。“天行健，君子以自强不息。”天体运行不息，无始无终，刚健有力，我们应该学习这种精神，自强不息，积极有为，勇于进取。

2. 感谢地。因为大地上江河日夜奔流，河水如乳汁滋润着大地母亲；大地长出了庄稼、花草、树木，长出了黄山、庐山、泰山……使人们有饭吃，有衣穿，有房住，有水喝，有美丽的山山水水供我们游览、观赏……

我们不仅要感谢大地，还要学习大地“厚德载物”的精神。“地势坤，君子以厚德载物。”大地深厚，负载万物，具有无穷的德性。我们应该效仿大地，修养宽厚的德性，才能仁民爱物。

谢天谢地，我们就要遵循“天人合一”的自然规律，热爱自然，善待生灵，保护环境，积极建设生态文明，否则天地会惩罚我们的。

3. 感谢君。君者，国君也，即国家的领导者（也可理解为品德高尚者）。

我们感谢毛泽东，领导人民闹革命，建立了伟大的新中国，中国人民站起来了，不再挨打了；

感谢邓小平，勇于改革开放，大胆拨乱反正，建设有中国特色的社会主义，中国人富起来了，不再挨饿了；

感谢胡锦涛，坚持以人为本，改革开放，科学发展，中国的外汇储备世界第一了，国民生产总值世界第二了，中国强大起来了，中国人不再受气了！

感谢国家的领导人就是爱国，就会自觉地为中华民族的伟大复兴而努力学习，无私奉献。

4. 感谢亲人。每个人都有很多亲人，这里主要指父母。

“夫孝，德之本也。”“百善孝为先”，“孝”是人之大伦。对孩子进行德育，应把“孝”的教育作为起点和根本。没有孝心就没有爱心，孝敬父母是孩子的良心反应。比尔·盖茨曾说，孝敬父母是一分钟也不能耽误的事情，因为父母年龄大了，不知道什么时候就走了，再不抓紧时间孝敬他们，可能就没有机会了。

孝敬父母，不仅是供养父母衣食住行，更重要的是尊敬父母，经常地问寒问暖，不惹父母生气，积极、主动地排除父母的忧虑。在这方面，赵小兰是我们的榜样。她为了解决母亲因为生了三个女儿而自卑的心理，立大志，干大事，一定要让母亲觉得生女孩比生男孩更有用。这个目标成了她奋斗的原动力，激励她从小刻苦学习。后来由于她的杰出贡献和卓越的管理才能，她当上了美国劳工部的部长，成为历届美国政府中职位最高的华裔女性。

我女儿在18岁生日时向父母承诺：“努力做一个好女儿，有一天让父母以女儿为荣，以女儿为傲。”在1990年8月24日的日记里表示：“我一定要争口气，争取头一年考上大学，也让人看看我爸教育有方，看谁还敢看不起我爸。”

正是因为女儿初中就有了感恩父母和为父母争气的志气，所以她不仅头一年考上了大学，后来还考上了博士研究生，为父母争了气，为全家争了光。

有人说，现在地球变暖了，人心变冷了，不知道关心他人了。1989年，联合国教科文组织提出了“学会关心”的教育新目标，意思是不仅要关心自己，而且要关心自己的父母、兄弟、邻居、同胞和全世界所有的人，要关爱生命，关注生态。古人云：“身体发肤，受之父母。”父母给了我们生命，珍爱生命，就是对父母的孝敬。遇到不顺心的事就想不开，甚至寻死上吊，是对父母最大的不孝。

我感谢生我、养我、育我的父母，感谢父母给我起了很好的乳名敬业、学名乐群。“敬业乐群”语出《学记》。我一生躬行敬老尊贤，敬学业，敬事业，乐群、利群、合群。我给自己写的对联是：“敬业乐业事业有成，乐群利群群体和谐。”横批是“敬业乐群”。我基本上做到了“敬业乐群”，这是我对父母养育之恩的最好感谢。

5. 感谢老师。中国人有个比喻：“师徒如父子。”我认为这个比喻没有什么问题。老师的恩情如同父母，父母给了你身体，老师教给你智慧；父母给了你衣食，老师教给你知识；父母教你做人，老师教你求知；父母给了你物质，老师给了你精神。精神比物质更重要，有的老师对孩子的影响远远超过父母。我们都读过魏巍的《我的老师》，读过鲁迅的《藤野先生》，读过伟人、名人尊师的故事……几乎所有的名人都感谢老师的教诲之恩，特别感谢老师在人生的关键时刻，给自己的重要引导和支持。

1985年9月10日，在母校庆祝我国第一个教师节的时候，我联系几个阜阳师范学院毕业的同学，给母校送去一块大匾，祝贺老师节日愉快，感谢老师的教育之恩。我在会上说："我感谢所有教育过我、关心过我的老师，包括我的小学老师、中学老师、大学老师。我决心做一辈子老师，做个优秀的老师，以实际行动感谢我的老师们。"我们的送匾行为和发言把母校庆祝教师节大会推向了高潮。

值得欣慰的是我兑现了自己的诺言，一直在做老师。因为我喜欢文章，曾有领导想叫我进行政机关。在很多人找关系改行从政的时候，我三次毅然放弃了改行的机会，决心永远站在讲台上。我的教育论文多次获奖。在一次论文颁奖大会上，我的论文获得一等奖，在场的一位母校的领导对我说："你为母校赢得了荣誉。"

人应该感谢的人和事很多很多：感谢古代的劳动人民建造了伟大的长城、开挖了大运河；感谢今天的劳动者把我们的国家建设成为世界上最美丽的国家；感谢无数伟大的哲学家、思想家、科学家、政治家、军事家、艺术家、教育家、医学家们创造了新的思想、理论、科学、技术……形成了博大精深、光辉灿烂的优秀传统文化，使伟大的中华民族屹立于世界民族之林；感谢朋友给了帮助和支持；感谢失败，因为它是成功之母；感谢成功，因为它使我更加自信、自强、成功；感谢艰难困苦，因为它使我思索人生，磨砺了我的坚强意志；感谢错误，因为它常常是正确的先导；感谢批评，因为它使我改正错误；感谢事业，因为它成就了我的人生；感谢工作，因为我在工作中成长、发展，并获得快乐；感谢领导的指导和信任，使我取得了工作的成绩；感谢爱人，因为她给了我一个温暖的家；感谢孩子给我快乐和孝敬；感谢对手，因为他提高了我的竞争力；感谢榜样，因为它使我学有目标；感谢生病，因为它使我坚持锻炼身体；感谢书籍，因为它给了我知识、智慧和力量……

此外，作为老师，我们要特别感谢学生，特别是调皮的学生。因为他们的求学，才有了我们热爱的教育事业；因为有调皮学生，才促使我们学习、掌握更好的教育方法和教育艺术，提高我们的教育水平。

我要特别感谢下放农村10年的艰苦生活，感谢朴实、厚道、善良、勤劳的农民对我的再教育，感谢所有对我有帮助的农村人。

感恩是一种美德。心存感恩，就会有爱国心、爱民心、敬业心、善良心，就会理解人、宽容人、尊重人、关爱人、乐助人。班尼·迪克特说："受人恩惠不是美德，报恩才是。当他积极投入感恩的工作时美德就产生了。"

感恩是爱的根源，心存感恩之心就会有爱心。爱心无价，其他品质都是爱心的延伸。有爱，才能感受到生活的乐趣；有爱，才能创造和谐的人际关系；有爱，才能享受到人生的真谛；有爱，才能感受到人类的伟大；有爱，就不会有太多的抱怨，就会爱生活中一切美好的事物。没有感恩心的人，永远不会懂得爱，也不会得到别人的爱。

学会感恩是快乐的条件之一。拥有感恩之心的人即使仰望天空也会有一种感动，体会到一丝快乐。正如康德所说："在晴朗之夜仰望天空，就会获得一种快乐。这种快乐只有高尚的心灵才能体会出来。"长存感恩心，能让我们知足常乐，青春永驻，健康长寿。

感恩之心能使人更加热爱生活，热爱生命。每天睡觉前花一点时间想一想，今天有什么值得感激的事，比如父亲的一句叮咛，母亲的一顿早餐，妻子的一个微笑，邻居的一声问候，孩子的一句呼叫，这都是生命中爱的体现，都是值得我们感激的。如果我们能够感受到其中的爱，便会充满感恩之心，我们的生活也就变得幸福、美好而充实。

人人知感恩，家家都和谐；家家知感恩，中国定和谐；世界知感恩，世界就和谐。

德育注重自治

女儿日记

1986年12月17日

昨晚临睡前，我和弟弟商量比赛的事，看看明天谁先起床、刷牙、洗脸、背书。

今天早晨，我正睡得香，隐约听到爸爸叫弟弟起床的声音，就一骨碌爬了起来。因为我和弟弟要比赛，所以我不像往常爸爸叫七八十来遍才起来。我迅速穿着衣服，弟弟也不甘示弱，似乎比我穿得还快。比赛在激烈地进行着，弟弟抢先刷牙，我也紧跟着刷起来。弟弟到底没有姐姐快，我刷完了，弟弟还在漱口，便嚷着说我没刷净。唉，真拿他没办法。我把毛巾放进盆里，倒好了洗脸水正要洗脸，谁知弟弟赶紧把我挤到一边洗了起来。等他洗好了我去洗时，他已经开始读书了……

比赛结束了，弟弟赢了。他欢呼着把这个他认为的大喜事告诉了爸爸。爸爸笑着夸他是个勤快的孩子，而且还发给他奖品。

点评

女儿把“比赛”的过程记叙得详细且很有童趣，表现了姐弟俩的亲密关系，弟弟的机灵和姐姐对弟弟的忍让、爱护，反映出孩子积极上进的心理，也体现出我家具有自由、宽松、和谐的教育氛围。

值得称赞的是姐弟俩自主商量，提出比赛起床、读书的主意，解决了我每天“叫七八十来遍才起来”的问题。看来开展比赛、引起竞争是教育孩子的好办法。我的及时夸赞和奖励起到了鼓励良好行为的作用，其效果远比唠叨好。

陶行知说：“德育注重自治”，“养成儿童之自我教育精神”。他认为中国的教育普遍存在着两个问题：“一是全然依赖，二是忽视独立。”孩子都有一颗向上的心，有自我管理和自我教育的愿望和能力。家长要相信孩子，引导、鼓励、帮助孩子自我教育、自主管理、自由发展，而不是事事都要管着、训着、打着、骂着，那样会打击孩子的向上的积极性、自觉性。

人们常说：有压力才有动力，压力可以变动力。这话有道理，因为它符合物理学的原理。但在教育人的时候，不能以为压力一定会变为动力。这种外在的压力变成的动力是有条件、有限度的，是暂时的。如果教育方式不当，或者一厢情愿地给孩子施加过大的压力，这种压力不仅不能变动力，可能还会成为孩子进步的阻力，有的孩子会因承受不了而出现严重的心理问题。

内因是变化的根本，起决定作用；外因是变化的条件，起促进作用。心理学原理告诉我们：人有自然的心力，有不可估量的发展潜力。这种内在的心力是巨大的，无限的，永久的。在适当的条件下，如及时的表扬、鼓励，或在应激状态下，这种心力能发挥出巨大的能量，能做出常人看来不能做的事情。“表扬的力量是无穷的”，是说表扬激发出来的心力是无穷的。

人人都有一颗向上的心。家长应视孩子为发展的主体、学习的主人，重视激发他们的内在动力，而不要把孩子当奴隶，消极地制止和管制孩子，即变“管制”为“自治”，变“要我学”“要我做”为“我要学”“我要做”，教育效果自然就好了。这需要家长有正确的儿童观和民主的教育思想，这个问题将在“民主教育篇”里讨论。

心育篇

爱满天下。

知情意合一。

情育不是培养儿童脆弱的感情，而是调节并启发儿童应有的感情，主要的是追求真理的感情。

——陶行知

情商比智商更重要

女儿日记

1990年8月25日

唐代养生家张公，很注意一个“忍”字，有《百忍歌》如下：

百忍歌，歌百忍。能忍夏不热，能忍冬不冷。能忍贫亦乐，能忍寿亦永。不忍小事变大事，不忍善事终成恨。父子不忍失慈孝，兄弟不忍失爱敬。朋友不忍失义气，夫妇不忍多争竞。刘伶败了名，只为酒不忍。石崇破了家，只为财不忍。如今犯罪人，都是不知忍。古来创业人，谁个不知忍。

百忍歌，歌百忍。忍字可以走天下，忍字可以结邻近。忍得淡泊可养神，忍得饥寒可立品。忍得勤苦可余积，忍得口腹全物命。忍得语言免事非，忍得争斗消仇憾。忍得人骂不回口，他人恶口自安静。忍得人打不还手，他人之手自没劲。忍时人会笑痴呆，忍后人自知修省。人笑也尽可能忍，莫听人言便不忍。须知忍让真君子，莫说忍让是愚蠢。人生不怕百个忍，人生只怕不能忍。不忍百福皆云消，一忍万祸皆灰烬。

《百忍歌》不仅讲了“忍”的好处，且告诫人凡事学会忍，使我深受启发。我是一个比较好忍的人，但有时难免冲动。上次和小弟打架的事，怪我不忍，否则我的嘴也不会被打烂。

以前，我曾认为，只讲忍耐不成受气头了吗？其实不然，能忍者胸怀宽阔，肚量大，“丞相肚里能撑船”。古人云：“能忍者自安。”“忍”无疑是一种美德，但愿人人都能养成这种美德。不过，我认为，人也要有傲骨，该忍则忍，不该忍时则不要忍。

点评

女儿读了《百忍歌》，不仅有深刻的心得体会，而且能够辩证地认识到“忍是一种美德”，“人也要有傲骨，该忍则忍，不该忍时则不要忍”。这说明她有较强的独立判断能力，这比学习知识更重要。因为“忍耐”不仅是一种美德，而且是情商高的一种表现。

美国心理学家曾经做过一个“延迟满足”的心理试验。

一个班的 8 个学生，被老师带到一间空房里。随后，一个陌生的中年男子，一脸和蔼地来到他们中间，给每个人都发了一粒包装十分精美的糖果，并告诉他们，这糖果属于你，你可以随时吃掉，但如果谁能坚持等他回来以后再吃，那就会得到两粒同样的糖果作为奖励。说完转身离开了。时间一分一秒地过去了，这颗糖果对孩子们的诱惑也越来越大，几乎不可抗拒。有一个孩子剥掉了精美的糖纸，把糖放进嘴里并发出“啧啧”的声音。受他的影响，又有几个孩子忍不住了，纷纷剥开了精美的糖纸。但仍有一半以上的孩子在千方百计地控制着自己，一直等到40分钟后，那个陌生人回来。当然，那些等待的孩子得到了应有的奖励。后来，那个陌生人跟踪这些孩子整整20年。他发现，能够“延迟满足”的学生，数学、语文的成绩要比那些熬不住的学生平均高出20分。参加工作后，这些孩子从来不在困难面前低头，总是能走出困境，获得成功。

“延迟满足”的试验是为了测验人的忍耐性，或曰控制力。人为了追求更大的目标，获得更大的成功和享受，应该克制自己的欲望，放弃眼前的诱惑。那些事业有成的人，往往能够把一个小的欲望累积起来，成为不断激励自己前进的动力。培养孩子忍耐性的技巧就在于“延迟满足”孩子的要求，提高他们的自我控制能力。比如给孩子一块糖，让他们自己剥开糖纸，即使这要花费很长时间，家长也不应该代劳。再如，人多的时候，带着孩子耐心排队等公交车或者买东西，既遵守了公共秩序，又有利于提高孩子的忍耐性。

不能克制欲望已经成为许多孩子的通病。看到喜欢的玩具就抓住不放，想要吃麦当劳就非去不可，否则就哭闹不休。孩子一哭一闹，妈妈就赶快满足孩子的要求。其实，这份“爱心”对于孩子成长是一剂“毒药”。长此以往，孩子就会养成习惯，只要认为对自己有利，不管是非对错，就盲目行动。他们没有忍耐性和控制力，明知不好，却还要沉迷于刺激性的电脑游戏而不能自拔。这样的孩子往往脾气暴躁，不能“受气”，常常顶撞父母的批评，甚至离家出走。

人们对小品《冲动是魔鬼》印象非常深刻。人的许多失误和失败往往与控制不住情绪有关。有的人智商很高，学习成绩很好，是大学生、研究生，但却常常情绪失控，处理不好感情问题。因为控制不好情绪，惹出了大麻烦，出现了大问题的事例不胜枚举。

社会心理学家的研究发现，一个人能否取得成功，智商只起到20%的作用，剩下的80%主要来自情商。“智商决定录用，情商决定提升。”就像一个木桶，它的盛水量，不取决于最长的那块木板——智商，而是取决于最短的那块木板——情商。

情商比智商更重要，已经成为全世界的共识。美国权威调查显示，近20年来，该国政界和商界成功人士的平均智商仅在中等，但他们的情商却很高。我国也是一样，政界和商界有许多成功人士的学历并不很高，但他们却事业有成。情商是一个人了解自身感受，控制冲动和恼怒，理智处事以及面对各种考验时保持平静和乐观心态的能力。换句话说，情商是在对自我及他人的情感情绪进行认知的基础上，对情绪进行成熟的调节，以使自己不断适应外界环境变化的能力。

《情绪智力》的作者、美国心理学家丹尼尔·戈尔曼把情商的内容概括为5个方面：

一是自我察觉情绪。对自己的情绪变化了解比较清楚，如恼怒时能马上意识到自己的失态。这种认识自身情绪的能力，即自知能力。这是情商的基石。不能觉察自己的情绪，就会成为情绪的奴隶，影响学习、工作和为人处事。认识自己的情绪是一种自我意识，它对工作绩效、人际关系和心理状态有巨大影响。

二是驾驭自己的心情。即妥善管理情绪的能力，或曰自律能力。这是建立在自我情绪认知基础上的情绪管理，是情商的核心。它指的是人能很好地处理忧郁、暴躁、愤怒等情绪，不至于胡乱发作或陷入绝望状态的能力。其突出的表现是制怒，即管理自己的消极情绪及破坏性的情绪与冲动。林则徐在自己办公室里挂着“制怒”的条幅，以提醒和暗示自己控制住易怒的情绪。

缺乏情绪管理能力的人常常被消极情绪所困扰；能调控情绪的人，则能很快走出低谷，重建信心。自我情绪管理包括建立信心，即对自身能力有正面的认识，相信自己以及建立主动性，适应环境变化和培养成就意识。

三是自我激励。自我激励的能力，即自强能力。具有这种能力的人，善于自我激励，前进时富有激情和目标，不满足于现状，对自己的工作、奋斗目标保持高度的热情，不靠冲动和刺激就能积极行动起来，摔倒时能很快爬起来，这是取得成功的动力。

四是理解他人情绪，即移情能力。移情就是换位思考，能想人所想、忧人所忧，即站在对方的角度去思考和感受。用孔子的话说，即“己所不欲，勿施于人”。人不仅要了解自己的情绪，而且要能理解、分析他人情感，能感知他人的情绪，体验他人的感受。移情能培养我们的同情心和助人精神。移情能力是与人友好合作的基础。善于敏锐感知他人情绪的人，容易在工作中得到别人的欢迎和帮助。

五是处理人际关系的艺术和技巧。卡耐基说："一个人成功百分之十五是由于他的专业技术，另外的百分之八十五是靠人际关系和处世技巧。"人际关系能力强的人，在认知他人情绪的基础上，能够为他人带来快乐，满足其情绪情感的需要。在现代社会，处理人际关系的艺术和技巧太重要了，特别是领导者，更需要这种能力。

《心理学》将心理过程分为认识过程、情感过程和意志过程。认识属于智力因素，情感、情绪和意志属于非智力因素。智商大多由先天因素决定，难以更改；情商可以从小培养，即便成年之后，情商还是可以通过训练得到提高。目前的学校教育比较重视智力因素的培养，家庭教育则应该重视非智力因素的培养。培养孩子的情商，主要就是锻炼和培养孩子积极健康的情感、情绪和坚强的意志。

德育、心育、体育都有助于情商的培养，所以我在家庭教育中坚持德育第一、心育（即心理教育）第二、体育第三、智育第四的素质教育。我的两个孩子之所以成长得很好，与我重视培养他们良好、积极的情感、情绪和坚强的意志有关，与他们的情商高有关。用现在时髦的话说，即"心态决定成功"，"意志决定成败"，情商比智商更重要。下面的文字讲的就是情感培养问题。

以爱心育爱心　以情感动情感

女儿日记

1991年4月15日

家里来了爸爸的两个学生，问爸爸的工作调好了没有，什么时候搬家，还送给爸爸一个本子，本子上留下了全体二乙班同学每人的一段留言，说是全班同学的心意。同学走后，我便翻开看。不几页，便已泪眼朦胧，再翻几页，不禁落下泪来。那美好的感情、动人的话语、真切的师生情谊……

1993年7月31日

又一次翻阅爸爸最珍贵的一本笔记本，不觉泪水再一次盈满眼眶。我想说："爸爸，您很幸福。许多人一生也难得遇真情，您一年的教学就赢得这么多颗学生的真心。"

“效春蚕织出满园锦绣，仿红烛点燃一代心灵。”这是二乙班全体同学留给爸爸的赠言簿上的卷首语，在他们的心中，爸爸作为一个老师是这样的人；在我的眼中，爸爸作为一位人民教师正是在这条路上跋涉的人。一副副对联，一首首小诗，一声声“好人一生平安”，浓浓的师生情感动着我，激励着我。那时我就想，如果我当老师，一定要当个和爸爸一样的老师……

陶子说：“爱满天下”，“千教万教教人求真，千学万学学做真人”。只要我们有一颗爱心，我们就换来无数颗爱心。以诚待人，以情动人是我所遵奉的。我知道世间的假丑恶，但我更看重的是世间的真善美，因为真善美才是世界之本来面目，才是我们生活的最重要、最主要的部分。

有人说过：“世间最美好、最真挚的感情是师生情。”爸爸拥有它，任小艾拥有它，魏书生拥有它，无数好老师拥有它。也许在金钱面前，他们——曾被划为社会上第九等人的老师，是贫穷的。但我要说，在感情的世界里，他们是最富足的！

背景简介

我因有严重的胃溃疡病，不想再担任繁重的教导主任工作，便从师范学校调到教育学院工作。临行前，我教的一个班的学生送给我一本留言簿。大概是因为我一向热爱教育工作、关爱学生的缘故，每个学生都给我写下一段动情的留言。下面摘抄几句，与大家分享：

爱满天下，学做真人。
不求功名和利禄，“爱满天下”永记住。
良师益友。
好人一生平安。

为人师表做真人，精心施教几秋春。
求学不作媚时语，求得真知启后生。

有志育苗闲逸少，润物无声辛劳多。
自习课上洒泪别，犹如春雨润心窝。
真诚育人，桃李满九州，

洒泪祝愿，老师身康寿。

点评

这些留言肯定有过誉之词，但也反映出我和学生之间浓浓的师生情。几首顺口溜，虽不甚押韵，却表达了学生对老师的敬爱、祝愿、感谢之情。我每次读这些珍贵的留言，都激动得不能自已。这些感人的留言，激励着我一生敬教育之事，乐育人之业。

情动而辞发。人只有在动情的时候，才能涌现出感人的语言。女儿两次看了学生送给我的分别留言，两次都流下眼泪，并产生了很多联想，写出了生动感人的心得体会。从日记中看出，女儿对陶行知、魏书生、任小艾的思想有了很多了解。

这个留言簿现在我还珍藏着。毫不夸张地说，这是一本尊师爱生的赞歌，它激励着我热爱学生、热爱教育事业。女儿在两则日记里提到它，可见它对女儿的影响是很大的，影响的时间是很久的。如果问我是如何培养孩子爱心和感情的，从这两则日记可见一斑，那就是以爱心培养爱心，以感情培养感情。

人的许多问题的出现都与消极的、不健康的情感、情绪有关，与没有控制好情感、情绪有关。因此，我特别重视情感教育，这比智育更重要。

朱小蔓教授认为，情感是比认知更为重要的教育目的。认知的目的不是停留在知道客体是什么，更根本的目的是要将这种知识内化到主体的情感体系和个性之中。只有成为了主体自身的价值、态度、信念的知识，才能达到安顿自身情感的目的。她说："关注人的情感发展是教育的一个本源性、根基性的问题……人只是为了更好地满足情感需要，认知才成为必要。"

有效的学习都是动情的学习。我们头脑中的每一种思想都含有情感的成分。如果你在学习中没有投入情感，就不可能有积极主动的学习态度，学习就是被动的，就是得过且过的应付。我们不能无视情感的作用。情感、情绪作为一种内在的动机力量，直接影响着学习。但这种影响有双重作用：高兴、快乐、喜悦的情感、情绪，可推动学生积极自觉地完成学习任务，提高学习效果；痛苦、忧伤、愤怒的情感、情绪则抑制学生的学习热情，影响学习效果，甚至会使学生拒绝学习。

苏联伟大的教育家苏霍姆林斯基说，没有情感，道德就会变成枯燥无味的空话，只能培养出伪君子。情感具有自我激励与激励他人的动力作用。不触及和开发人的情感资源，就很难有真正的教育。只有受到感动，才会产生感情。不能使人感动的空洞说教，是不能感动人心的，是不能培养人的感情的。通俗一点说，就是“不能感动人，就不能教育好人”。批评、训斥，甚至打骂，只能让人愤怒、恐惧、害怕，不仅起不到正面教育的作用，而且可能会产生负面的影响。父母应该经常与孩子进行平等的情感沟通，帮助孩子消除焦虑、恐惧、自负等不良情绪，从而使孩子心情舒畅，情绪振奋，充满爱心，渴求学习，健康成长。

培养孩子的积极情感，要求父母是情绪饱满、情感丰富而敏感度高的人，是人格积极、好学向上的人，是精神世界充盈的人，是善于营造情感融洽、气氛和谐的家庭氛围的人，是既能晓之以理又能动之以情、感动孩子的人。

我大学毕业后，一个人工作，四口人生活，两个孩子上学，经济比较紧张，很少给孩子买新衣服。即使买，也是买一些便宜的衣服。我女儿个子不高，长得慢，一件衣服穿好几年都不过时，初一时买的裙子一直穿到高中。到了1993年初夏，女儿已经上高三了，还没有一件漂亮的裙子。为了鼓励她好好学习，我和爱人跟她一块儿上街给她买裙子。看了好几个服装店，好的嫌贵，便宜的又嫌质量差。最后看到一件裙子样式新颖，布料也挺好，原价大概是五六十元，因为裙子下面的边上有一个灰点，就降价处理，我和店主讨价还价，20多元很不情愿地买下了。女儿一向尊重我的意见，也很理解家庭的困难，虽不很满意，也没有表示什么。我顿时难过起来，责备自己没有本事，连个好衣服都买不起，真对不起如此听话的女儿，眼泪在眼圈里直打转。女儿可能觉察到我的心情，拉着我回家了。回来后，她妈妈的心情和我一样，一边洗新买的“旧衣服”，一边流眼泪，感到愧对孩子。这倒使女儿很感动，她劝妈妈别难过，说这个灰点在侧面，不注意也看不见。现在回想起这件事，我心里仍很难过。

陶行知说：“情育不是培养儿童脆弱的感情，而是调节并启发儿童应有的感情。”人们常说，患难见真情。困难家庭中人的互相关爱，确实有助于“调节并启发儿童应有的感情”，增强两代人之间的亲情，这对于家庭的和谐、幸福，对孩子的一生幸福是非常宝贵的。

苏霍姆林斯基认为，夫妻的爱情是最好的爱心教育资源。他说：“在父母深深的、热烈的、忠诚的、相依为命的、相亲相爱的家庭里长大的孩子，心底温和善良、宁静、心灵健康，真诚地相信人的美好，听老师的话，能敏锐地感受美好的事物。”

教育孩子是一种特殊力量，即精神力量的奉献。父母要用美好的爱，用对人的尊敬和美好的情感来塑造孩子的爱心。

自信是成功之父

女儿日记

1990年8月18日

今早背诵《论语七则》，有感于其中的一章："子曰：'譬如为山，未成一篑，止，吾止也。譬如平地，虽覆以篑，进，吾进也。'"这个比喻说明了一个深刻的哲理：成功决定于人的主观能动性。

今日，爸爸从县中回来，说是招收400分以上的，我（初中毕业）只考了300多分，怕是考不上县中了，很有些惋惜。可想起孔子的话来，又有些宽慰，因为成功的关键在于个人的主观能动性。我充满了信心，对我的前途、我的将来、我的事业。

1992年3月11日　星期三

我的数学最差，地理、英语也差，看起来，问题还真不少，今晚我真是急得什么也不想干了，没有信心了。可是，想想离高考还有一年半的时间，史老师能一年把英语从22分补到89分，罗老师能一年把数学从60多分补到90多分。我还有一年半的时间，只要有决心和毅力，也一定能赶上去的，关键在于我要下定这个决心，相信自己一定能成功。好像爱因斯坦说过："我成功的秘诀就是无论在何种情况下，我都不能有一点点灰心丧气。"

点评

女儿初中毕业只考了300多分，但她从"功亏一篑"的成语中受到启发，认识到成功的关键在于个人的主观努力，并对自己的前途和将来的事业"充满了信心"，这是她成才的原因之一。

女儿读高二时，学习成绩一般，一度对自己"没有信心了"。她想到了史老师和罗老师的学习经历，想到了爱因斯坦说的话，认识到了关键在是否"有决心和毅力"，是否"相信自己一定能成功"，她的自信心逐渐培养起来。

随着自信心的增强和对主观能动性的认识，女儿的学习也越来越努力。参加成人高考，只用了两个多月的时间准备，就跨专业顺利地考取了安徽教育学院的教管系，显示出很强的自学能力和毅力。她回忆说连过年都只是休息了大年初一一天，年三十的晚上和大年初二的早晨，她都在一个偌大的阶梯教室里孤独地努力学习。窗外的鞭炮声和大人小孩欢天喜地过大年的声音，也没有让她放下手中的书本。

1995年9月底，女儿踏入了省教院的大门。入学后不久，她发现省教院的许多学生（在职的中学教师）在积极准备考研，也萌生了考研的念头。我当然非常支持她。我说，你刚进校，专业课刚开始学，一边上课，一边准备，对提高学习效果也有好处。头一年，见见试卷，经一下考场也好，可为明年考上奠定基础。我的意思是今年准备的时间也太短，不可能考上。她后来跟我说，她的一位研究生刚毕业的老师和她打赌，如果她第一年考上研究生，请她吃饭，这更激励了她下决心第一年考上研究生。

省教育学院9月底开学，她从10月开始复习考研。在三个多月的时间里，她白天上课，夜晚复习，几乎每天晚上都学到夜里一两点钟，教室和寝室都关了灯，她就在走廊的路灯下学习，几乎每天学习十六七个小时，星期天还要参加考研英语培训班。由于她是自学考上专升本的，教育理论的基本知识学得不系统、不扎实，要从头全面复习。我也和她一起去拜访过有关学科的老师。女儿专科虽然学的是外贸英语，但她的语文水平好，阅读、理解能力强，老师说她悟性好，一点就通。明确的奋斗目标，坚定的信心，坚强的意志，刻苦的学习精神，高涨的学习激情，良好的学习心态，过人的记忆力，超人的自学能力，分秒必争的时间观念，使她终于以专科的文凭，考取了华南师范大学教育系的研究生。她是省教育学院教管系第一个考上研究生的学生，并且没有拿到本科文凭，这在省教育学院引起了小小的轰动。她一个寝室八个女生在她的带动下，后来六个都考上了研究生。实践证明：自信者胜，自卑者败。成功源于自信。培养孩子的自信心比追求分数更重要。

自强不息是中华民族的基本精神和传统美德。自信以自知为基础，自强为动力。有了自信心，才能更自立、自强。孩子的创造才能、优秀潜能的发挥都源于自信心，而信心的获得则有赖于一个民主、自由的思想空间和家长的理解、支持、激发、鼓励。我在家庭中力行民主教育，从不严厉地训斥儿女，即使他们有不妥之处，也只是心平气和地和他们讲道理。我两个孩子的自信心就是在这样的环境中培养起来的。

自信心是在生活中体验出来的。成功的体验越多，自信心就越强。失败的体验越多，人就越自卑。鼓励促使人不断成功，成功促使人更加自信。鼓励多一些，批评少一些，人就会自信。孩子小，做事难免出现一些偏差、失误。家长不要嫌孩子添乱，不要嫌他做得不好。只要他愿意参与，就应以鼓励为主，对其行为充分地肯定，勉励孩子下次做得更好。人人都喜欢表扬，孩子更是如此，总想做点自以为是的“好事”，给父母一个惊喜，让父母表扬一下。有的父母很理解孩子的心理需求，不管孩子是把“好事”做好，还是把“好事”做坏了，都及时地给予鼓励，“我儿子真行，想做好事了”。但也有不少父母一看到孩子做的“好事”不那么好，就大发雷霆。孩子本想做好事得到父母表扬，结果受到了训斥，很感委屈，下次再也不做好事了，自信心也就越来越弱了，离成功越来越遥远了。其公式是指责→自卑→失败。

一个人的自信与他人的欣赏和鼓励有明显的关系。对孩子多鼓励和称赞，就会增强他们的自信心，其公式就是：鼓励→自信→成功。

我儿子的应试学习成绩不好，两次高考名落孙山，我虽然不高兴，但也没有过多地埋怨。我一直相信儿子的智商、情商和财商，相信他的工作能力和生活能力，认为儿子学习不行，经商或干其他工作肯定能行，相信他一定能找到适合他特点的工作。

我儿子部队复员后，按当时的政策，可以安排在父母单位里工作。在安排工作的文件没有下来之前，学院领导已经聘请他和另一位部队复员的同志负责夜间的安全保卫工作。我和儿子都感到这个工作没有发展前途，思考着重新找工作的问题。俗话说：“刀要在石头上磨，人要在社会上磨。”我想让他学习农民打工或下海经商，进一步地磨炼他，但又不能强迫他。我和他一块儿讨论铁饭碗的弊端：撑不死，饿不坏，但勤快人能变懒，一辈子碌碌无为。我夸赞他的长处：勤快，诚实，会处人办事。我鼓励他说：“很多企业，如海尔、海信的老板都是高中生，有的只有初中文凭。农民工都能挣到钱，你肯定比农民工强。如果挣不到吃饭钱，我给你生活费。”他母亲坚决反对，说找工作这么难，有了工作还不想干。当时儿子也不是很自信，有点犹豫，还说我把他估计得太高了。我的一位好友也相信儿子的能力，我请他开导、劝说儿子辞职下海。儿子在我们的信任、鼓励下，毅然辞去学校的保卫工作，到广州去找工作。找工作也不是一帆风顺的，遇到过一些困难。我和女儿不断地鼓励他，增强了他的自信心。他下海10年，几年一个台阶，变换了几次角色，从一个普通的营销员提拔为营销点的经理，从一个点的经理提拔为一个片（几个市）的经理，去年提升为广东省分公司的副总经理，这是我没有想到的。他的财商和管理能力得到充分的表现，潜力得到充分的发展。现在看来，我没有高估儿子。前几年，股市疯涨，很多梦想一夜发财的人借钱甚至贷款炒股。在几乎全民炒股的情况下，我也曾经劝他买一点，我儿子不为所动，而是凑钱买了房子。股市暴跌，很多人被套。儿子因工作地点的变动和经济条件好转，卖房子赚了几十万元。可见，他的财商是很高的。我儿子的发展充分证明了“鼓励→自信→成功”这个公式的正确性。当然，这需要父母对孩子的个性、特点、长处有充分的了解和认识，盲目攀比也是有害的。

法国教育家卢梭说：“自信心对于事业简直是一种奇迹，有了它，你的才干便可以取之不尽，用之不竭；一个没有自信心的人，无论他有多大的才能，也不会抓住一个机会。”

有的父母好用成人的标准和思想来要求和衡量孩子的行为，不仅发现不了孩子的进步和优点，反而老是不满意，老是批评、指责孩子。这样会挫伤孩子的进取心，损害孩子的自尊心，打击孩子的自信心。

民间有这样一副对联：说你行你就行，不行也行；说你不行就不行，行也不行。本意是讽刺提干工作中不正之风的。这副对联用来培养孩子的自信心倒是可以的：你说他行，他就行；你说他不行，他就不行；你为他喝彩，他会给你一个惊喜；你说他笨，他会用行动证明他真的很笨。一个人从小生活在“你不行”的语言环境中，慢慢地把“你不行”内化为“我不行”，他就真的不行了；一个人从小生活在“你能行”的语言环境中，慢慢地把“你能行”内化为“我能行”，他就真的能行。

心理学家认为，你想成为什么样的人，你就会成为什么样的人。如果你认为自己被打倒了，那么你就真的被打倒了。如果你认为自己会失败，你就会成为一个失败的人。人们常说的“心想事成”就是这个意思。这里的“心”主要指人的自信心。

信心起作用的过程其实很简单：相信“我确实能做到”的态度，就自然会想出“如何做”的方法。换句话说，即“心态决定成败”。

自信的人不会贬低自己，不会逃避现实，不会做生活的弱者，不会跟自己过不去，也不会把自己交给别人评价。他们会鼓励自己，主动出击，迎接挑战。

自信包括3个方面：能力的自信、非能力的自信、潜能力的自信。能力的自信就是对自己做事能力的自信。非能力的自信就是能坦然对待自己没有能力做的事，并不因此觉得自己低人一等，更不影响对自己能力的自信。心理学研究表明：每个人的潜力都是巨大的。多数人都只是认识和利用了自己能力的一部分，每个人都还有巨大的能力发展空间。相信自己的潜在能力，就是潜能力的自信，它是能力发展的重要动力。

自信心的培养应从让孩子“参与”入手，让孩子参与活动、参与决策。从孩子懂事开始，家长可以在适当场合征求孩子的意见，让孩子参与一些事情。如买什么玩具，购什么衣服，适时地放手，让孩子自己选择。这样既满足了孩子的自尊心，孩子也在参与中增强自信心。

在孩子“独立自主”时，家长不要过多干涉。如果一方面要求孩子自立，另一方面又限制这、约束那，会使孩子感到左右为难，不利于独立性、自主性、自信心的培养。

中美文化有很大的差异。中国文化讲究谦虚、礼让，如果自己说自己行，就是不谦虚。当有人夸奖某人干事“行”的时候，被夸奖的人往往会说：“不行，不行。”所以，中国人对自己想干的事一般不提要求，怕被人瞧不起。遇到投票选先进或竞选什么职务的时候，中国人比较谦虚，一般不投自己的票，这不利于培养人的自信心。

美国人不提倡谦虚，而是鼓励骄傲。据说刘亦婷面试时，哈佛大学老师问她：你对“虚心使人进步，骄傲使人落后”是怎样理解的？刘亦婷回答：“虚心是我继续的，骄傲是我不足的。”她不认为“骄傲使人落后”，而是感到还不够骄傲，还没有学到足以骄傲的本领。哈佛大学的老师很满意，录取了她。

如果对你想干的事不提要求，美国人就以为你没有信心能干好这件事。所以，美国人从小就教育孩子要自信，要给人一种“舍我其谁”的自信感觉。如果你对自己都没有信心，谁还会对你有信心呢？如果你自己都不投自己的票，谁还敢投你的票呢？

培养孩子的自信心，要注意以下几个问题：

1. 自我暗示。积极的自我暗示是一种自我激发、自我肯定，它可以使人心灵欢畅，建立自信。自我暗示的方法：一是经常学习伟人奋斗的事迹，常用他们的奋斗精神激励自己。二是相信语言的力量，常常对自己说：“我能行！”每天说几遍甚至几十遍，自信心就会逐步增强。三是保持强烈的求知欲望。

2. 遇事先看有利的一面。培养乐观的个性是建立自信的重要方面。乐观的人往往自信，乐观与悲观的差别主要在于看待事物的角度不同。悲观的人遇到事情，往往先注意其不利的一面，这样一来，首先就使自己的情绪陷入消极状态，以致很多时候只能看到对自己不利的因素。乐观的人则正好相反，往往先注意到事情有利的一面，这样，积极的情绪就在一定的程度上建立了一种防范机制，在看到不利因素时，也不至于产生明显的消极情绪。这种方法特别适用于自卑倾向明显的人。

3. 从点滴进步开始。吴章鸿是全国十佳杰出母亲之一，她要求儿子每天进步一点点，把儿子培养成年轻的钢琴家，并出了专著《每天进步一点点》，对培养孩子的自信心很有帮助。关注自己的点滴进步是增强自信心的好办法。

自信来源于人能顺利完成某种活动。我们可以将一个自己不大胜任的目标分解为相对容易的若干小目标，每一个小目标的完成，都有助于增强自己的自信心。孩子做事老是失败，就会越来越自卑。家长要想方设法让孩子做容易成功的事，因为成功使人自信，自信才能成功。“失败是成功之母”是有条件的，条件之一是自信继续努力一定能成功。可见自信是成功之父。

动情是教育的关键

女儿日记

1993年8月5日

8月3日是旧历六月十六日，我踏入人生的第十八个年轮。

弟弟递给我一本笔记本和一封信，原来是爸爸买来送我的。自从爸爸工作以后，我们家几乎都没买过笔记本，这次为我买了一本，礼轻仁义重。读了爸的信，我也顾不得同学在旁边，忍不住感动地落下泪来。我深深感到了亲情对一个人的感情世界是多么重要。

窗外，绿树成荫，夏蝉长鸣，阳光已洒满窗棂。我坐在桌前，翻看十八岁生日收到的小礼物：一本笔记本、一本影集、一本书。看着礼物上写下的祝福的话，我又一次被深深感动了。拥有最真的爱，拥有爱我的父母、爱我的朋友，我觉得自己很幸运，也很幸福。

背景简介

我女儿是旧历一九七五年六月十六日出生的。在女儿十八岁生日的时候，我送给她的生日礼物是一本日记本，在首页上，我写下了这样几句话：

女儿：

祝你十八岁生日愉快！送上微薄的礼物，表示父母的爱意。抒写喜怒哀乐，记下成功足迹。探讨人生真谛，创造美好的业绩。

父母字

1993年8月3日（旧历六月十六）

点评

从日记中可以看出，我送给女儿的生日礼物和给女儿的回信感动了她，我用爱心换来了女儿的爱心、孝心和感恩之心。这充分证明，父母有了爱心，就能感动孩子；只有感动孩子，才能教育好孩子。可见，动情是教育的关键。

我对女儿的爱，除了表现为伦理的父爱外，还对女儿出生在我这个穷知青家里，过着物质贫乏的生活有一种愧疚之情。小时候，由于营养不良，女儿身体又瘦又小。女儿无人照看，出了两次差一点要命的事情。因此，我特别地怜爱她。后来，我又几次离开家庭，不能亲自关爱她们母女，心里更感内疚。

我对女儿的怜爱之心，表现为对她的理解、尊重、宽容、鼓励、严格和负责。这是伦理的爱，理智的爱，科学的爱，平等的爱，不求回报的爱。女儿出生在我们这个热爱人生、热爱教育的“书香门第”里，受到了良好的情感教育。正如她在日记里写的：“拥有最真的爱，拥有爱我的父母、爱我的朋友，我觉得自己很幸运，也很幸福。”这是她健康成长的重要原因之一。

中国陶行知研究会会长朱小蔓说：“动情是德育的关键”，“不触及和开发人的情感资源就很难有真正的德育、真正的素质教育”。她认为，在儿童早期，如果有恰当的情感应答关系，儿童的正当情感需求得以顺畅表达，这种顺畅的情感经验带来的安全感、自我悦纳感，对于人形成诚实、善良、宽容、敦厚的品质是至关重要的心理基础。

家长和老师具有仁爱、宽容的品德，才能说出让孩子感动的话，做出使学生感动的事，从而教育好孩子。下面是我退休后写的一篇文章，论证了这一理念。

不能感动学生就教育不好学生

有一次，我在上“饭店服务心理学”课时，一个学生在看报纸。为了让他注意听课，我提问他一个问题，他不会回答，还小声咕噜了几句，我没有批评他，只是叫他别看报纸了，他把报纸收起来了。过了一会儿，他又把报纸拿出来看，我收了他的报纸，并批评他上课不好好学习，一年白花了父母一万多块钱。他一听，火了，一拍桌子，大声说：“为什么收我的报纸？还我报纸。”一边说，一边从我手中夺回报纸，结果把报纸撕破了。我也气了，说：“你上课看报，我可以没收。你对我拍桌子，不尊敬老师，必须写检讨，向我道歉。”说罢，我继续上课。课后，我找到班长，要他和对我拍桌子的学生谈谈，尽快写个检查，把这个事了了。两天、三天过去了，我仍然不见检查和道歉。我有点急了，不能老这样僵持下去。怎么才能处理好这件事呢？我想起了陶行知“四块糖果”的故事：

陶行知在育才学校当校长的时候，看到学生王某用泥块砸自己班上的同学，陶行知当即制止了他，并叫他放学后到校长室去。

放学后，陶行知回到校长室，王某已经等在门口准备挨训了。一见面，陶行知却掏出一块糖果送给他，并说：“这是奖给你的，因为你按时来到这里，而我却迟到了。”王某惊疑地接过糖果。

随后，陶行知又掏出一块糖果，说：“这第二块糖果也是奖给你的，因为当我不让你再打人时，你立即就住手了，这说明你很尊重我，我应该奖励你。”王某更惊疑了，眼睛睁得大大的。

陶行知又掏出第三块糖果塞到王某手里，说：“我调查过了，你用泥块砸那个男生，是因为他欺负女生；这说明你很正直，且有抵制不良行为的勇气，应该奖励啊！”王某感动得流着眼泪说：“陶校长，你打我两下吧，我错了……”

陶行知笑了，掏出第四块糖果递给王某，说：“为你认识错误，我再奖给你一块糖果，只可惜我只有这一块糖果了。我的糖果没有了，我们的谈话也该结束了吧！”说完，和学生一起走出了校长室。

我仔细研读陶行知“四块糖果”的故事，发现陶行知能以奖励的方式处理好这件事，至少有以下几点值得学习：第一，陶行知注重调查研究。他认真调查了这件事发生的原因，得知“你用泥块砸那男生，是因为他欺负女生”。第二，陶行知善于发现学生的闪光点。他发现了这个学生很听话，能“按时来”，“很尊重我”，“很正直，且有抵制不良行为的勇气”，能主动“认识错误”。第三，陶行知很了解学生渴望获得表扬的心理需求，运用寓批评于表扬之中的教育方法，既满足了学生的心理需求，也达到了教育学生的目的。第四，陶行知很爱护学生，能宽容学生的错误。陶行知以他的爱护之心和宽容之心令学生“感动”，使学生由“惊疑”到“流泪”，再到主动“认错”，自己教育了自己。

陶行知的“四块糖果”的故事使我认识到：对有问题的学生没有爱护和宽容之心，就不能感动学生；不能感动学生，就不能教育好学生。我应该学习陶行知，调查一下顶撞我的学生的情况，爱护和宽容这个学生，或许能发现打破僵局的教育契机。

在操场晨练时，我遇到了和顶撞我的学生一个班的一位女同学，向她询问那个学生的情况。她说："他平时学习很努力，经常到阅览室自学英语，准备参加自考。"我回家一看，没收的那张报纸果然是张英语报。我来了灵感，有了处理好这个冲突的办法。

又到了上课的时候，仍不见那个学生的检查和道歉。我对同学们说："上一次课上，和我顶撞的学生上课看的是英语报，我误以为他在看其他小报。如果知道他是看英语报，我是不会没收的。虽然上课不应该看其他的东西，但他能认真地自学英语也很难得。我还听说，他平时学习很努力，经常到阅览室自学，准备参加自考，没有白花父母的钱。我的话说重了，伤害了他的自尊心，他才发火的。年轻人火气大，可以理解，可以谅解，我不要他写检查道歉了。"说完，我把报纸还给了他。他被我的宽容感动了，立即写了检讨送给我，并当着全班同学的面，向我深深地鞠了三个躬，我也感动了，眼泪差一点流下来。

这件事使我进一步理解了"宽容也是教育，有时宽容引起的道德震撼比惩罚更有力量"的教育名言。孔子"仁爱"思想的"一贯之道"就是"忠恕之道"。子贡问孔子："有一言而可以终身行之者乎？"子曰："其恕乎！己所不欲，勿施于人。"很多教育奇迹都是由爱与宽恕造就的。如果老师只顾及自己的自尊心而伤害了学生的自尊心，就无法教育好学生。

陶行知在《创造的儿童教育》中也提出了"宽容和了解"的要求。他说："教育者要像爱迪生母亲那样宽容爱迪生，在爱迪生被开除回家的时候，把地下室让给他去做实验。我们要像利波老板宽容法拉第，法拉第订书订得最慢，但是利波了解他是一面订书一面读书，终于让法拉第在电学上造成辉煌的功绩。"宽容之中所蕴含的了解、信任、等待，表现了教育者对自己和教育对象积累了足够的信心，也浸透了一种于事业、于孩子们的深挚热爱。可见，宽恕不仅是人们应该奉行的做人原则，更是一个非常重要的教育原则。

联合国教科文组织编写的《教育——财富蕴藏其中》说："宽容教育和尊重他人的教育作为民主教育的必要条件，应被视为一项综合性的持久的事业。"（教育科学出版社，1996年版，第45页）对人宽容，是做人的一种美德，对孩子宽容，是一种教育艺术，一种智慧，是一种特殊的爱。教育者应该宽容孩子成长中的缺点和问题，不计较或追究孩子的过错。特别是对那些正在向好的方面发展的学生，通过宽容来保护他们的积极性、自尊心，而不是发现孩子有缺点、毛病，一味地采用批评训斥的教育方法。当让孩子意识到犯了错误、可能要挨批评的时候，老师却谅解、宽容而没有批评他，学生会深受感动而尊敬老师，热爱老师，从而"亲其师，信其道"。英国科学家麦克劳德，上小学时曾偷偷地杀死了校长家的狗，这在西方国家显然是难以原谅的错误。但麦克劳德遇到的是一位高明的校长，不仅没有批评，反而让他画出两张解剖图：狗的血液循环图和骨骼结构图。正是这种包含了充分理解、爱心和宽容的处理方式，感动了麦克劳德，使他爱上了生物学，并最终因发现胰岛素在治疗糖尿病中的作用而走上了诺贝尔奖的领奖台。

爱因斯坦曾说："善于宽容也是教育修养的感情问题。"育人之道贵在宽容。宽容孩子的错误，为孩子分担一些错误的责任，就等于为其增添了一份探索的勇气。正如"大地宽容了种子，才拥有了收获；大海宽容了江河，才拥有了浩瀚；天空宽容了云霞，才拥有了神采；人生宽容了遗憾与错误，才拥有了未来"一样，人人宽容，国家、社会、家庭、教育才有了和谐。

女儿的同情心

女儿日记

1991年4月4日

今天听弟弟说："昨天在五中门口，今天在河那边，看见一个被丢弃的小孩，还活着呢。""有什么缺陷吗？""就是脚掌向里，长大可能残疾。"我心里一阵难受，天下竟有如此狠心的父母，做出如此残忍的事情，将一个无辜的残疾婴孩置于死地。可怜的孩子，还没尝到人生的酸辣苦甜，就面临着死亡。上天不公平，给了他一双残脚，却又给了他没有人性的父母！

我忍不住想去看，可我又不忍心去看。为什么我一向比较坚强的心忽而变得软弱起来？毕竟我生活在太多的爱中，至今，我似乎才明白这一点。

我无法不痛恨那无能又狠毒的父母，他们的亲骨肉，一个孩子的生命也许就这样毁了，也许他生命的历程就那么短短的几天，也许他的痛苦只是饥饿和寒冷，而他给予我心灵的伤痛却是那么深、那么浓，我的眼泪都溢出了……

当我坐在这明亮的灯光下时，也许那个婴儿还在河边，我多么想让他吃饱穿暖……我只有默默地、真诚地为他祈祷，愿他遇到一个好心人收养他，就像电视上那个船员夫妇一样。然而，这也许是不可能的，但我还要为他祈祷……

点评

这则日记的内容远比上面的文字多得多。女儿为了一个弃婴，动情地写了那么多的文字，写得那么凄婉、伤感："眼泪都溢出了"，"多么想让他吃饱穿暖……默默地、真诚地为他祈祷，愿他遇到一个好心人收养他"，充分地表现了她对弃婴的无限的同情和怜悯，对无能又狠毒的父母的憎恨，深深地体会到自己"生活在太多的爱中"，读了令人动容。可见，女儿具有强烈的同情心、怜悯心。

孟子说："无恻隐之心，非人也。""恻隐之心，仁之端也。""恻隐之心"即同情之心。人有了"恻隐之心"，就会"将人心比自心"，就能"己所不欲，勿施于人"。这是中华民族的优良传统，是做人的基本原则。这种同情他人疾苦、悲悯幼小生命的仁爱之心，是一个人非常宝贵的高尚情感。人只有具备了同情心，才能尊重人、理解人、宽容人，才能以人为本，乐于助人。人人有此品质，家庭就会幸福，社会就能文明。

目前，因缺乏同情心而酿成的悲剧令人悲愤。一个大学生开车碰伤了人，不急救，反而又连捅了几刀；前面的车轧伤了一个女孩，后面的车又轧了一次；强拆房屋致死人命；在某地机场，儿子捅母亲几刀，中国人无人急救，是老外救了这位母亲；母亲打死亲生的孩子；孩子杀死父母；老师打骂、虐待、侮辱学生……

现在，有的人进城当了干部，就忘了农村、农民，农村的亲戚、朋友来了不欢迎，不让子女谈农村出身的对象。有的干部甚至坑农、害农、敲诈农民，更谈不上同情农民了。这不仅不利于孩子同情心的培养，而且影响孩子看不起劳动农民。

我爷爷、叔叔都是农民，我从小在农村长大，在农村上的小学，初中毕业后又下放农村10年，对农民生活的艰辛深有体验，深受农民勤劳、憨厚、朴实、善良等优秀品质的熏陶，一直对农民怀有热爱、感谢、同情之心。现在我一直坚持和农村的亲戚、朋友交往，这对我女儿的影响是很大的。我女儿出生在我下放的农村，童年是在农村长大的，这对女儿同情心的养成是有益的。

前年，阜阳市委宣传部点名要我写一篇关于农民工的文章。本来我对农民工问题没有深入的研究。凭着我对农民的了解，怀着感谢、同情农民的感情，下了一番功夫，参考了很多资料，没想到写出的《试论农民工精神》一文获得了阜阳市社联优秀论文一等奖。下面的话是文中的一部分：“在城市里工作的人们，或自己本来是农民，或父母是农民，或祖父母是农民，或亲戚、朋友是农民。我们应学习陶行知‘爱满天下’的精神，怀着‘爱中华民族中最多数而最不幸之农人’的心，关心农民的疾苦，支持新农村建设。这不仅是政治问题，更是情感问题，也有助于培养孩子的高尚情感和仁爱之心。”

同情心是教育者应该具有的最宝贵的品质，有了同情心，才能在教育者与被教育者之间建立起真正的信任。如果父母对孩子缺乏理解和同情心，就会深深伤害孩子的感情，孩子就不会有同情心。

培养兴趣比学习知识更重要

女儿日记

1992年12月6日

泥孩子

“迟到”，随着一声童音，一个浑身脏兮兮的泥孩子出现在教室门口，“又捏泥巴去了？”老师严厉地责问，“说过多少次，要把心思用在学习上，不要玩泥巴，就是不听。今天不许进教室，去把你的家长找来，一定要说清楚这个问题。”眼泪在“泥孩子”的眼眶里打转，他终于低着头离开了教室。

敲开家门，满脸笑容的妈妈见了他，脸顿时冷了下来，“又去摆弄泥巴！看你浑身上下，脏得还能分清鼻眼吗？天天给你洗都洗不净，看你爸回来不揍你一顿才怪呢！”孩子无言以答。自从美术老师教过一次捏泥人课以后，他就迷上了捏泥人。还别说，捏得可真像，小猫呀，小狗呀，小房子呀。可好景不长，爸爸妈妈多次禁止他，老师批评说“不准捏泥人，要好好学习”。

第二天，父亲带着儿子来到老师面前，让孩子保证今后不再捏泥人了。孩子满腹的委屈，却不得不服从父母老师的教训，终于不敢再捏泥人了。

几年后，孩子的家里来了一位客人，发现柜子下那落满灰尘的“泥娃娃”时，很感兴趣地问起它的作者。当听说是孩子几年前捏的时，忙问他还捏不捏，说是很有发展前途，中国的泥塑业还能出口创汇呢。孩子望着“泥娃娃”，漠然地说："早就不捏了。"客人摇摇头说："可惜了。"

中国不知有多少"泥孩子""音乐家"都被所谓的"好孩子"的规范淹埋。他们无声无息地落在凡人之中，天才的翅膀被无情地折断，这正是中国教育的悲剧。

点评

在这则日记里，女儿以批评的语言叙述了泥孩子的故事，说明她已经有了自己的教育思想——不要扼杀孩子的兴趣，不要只学习书本知识，这正是我的教育思想。只要是孩子感兴趣的有益的活动，我都支持。如女儿爱看电视、读小说，儿子爱玩拳击、各种球类等。我坚持认为：培养兴趣比学习知识更重要。

现在，一些老师、家长眼中的"好孩子"还是"学习好"，考分高，不管孩子如何"迷上了捏泥人"，还是其他有益的、感兴趣的活动，只要爸妈禁止，老师批评，孩子就不得不服从。

陶行知说："你的教鞭下有瓦特，你的冷眼里有牛顿，你的讥笑中有爱迪生。"在中国，不知有多少"瓦特""牛顿""爱迪生"和"泥孩子"一样，他们的兴趣和创造力被老师和家长合伙扼杀掉，他们天才的翅膀被无情地折断，被所谓的"好孩子"规范所淹埋。

古今中外的教育家都重视培养学生兴趣。孔子说："知之者，不如好之者，好之者不如乐之者。"爱因斯坦说："兴趣是最好的老师。"苏霍姆林斯基说："学习兴趣是学习活动的重要动力。"乌申斯基说："没有丝毫兴趣的强制性学习，将会扼杀学生的探求真理的欲望。"研究表明，如果儿童对活动有兴趣，就能发挥其全部才能的80%—90%；反之，只能发挥其才能的20%—30%。兴趣是成功的基础、快乐的源泉、成功的动力。没有兴趣的学习只能是痛苦的煎熬。

哈佛大学曾对1500名学生进行过一项调查，询问他们选择专业是出于爱好还是因为赚钱。1255名学生回答是因为赚钱，245名学生是出于爱好。调查进行了10年，目的是了解为了金钱和为了爱好而奋斗的人，最后各有多少人成为富翁。结果显示，245名因为爱好而奋斗的人有100人成为富翁，而1255名为了金钱而工作的人只有1人成为富翁。可见，"为爱好而工作"易致富，保证赚钱的唯一道路是做你自己喜欢的事情。

一位著名的服装设计师上台领取大奖时说："我理应多年前就站在这儿了——假如我父亲当年不逼着我学我不喜欢的专业，假如老师不干涉我的业余爱好……”

许多家长向我咨询：“孩子的学习差怎么办？偏科怎么办？”我说：“我儿子就学习差，但对体育活动，如乒乓球、篮球、拳击、溜冰等感兴趣，对社交感兴趣，因此，他的活动能力、社交能力较强。女儿理科差，文科好，作文写得好，看她的日记就知道。我和女儿一样，也是理科差，文科好。但我们都有感兴趣的学科，现在一样工作好，生活好。”其实，“差生”并不可怕，偏科更不可怕。可怕的是没有学习的主动性，没有对某一学科和活动感兴趣。很多人都知道中国的台球冠军丁俊晖，中小学学习不好，就是喜欢打台球。他父亲很开明，为了支持儿子拜名师学打台球，不惜卖掉房子。我们与其不断地对“差生”补课，不如因材施教，发现孩子的兴趣和特长，培养他们的主动性。对于偏科的学生，我们不应该采取“削峰平谷”的做法，而应顺其自然，扬长避短，一样可以成功、成才。

人们通常认为成功会使人快乐。美国科学家对有关的研究成果分析后得出结论认为，这一说法应该倒过来说更恰当，即快乐才是促使人取得成功的关键因素。爱迪生幼年时也厌学，学习差。在母亲的鼓励下，他回家自学，凭兴趣看科普书籍，做有趣的实验。在兴趣的强力推动下，爱迪生不断地学习、创造，终于成为大发明家。许多科学家的成功都证明了“好之者不如乐之者”，快乐是成功之道。

研究人员针对27.5万人有关“进取、成功及快乐之间的关系”的研究进行分析后发现，快乐的人似乎更乐意树立并努力实现一个个新的目标，这会进一步增强其乐观积极的情绪。有关的研究表明，长期拥有快乐感的人比那些感觉不怎么快乐的人通常更加成功。当人感觉快乐时，也会更容易感觉自信、乐观、充满活力，周围人也会觉得他友善可爱，因此，快乐的人更加容易建立良好的人际关系。实践证明，快乐的人与不快乐的人相比，在婚姻生活、人际关系、工作业绩、社会参与、体格健康甚至长寿方面都会表现更佳。在许多情况下，快乐的人更有希望成功。家长们千万不要轻易反对、扼杀孩子的兴趣，应该想办法培养儿童的学习兴趣、活动的乐趣，并升华为健康的情趣和志趣，让孩子在快乐中学习，在快乐中追求成功。

失败是成功之母

女儿日记

1993年8月2日

都认为我能考上大专，我也认为一定能考上。而现在有可能考不上，我很恼火，恼得只想摔东西，只想狠狠地打自己几耳光。真是希望越大，失望就越大，尤其本来觉得可能性极大的事，一下子变成虚无。

人生是坎坷不平的，是有欢喜和悲哀、成功和失败、快乐和痛苦的，也许上天注定要我在18岁生日那天体验真正的人生。

明天是我18岁的生日，我仍然要开开心心地、认认真真地过我的生日，它是我人生的转折点，过去的已经过去，分数只能代表过去的我，不能预知我的将来。我的命运掌握在我自己的手中，我愿意经受苦难和挫折，甚至最严重的打击，从而让我走向成功。因为“失败是成功之母”。

点评

这是女儿知道高考分数后写的日记。女儿高考只考了399分，才达到高中中专的录取线。后来大专降低录取分数线，女儿才被录取。在人生道路上，她第一次遇到了严重的挫折。她很恼火，很失望，很自责。但凭着她对人生的感悟，对“失败是成功之母”的深刻理解，认识到了“人生是坎坷不平的，是有欢喜和悲哀、成功和失败、快乐和痛苦的”，她以积极的心态面对挫折，并表示“愿意经受苦难和挫折，甚至最严重的打击，从而让我走向成功”。这种正确的认识和自我调节能力，使她很快地稳定了情绪，经受了挫折的考验，表示“明天仍然要开开心心地、认认真真地过我的生日，它是我人生的转折点，过去的已经过去，分数只能代表我的过去，不能预知我的将来”。她后来的成长与她经受的挫折及其正确的、辩证的挫折观有密不可分的关系，也与我现身说法地对她及时进行的挫折教育有关，与她在童年时期生活在我这个穷知青家庭受到的磨炼有关。

人生挫折十有八九。父母们都希望自己的孩子一生一帆风顺、事事如意、成功成才，很怕孩子遭受失败和挫折。心情可以理解，但因不符合人的成长规律，总是不能如愿。

近年来，人们普遍感受到青少年的耐挫能力越来越差，挫折反应越来越消极、强烈。有的升学落榜后放弃人生追求，甚至出现轻生行为；有的遇到人际关系障碍时，产生焦虑感，不能采取积极的态度调节情绪，而是一味地郁闷、苦恼；有的受到挫折后，自怨、自叹、自恨、自责、自残、自杀，出现了严重的心理疾病。

因此，父母和孩子都要树立辩证的挫折观，充分认识失败和挫折在青少年成长中的重要作用，重视培养孩子的耐挫能力，引导青少年加强自我挫折后的调节，乐观、冷静地对待挫折，这是摆在所有教育者面前的一个极其重要的研究课题。

著名学者易中天教授说："中国现在需要的不是什么成功学，而是挫折学、失败学，要不为什么那么多孩子遇到一点点挫折动不动就自杀了？首先要告诉孩子们，你会遭遇很多困难挫折，你自己选择的经历自己要埋单。而另一方面，所有的挫折、所有的阅历都是财富。摔个跟头也没什么了不起，这样他们的心理才会健康起来。"这话既是经验之谈，也是现实需要。

我一生经过了几次重大的挫折，对挫折有比较深刻的感悟。在最近的一次挫折过程中，为了调整心态，我看了很多书，写了《提高耐挫能力追求成功人生》一文，获得了安徽省教育心理学会2010年优秀论文一等奖，对引导孩子树立正确的挫折观、提高耐挫能力是有帮助的。

提高耐挫能力　追求成功人生

人们常说："失败是成功之母。"在一定的条件下，这句话是正确的。条件之一就是失败者面对失败或挫折的心理承受能力。

云南某大学学生马家爵因不能承受同学说他打牌作弊的委屈，竟连续杀死四个同学！中学生徐力因承受不了母亲高要求带来的巨大压力，竟然杀死了自己的母亲！天津某大学学生因学习不好、借钱较多，无颜面见父母，竟然想先杀死父母再自杀！结果是父母一死一伤，他自杀未遂。大学生因失恋而自杀或杀伤他人的事件屡有发生。还有这样一个故事：一个青年报考一家大公司，公布成绩结果，青年名落孙山。青年为此深感绝望而自杀，幸抢救及时，自杀未遂。忽然传来消息，他被录用了。原来是统计出了差错，实际上他的成绩第一。但很快又传来消息，他被公司解聘了。理由是：他连这点挫折都承受不了，又怎能在艰难曲折的人生道路上获得成功呢？

来自中国心理学会第八届理事会上的消息说，我国有3000万青少年处于心理亚健康状态，我国每年至少有25万人因心理问题而丧失生命，自杀成为青少年人群的头号死因。有专家推算，我国每年有28万人自杀死亡，200万人自杀未遂。专家表示，青少年承受挫折的能力较差是造成心理问题的主要原因。

我们要认真研究挫折及其产生的原因，积极预防或减少挫折的产生，树立辩证的挫折观，确立相应的抱负水平，创设情境，培养承受挫折的能力，加强挫折后的自我调节，乐观、冷静地对待挫折，从而提高耐挫能力，追求成功人生。

一、挫折的含义

挫折是个体在实现目标的过程中遇到障碍或干扰，致使行为受阻、目标不能实现、需要不能满足时的一种情绪状态。它包括三方面的含义：

1．挫折情境——需要不能满足的内外障碍或干扰等情境因素，如考试不及格、挨批评、比赛没得到好名次、失恋等，它是一种客观存在。

2．挫折认知——对挫折情境的知觉、认识和评价，它是主观的。

3．挫折反应——伴随挫折认知，主体对自己的需要不能满足时产生的情绪和行为的反应。如愤怒、焦虑、不安、出走、自杀、杀人等。

在以上三者当中，挫折认知是最重要的。挫折反应的性质和程度，主要取决于挫折认知。对同样的挫折情境，不同的认知会产生不同的反应。上面例子中的大中学生，都是有了错误的认知，才导致了令人痛心的悲剧。

二、挫折产生的原因

挫折产生的原因可分为客观方面和主观方面。客观方面的原因有：（1）自然环境原因，如天灾、疾病等。（2）社会环境原因，如社会的政治、经济、战争、道德、风俗、宗教等。

主观方面的原因有：（1）个人的体力、生理（残疾、丑）等方面的条件。（2）挫折承受力。挫折承受力低的人几经挫折，就会造成行为失常或心理疾病。挫折承受力高的人，能够积极面对现实，经得起挫折的磨炼。（3）抱负水平。同一个情境，对于抱负水平高的人说可能是挫折，对抱负水平低的人，可能不构成挫折，或挫折程度不深。

近年来，人们普遍感到青少年学生的挫折承受力越来越差，受挫折后的反应越来越强烈。究其原因，主要有以下几个方面。

1. 家庭温室效应。随着我国经济的快速发展，家庭生活水平有了很大的提高，多数孩子，特别是独生子女从小就生活在物质富裕的环境之中，享受着祖父辈们过多、过度的呵护、迁就和溺爱，很少有受挫折的经历，也没有体验过失败的痛苦。就像温室中的花儿一样，经不起风吹雨打，一旦遭受困难和挫折，便会茫然失措，自暴自弃，一蹶不振。家庭温室让孩子丧失了挫折的承受能力。

2. 就业竞争的压力和应试教育的影响。虽然近几年我国的经济快速发展，但由于人口太多，城乡差别拉大，就业竞争的压力一直很大。加之许多用人单位重学历、轻能力，人们为了找到更好的工作，只得高价择校，以考上好大学。应试教育重知识、轻能力，重智力、轻非智力因素，特别是忽视情感、意志的培养，致使学生情绪消极，意志薄弱，控制情绪的能力和挫折的承受能力较弱。

三、提高耐挫能力，追求成功人生

（一）正确认识挫折

1. 消除引发挫折感的不合理信念

美国心理学家艾利斯提出了ABC理论。在ABC理论中，A代表诱发事件；B代表个体对这一事件的看法、解释及评价（即信念）；C代表继这一事件后，个体的情绪反应和行为结果。在一般情况下，人们都认为是外部诱发事件A直接引起了情绪和行为反应的结果C。而ABC理论认为，诱发事件A只是引起情绪和行为反应的间接原因，而人们对诱发事件所持的信念、看法、解释，即B才是引起情绪和行为反应的直接原因。合理的信念会引起人们对事物的恰当的适度的情绪反应，而不合理的信念则会导致不恰当，甚至失常的情绪和行为反应。

艾利斯总结出三条常见的不合理信念：

（1）绝对化要求。人们以自己的意愿为出发点，对某一事物怀有其必会发生或必不发生的信念。常与"必须""应该"等词联系在一起。如"我爱你，你必须爱我""学生应该听老师的话"等。

（2）以偏概全的思维方式。即一件事情失败了，便推理自己在所有方面都无能，从而导致自责、自罪、自卑、自弃的心理，表现出焦虑、抑郁等情绪。

（3）糟糕透顶的情绪状态。认为某事情发生了会非常可怕，以致于无法生活在如此糟糕的环境里。如学生、孩子出走，有人自杀等。

2. 树立辩证的挫折观

天有不测风云，人有旦夕祸福。人有悲欢离合，月有阴晴圆缺，此事古难全。人生挫折十有八九。每个人在迈向人生的目标途中，都难免会有挫折。

挫折不是失败的代名词，它是考验人的韧力和耐力的测量器，是鼓励人在跌倒时奋勇再起的能源。如果一个人总是一帆风顺，事事成功，就很容易使他得意忘形，自负、自大。

挫折本身并不可怕，可怕的是一遇到挫折就气馁，自怜自怨，羞恼愤怒，使挫折愈演愈烈。

恩格斯说，不幸是一所伟大的学校。世界上只有一种不幸比任何不幸都不幸，那就是一辈子都没有遇到过不幸。尽管谁都不愿意遇到挫折、逆境，但能让人聪明和成熟的只能是挫折和逆境。

智慧的人是从自己的挫折中吸取的知识比从自己的成就中吸取得多的人。经过挫折而痛苦的人，有机会为下次的成功微笑。因为痛苦使人思索，思索使人明智。

曾国藩曾说："吾生平长进，全在受挫受辱之时。""余凡事皆用困知勉行功夫。困时切莫间断，熬过此关，便可以进。再进再困，再熬再奋，自有亨通精进之日。"

下面的话对我们树立辩证的挫折观有启发作用：

苦难造就天才。不受失败的磨难，何来成功的芬芳？

苦难是人生最好的老师，苦难使人奋发，促人成熟，苦难使人坚强、刚毅。没有苦难关，何来成就感？

苦难对强者是一剂良药，对弱者是一剂毒药。苦难是幸福的前奏，它为未来打下坚实的基础。经历了苦难就能从心理上征服苦难，从容应对各种变化，一时失败就认为人生漆黑一团，这是脆弱，更是幼稚。

我对以上这些话有比较深刻的体会，因为我经历了较多的挫折。其中一次重大的挫折是在1974年，国家开始推荐知青上大学，我被一个干部的儿子顶掉了。招工没走掉，对我是个挫折；推荐上大学被顶掉，又是一次失败。依靠刻苦自学，后来考上了大学，当上工人的知青又很羡慕我，真是"塞翁失马，焉知非福"。

有时命运（客观环境）是无法选择的，但人的主观态度是完全可以选择的。面对困难和挫折，有人选择了软弱的顺从，有人选择了不屈的抗争，有的人甘心做命运的奴隶，有的人则要做命运的主人。不同的选择决定了不同的人生。正如

《情商》所说：不同的心态决定不同的命运。

在人生的道路上，受挫一次，对生活加深一次理解；失误一次，对人生多一分醒悟；不幸一次，对人世间的认识成熟一层。

当你跌倒时，不要空手站起来！要从跌倒中得到一些启发，领悟“失败是成功之母”的道理。

英国有句谚语：如果你想摘玫瑰，你就要不怕刺。成功和失败也像玫瑰花和刺那样密不可分。机遇常与失败相伴，你要把握机遇，就必须有承受挫折的勇气。

伟大的成功必须首先能经受巨大挫折的考验。著名的企业家杰克·本顿说：“失败是一笔巨大的财富。我从失败中获得的东西，都是我赢得成功的必要的投资。”

安危相易，祸福相生。关键在于人要全面、辩证地看问题。挫折具有两重性，既有积极的方面，也有消极的方面，两者在一定的条件下互相转化。在困难和挫折面前消沉，原因是主观上夸大了挫折的消极作用，没看到挫折的积极作用。

正视挫折是战胜挫折的前提。辩证地认识挫折，就能把挫折当作进步的阶梯、成功的起点，就能做好充分的心理准备，并以平常心看待挫折。爱迪生研究制造灯丝，试验了1000多种材料，失败了9999次后，有人问他：“你第一万次会失败吗？”他说：“我没有失败过，我只是发现了另一个制造不出电灯泡的方法。”

（二）正视自己，确立相应的抱负水平

人受到挫折后，需要正视自己，重新衡量自己的目标。心理学研究表明，目标过低，容易实现，不能使人产生成就需要的满足感；目标过高，不能实现，会产生失败感，即期望越高，失望越大，烦恼越多。想减少挫折，就要正视自己，确立与自己的能力和社会要求相适应的抱负水平。好高骛远，往往一事无成。倘若人生目标定得太高，常会因为难度大而半途而废。许多人不是因为失败而放弃，而是因为目标太高远而丧失信心。

（三）创设情境，培养承受挫折的能力

创设情境，培养承受挫折的能力，即人们常说的“磨难教育”“吃苦教育”。良好的挫折训练和教育并不在于保护个体免受挫折，而是创设和安排适当的情境和条件，磨砺意志，不怕困难，百折不挠，实现目标。面对挫折，我们必须：

1. 志向远大。因为目标具有激励作用。“伟大的毅力来自伟大的目的。”

2. 胸怀宽阔。鲁迅说：“用笑脸来迎接悲惨的命运，用百倍的勇气来应付自己的不幸。”我们应学习范仲淹“不以物喜，不以己悲”“先天下之忧而忧，后天下之乐而乐”的胸怀，努力做到“宠辱不惊，闲看庭前花开花落；去留无意，漫随天外云卷云舒”。

3．意志坚强。莎士比亚说过：“千万人的失败，都失败在做事不彻底，往往做到离成功尚差一步就终止不做了。”这正是成语“功亏一篑”的意思。成功者之所以成功，是因为他们从挫折中吸取了经验和教训，并以此来砥砺自己的意志，最终获得成功。失败者之所以失败，是因为他们对失败的恐惧，是失败后的退却。常桦在其《意志决定成败》一书中说：“成功与失败之间，弱者与强者之间，最大的差异是在于意志的差异。人只是因为意志比较薄弱，才会有那么多弱者、失败者，而那些意志坚强的人，才是少数的成功者。”

四、加强自我挫折后的调节

提高耐挫能力，还要学会挫折后的自我调节。

（一）加强自我控制，以积极的态度消除挫折

1．用理智、意志控制情绪。遇到挫折后，怨天尤人，任凭情绪发展，达到不可控制的程度，或者从此消沉下去，一蹶不振，后果都是不堪设想的。有人以能否控制情绪为标准，把人分为三类：一是“圣人调情”——圣人能合理地调整自己的感情；二是“君子制情”——君子能克制自己不健康的感情；三是“小人纵情”——小人放纵自己的感情。我们必须加强挫折后的自我情绪调节，努力做“圣人”“君子”，千万莫做“小人”。

2．用科学的态度和有效的措施克服困难。遇到挫折后，只有冷静地分析挫折产生的原因，正确估计挫折的后果，认真总结经验，重新认识环境，调整目标，制订计划，安排力量，才可能克服挫折，转败为胜。

（二）自我调节的方法

1．宣泄情绪。气宜疏不宜堵，宜畅不宜抑。适当的宣泄，可以缓解心理压力。应该控制情绪，不能无限制地压抑，过分压抑会导致疾病。宣泄有以物出气，运动发泄，如打球；有置换角色，转移性宣泄，如读书、旅游；有淡化烦恼，幻想性宣泄，如幻想情人的缺点等。宣泄的方法是与可信任的人，或老师，或父母，或同学，或朋友交谈、倾诉。有人说，与两个人交谈，能减轻二分之一的痛苦；也可以与同学一起登山、郊游，找个无人处大吼几声；参加一些有益的文艺、体育活动也可以排解挫折感。但切记勿迁怒于人，要学习林则徐的“制怒”，学会忍耐。大丈夫能屈能伸，好男儿能刚能柔。

2．厌恶法。运用惩罚性、厌恶性的刺激，通过直接或间接的想象，以消除

或减少某些不良行为的方法。如在失恋后痛苦的时候，就想对方过去的坏处或缺陷，从而抑制对恋人的思念，摆脱苦闷。

3. 正视自己，恢复自尊。“知耻近乎勇。”人的最大的敌人是自己。勇敢承认失误，摆脱失败，坚信成功就在前头，用新的热情和信念去充实自己的生活。如果没有信心和自尊，其生活会百倍地困难，因为“哀莫大于心死”，最可怕的是“心灵的荒芜”。

4. 把挫折变成动力。挫折有积极方面，只有失败不失志、不失态才能成功。此所谓“多难兴邦，多难兴才”“自古英雄多磨难”。司马迁在《报任安书》中，列举了我国古代把挫折变成动力、变失败为成功的典型人物：“文王拘而演《周易》；仲尼厄而作《春秋》；屈原放逐，乃赋《离骚》；左丘失明，厥有《国语》；孙子膑脚，《兵法》修列；不韦迁蜀，世传《吕览》；韩非囚秦，《说难》《孤愤》；诗三百篇，大抵圣人发愤之所为作也。”这些人物的精神能激励我们战胜挫折，追求成功。

5. 用新的成功取代挫折。拿破仑曾说：“避免失败的最好方法，就是下决心获得成功。”当我们在遭受挫折后的一定时间内无法排解和战胜的时候，最好的办法就是暂时搁置挫折，去做另外一件容易成功的事情来代替它。当我们在新的领域取得成功的时候，成功感取代了挫折感，以前的挫折已不再是挫折，痛苦也已经不存在了。

历史的经验告诉我们，苦难育美德，坎坷出智慧，忧患是财富，家贫显孝子，国乱出忠臣。朱门豪富多出纨绔子弟，寒门穷家能育治世良才。只要我们自信、积极地面对挫折，在任何压力、困难、挫折面前，在别人的任何攻击、诽谤、陷害面前，都以乐观的态度、坚强的意志冷静面对，愈挫愈勇，屡仆屡起，就会有成功的人生。

（原载《淮南师范学院学报》2007年第2期）

意志决定成败

女儿日记

1990年8月21日

今天偶尔在《纪实文学》中看了一篇文章——《从苦难中崛起的巴基斯坦女总理——伊斯兰国家的第一位女首领贝娜齐尔·布托的坎坷生涯》，她是在艰苦的环境中成长起来的。孟子曾说：“天将降大任于斯人也，必先苦其心志，劳其筋骨，饿其体肤，空乏其身，行拂乱其所为，所以动心忍性，曾益其所不能。”说的就是这个理儿。所以，坎坷的道路，暂时的困难并不可怕，因为只有艰辛的磨难才能造就人才。

点评

在这篇日记里，女儿从巴基斯坦女总理——贝娜齐尔·布托的坎坷生涯，联想到孟子的话，深刻理解了“只有艰辛的磨难才能造就人才”的规律。她能有这样的认识，与她生活在我这个穷知青的家庭之中磨练了坚强的意志有关，与她不怕苦、不怕难、持之以恒地锻炼意志有关，这在有关的文字中已有记述。

意志决定成败。每个人的身上都蕴藏着巨大的潜能，坚强的意志可以引爆潜能，让你拥有一个成功的人生。历史上凡成大事者，都有坚强的意志力。“自古英雄多磨难，纨绔子弟少伟男。”坚强的意志是在失败和挫折中磨练出来的。老一代人经过战争、饥荒、“文革”，吃过苦，受过累，所以意志比较坚强。

古人说：“有志者事竟成。”“志”即意志，是人成人、成才的起点和关键。孔子说：“吾十有五而志于学”，“志于仁”，“士志于道，而耻恶衣恶食者，未足与议也”，“三军可夺帅也，匹夫不可夺志也”。孟子说：“天将降大任于斯人也，必先苦其心志，劳其筋骨，饿其体肤，空乏其身，行拂乱其所为，所以动心忍性，曾益其所不能。”我们要引导孩子学习孔子和孟子，“志于学”“志于道”“志于仁”，立志炼志、修身、养性，才能以正确的理念、坚强的意志控制自己情感和行为，做到见色不迷，见财不贪，玩乐而不忘形，好酒而不贪杯；才能做到富贵不能淫，贫贱不能移，威武不能屈，美人不能动；才能学业有成，事业有成，生活幸福。

现在的孩子多数是独生子女，从小在家庭和社会的呵护下长大，大多意志比较薄弱。因为现在人生活水平提高了，孩子没有吃过苦，或很少吃苦，没有经受困难的磨练，所以很多学生不乏魄力，敢干敢为，但缺乏毅力，常下决心，但无恒心。“无志之人常立志”，就是说有决心无恒心，常下决心而又坚持不到底的现象。不少孩子学习不好，不是因为笨，而是因无恒心；早恋、上网成瘾，不是不聪明，而是不能自控，该坚持的有点困难就动摇，该抵制的诱惑抵制不住。可见意志力的培养比学知识更重要。

没有要求就没有教育，没有高标准要求和严格训练，就没有坚强的意志。我们今天说的“磨难教育”“吃苦教育”，就是意志的训练。

坚强的意志必须通过实践活动来培养。如何锻炼意志，各人可根据自己的情况，或通过持久的体育活动锻炼意志，或通过刻苦学习锻炼意志，或通过每天严格地遵守作息时间锻炼意志，或通过写日记锻炼意志，或通过做艰苦困难的工作锻炼意志。做苦事、难事、烦心事，都有利于磨砺意志。应该做到以下几点：

1. 在逆境和挫折中锻炼意志。困难是坚强意志的磨刀石。现在，多数儿童因为环境优越，难以接受艰苦生活的挑战。有些孩子很想有所作为，却不肯付出艰苦的努力，难以持之以恒，这是很难如愿的。伟人之所以成功，是因为他们经历过无数挫折的磨炼，具有摧不垮的意志。

2. 明确目标，执着追求。一个没有目标的人就像一艘没有舵的船，永远漂流不定，只会到达失败和丧气的海滩。有人曾说：“成为伟人的机会并不像激流般倾泻而下，而是缓慢地、一点一滴地积累。”如果你想锻炼身体，就必须每天坚持跑步；如果你想养花，就必须每天浇水裁枝；如果你想成为举重冠军，就必须每天锻炼肌肉。我们设定的目标必须是具体的可行的，切合自身实际。凡事不可能一蹴而就，成功是循序渐进的结果，设定目标是所有成就的出发点。

3. 积极主动。只有那些积极主动、持之以恒的人才会成功。美国总统富兰克林·罗斯福在8岁的时候是一个脆弱胆小的男孩，脸上总是一副惊惧的表情。他呼吸像喘气一样，如果被喊起来背诵，他立刻会双腿发抖，嘴唇颤抖不已，回答得一塌糊涂。但罗斯福却有着积极的心态去战胜这一切，他不因为同伴对他的嘲笑而丧失了勇气，他把喘气的习惯变成一种坚定的嘶声。他用坚定的意志，咬紧自己的牙床使嘴唇不颤动而克服他的惧怕，最终他取得了成功。

4. 从小事做起，持之以恒。高尔基说过：“哪怕是对自己一点小的克制，也会使人变得坚强起来。冰冻三尺非一日之寒，一个人坚强的意志是在千百件小事的锻炼中逐渐培养出来的。经常在小事上注意锻炼意志，才能在大事上经得起困难的考验。”坚强的意志不是一朝一夕就能培养出来的，因此锻炼意志要从小事做起，比如坚持晨练，坚持写日记，关键在持之以恒。

智育篇

智育以养成思想及应用能力为标准。

新教员不重在教，重在引导学生怎样去学。

智育注重自学。

——陶行知

发展智力比学习知识更重要

女儿日记

1993年7月29日

爸爸工作忙，我又贪玩，那时爸爸也让我玩，说可以开发智力。结果我一直上到五年级都没有捧回过一张奖状。直到六年级，我一下子每门成绩都达到了85分以上，光荣地捧回了我的第一张奖状，爸爸妈妈好高兴啊，中午还加了餐呢。

点评

爱玩是儿童的天性，玩可以发展儿童的智力。小学语文课中就有"玩得痛快，才能学得踏实"的话。

日本的幼儿教育专家、川崎幼稚园的园长高野百合子，在参观了中国的幼儿园以后说：中日幼儿园的"最大区别就在于玩"。日本的幼儿是在各种形式的玩中学习简单知识，发展智力，培养能力，进行品德教育的。而中国的幼儿园就教孩子学习了不少到小学一二年级才学的知识，这是不利于发展儿童智力的。

很多有经验的教师认为；小学阶段女生的成绩多优于男生，初中阶段男女生的成绩渐渐持平，到了高中或大学，男生的成绩多优于女生，并以此证明女孩的智力不如男孩。但在我女儿身上却出现了反常现象；她小学阶段成绩中等，小学毕业没考上重点初中，又上了一年，还是只考入了一所普通初中。初中阶段成绩中上等。但在高中毕业时却以全班第二名的成绩考上了大专（当时她所在的班级因管理混乱，没有考上一个本科）。大专毕业后主要靠自学用了很短的时间就考上了硕士研究生，后来又考上华东师范大学的博士研究生。这使她的同学和老师感到惊奇，问我："你女儿小学、中学成绩一般，大专毕业怎么就考上了研究生了？"其原因固然很多，其中之一是我在幼儿期特别重视发展她的智力。我认为：在智力发展最佳的幼儿期，发展智力比学习知识更重要。

智力是保证人们有效地进行认识活动的那些稳定的心理特征的有机结合，它是由观察力、注意力、记忆力、想象力、思维力五个因素构成的。这五个因素互相影响，彼此制约，但又各有独立的作用：观察力是智力活动的门户和源泉，记忆力是智力活动的仓库和基础，想象力是智力活动的翅膀和富有创造性的重要条件，思维力是智力活动的方法和核心，注意力是智力活动的警卫者、组织者和维持者。

应试教育误导多数家长重知识学习，轻智力的发展。学习知识当然是重要的，但在当今知识更新加快的信息社会里，智力比知识更重要。智力是人们掌握知识的必要条件，智力发展好的人可以更多、更快、更好地掌握知识。国外管理学界有三句名言，第一句就是“人的知识不如人的智力”。

发展智力如此重要，何时开始最好呢？美国著名心理学家卢布姆认为，假如一个人17岁时所达到的智力为100%，那么5岁儿童的智力可达到50%，8岁可达到80%。他认为5岁以前是发展智力的最佳期。这个理论告诉我们：智力不是和年龄的增长同步发展的。过了最佳期，智力的发展会越来越慢，而知识的积累却可以随着年龄的增长越来越多。因此，我们应该特别重视在智力发展的最佳期——幼儿期抓紧发展智力，而不能只想到教孩子认多少字，背多少诗，写多少算术题。

不少家长说：“我能教会孩子识字、背诗、算算术，不知道如何发展智力。”其实发展智力并不神秘。我们平时和孩子一块儿玩游戏，玩积木，一块儿看画书，一起逛公园，就有助于发展智力。只是许多人不懂得构成智力的五个因素，不知道哪些活动有助于发展观察力、培养想象力、增强记忆力、训练注意力、启发思维力，因而目的性不强，坚持性不够，所以效果不佳。同时我们还要认识到发展智力短期内不容易见效果，不像教孩子识字、背书，天天都可见效果。培养孩子智力不要怕费时间、花工夫，不要怕影响学习知识。俗话说：“磨刀不误砍柴工。”孩子智力发展好了，观察事物会更仔细，记忆知识会更牢固，思考问题会更深刻，想象力会更丰富，注意力会更集中，发展潜力会更大，学习成绩会越来越好，我女儿的情况就证明了这一点。

脑科学的研究证明：人获得的信息，90%以上是通过视觉和听觉通道进入大脑的。因此发展智力，首先要培养人的观察力。

发展幼儿的观察力并不难，主要是尽量多地抽时间和孩子一块儿玩，在玩中有目的地引导他们观察周围各种事物的形状、颜色、用处等，用对比观察的方法指导他们区别事物的相同点和不同点，启发他们用准确的语言表达出来。这样也同时培养了幼儿的分析、比较、概括能力和语言表达能力。

我女儿上幼儿园时，我正在读大学。那时我爱人仍在我下放的农村当老师，还要种地，我几乎每周都骑着自行车带女儿回乡下一趟。我也就利用这来回一趟的两个半天时间和女儿一起边观察、边叙话，有时也给她讲故事，教她背古诗，教她唱歌。

心理学家认为，观察是"思维的知觉"，人在观察事物时会伴有积极的思维活动。因此引导幼儿观察时，不能走马观花地好看好玩就完事了。最好大人提一些浅显的问题，引导孩子边观察、边回答，这是培养孩子观察力、思维力和语言表达能力的最好办法。我带女儿骑车走在公路上时经常问她"公路和田间的小路有什么不同？""这路边的白杨树和那沟边的柳树有啥不一样？""公路上有几种车？""汽车都一样吗？"等等问题，并引导她回答。有些话她一下子说不好，我就教她。如坐人多的是"客车"，拉煤的是"货车"。"窄"这个字，开始她不会发音，我就反复教她发音。凡是我们能看到的事物，我都引导她观察、比较，并教她用语言表达出来。如楼房的高矮、书的薄厚、路的宽窄、河的深浅、桌子的方圆、人的胖瘦和各种庄稼的名称、用途等等。在太阳快要下山的时候，边观察夕阳西下的美景，我边教她背古诗："白日依山尽，黄河入海流……"在蔚蓝色的天空飘着几朵白云的时候，我教她唱："蓝蓝的天上白云飘，白云下面马儿跑……"不仅让她唱得高兴，重要的是引导她在观察自然景物中背诗唱歌，有助于她对诗歌的理解，有助于培养她的想象力和思维力。因此，她的观察力、思维力较强。有一次，她看连环画《老虎的晚餐》的故事。（详见《发明千千万起点是一问》。）她不仅看得仔细认真，而且能够和日常生活联想起来，看出画面和生活的不同之处。观察力、思考力不强的人是看不出这类问题的。

过去我也有过女孩智力不如男孩的观念，事实证明不是这样。从生理学、生物学、社会学的角度来说，男女之间生理上的差别，会导致他们在智力、性格、行为、能力等方面的差异。但在智力发展的各种因素上，男女生各有优势。总体上男女生的智力是差不多的，关键看是否在智力发展的最佳期幼儿期很好地发展了智力。一些获诺贝尔奖的科学家在一起谈论：什么时期受的教育最重要？他们一致认为：是幼儿园时期。由此也可说明幼儿时期发展智力的重要性。

变“要我学”为“我要学”

女儿日记

1993年7月29日

两年我都没有考上重点中学，记得我拿分数条走到爸爸的病床前，我心里难过极了。因为还差两分考上三中，爸爸接过分数条后，勉强地笑着对我说：“你要是考上三中，我这病就好一半了。”接着，问我饿不饿，拿钱给我，让我到门口去买锅贴吃。出了医院，我哭了，我在心里说：“爸爸，我对不起你，我对不起你……”炎热的夏季，爸爸从病床上爬起来，为我上学而奔波，一中不行，三中也不行，结果我被分到一个非常差的中学。爸又请人吃饭，好不容易才把我的档案取过来，使我成为师院附中的一名学生。那骄阳下，爸爸骑车而去的身影，烈日下，爸爸大汗淋淋地从外归来，这将是我终生也难忘怀的。从那时起，我就决心要好好学，去回报我的爸爸。

点评

我女儿小学学习成绩不好，小学毕业“两年都没有考上重点中学”，感到愧对父母。为了感谢父母的养育之恩，“决心要好好学，去回报我的爸爸”。女儿好好学习的动机是感谢父母。因此，我和学生经常讲：“心中有父母，学习就进步。”

一项抽样调查表明，一类学校中有56.6%的学生认为自己欠缺学习动机，学习不够勤奋，二、三类学校达到63%。中国儿童心理卫生专业委员会一课题组对两所中学的调查显示：59.3%的学生有厌学情绪，这是老师和家长非常头疼的一个问题。

为了解决这个问题，不少家长采取打骂、逼迫、哄骗、奖惩等手段强迫孩子学习，其效果大多不好，甚至形成了“你越要我学、逼我学，我越不学”的逆反心理。因此，变“要我学”“逼我学”为“我要学”“我想学”，即激发孩子的学习动机，是解决孩子厌学的首要问题。

"要"含有"重要""需要""想要""要求"之意，在父母的诱导、开导下，孩子认识到学习对个人、家庭和社会的重要意义而需要学习、要求学习，说明他们明确了学习目的及其重要价值，就解决了学习的动机问题。

变"要我学"为"我要学"，要求父母不要强迫儿童学习，而是巧妙地激发诱导孩子的学习动机，让他们理解、感悟到通过学习可以满足人们求知、求乐、好奇的心理，满足人们成人、成才、发财、升学、就业、生活幸福的需要，他们就会产生学习欲望，就会积极主动地要求学习。

动机的激发与人的需要相联系。其公式是刺激→需要→动机→行为→目标。在内外各种刺激的作用下，个体产生了某种需要后，就会引起心理紧张，形成一种内驱力，进而转化为动机。有了动机就要选择或寻求目标。目标确定以后，就进行满足需要的目标行动。最后，需要满足，紧张消除，然后又产生新的需要。这样循环往复，人的积极性不断得到激励，目标不断实现，最后走向成功。

激发学习动机，只讲大道理效果是不好的，关键是创设富有启发性的情境，运用巧妙的方法，恰当地给孩子多种刺激——或语言刺激，或情境与情感刺激，或奖惩刺激，或物质刺激，或精神刺激，以引起孩子认识的需要、奖励的需要、交往的需要、成功（事业心）的需要、权力的需要、审美的需要、情感的需要、自由的需要、金钱的需要、尊重的需要等。

现在，中小学生厌学问题越来越严重。很多父母在外打工挣了不少钱，为了表达不能亲自照顾孩子的歉意，往往给孩子很多零花钱。有的还告诉孩子的奶奶、爷爷，不要对孩子太苛刻。所以，很多小学生感到有吃、有穿、有钱花，学习的上进心不强了，再加上作业负担较重，他们的厌学情绪也越来越严重了。怎么解决这个问题呢？动机激发的理论和成功的经验告诉我们，要不断给学生新的"刺激"。

刺激有物质的，也有精神的，精神的刺激尤为重要。它能使学生疲沓的心理得以重整，丧失的斗志得以重扬，丢失的理想得以重拾。刺激的方式应该从实际出发，因人而异，灵活多样。

1. 目标刺激，即目标激励。当孩子出现厌学倦怠时，家长及时给他指出一个必须付出努力才能达到的新目标，让这个目标不断地刺激他不知疲倦地奋斗。农村的孩子有吃、有穿、有钱花，学习的上进心不强了，可给孩子新的目标刺激——到城市去参观，到大学去参观。我儿子上高三时学习不努力，我狠狠地训了他一顿，他一气之下，跑到他姐姐就读的广州华南师范大学，看到大城市的优美和繁华，目睹了大学优雅的环境、大学生们愉快的生活，他又愿意努力学习了。人的已有目标实现后，要及时地用新的、更高的目标刺激他，激励他继续努力，实现新的目标。

2．对手（竞争）刺激。当孩子不明学习目的、缺乏学习动力，甚至因为学习遇到困难，提不起精神，丧失斗志时，家长适当地给予对手刺激，开展一些竞赛活动，鼓励他敢于和对手竞争的精神，以激发孩子的学习动机。

3．偶像（榜样）刺激。偶像崇拜是人类社会特有的一种文化现象，它对处于多梦季节的青少年形成健康人格有重要意义。当孩子一时找不到学习方向，不知道所学为何时，家长不妨运用偶像刺激的方法，给孩子讲他的偶像是什么样的人，是如何对待学习、工作的，是如何成才的，从而使孩子学有方向，赶有目标。

4．挫折刺激。西方有句名言："有十分幸福童年的人常有不幸的成年。"有的孩子可能因为一时的成绩而得意忘形，认为自己是天底下最聪明的人，学习上不肯钻研。这时家长应该适当地用一些挫折来刺激他，如故意让他回答一些难题，以挫败他的傲气。

5．忧患刺激。俗话说："生于忧患，死于安乐。"一个人难得的是时时有忧患意识。当孩子始终在学习的低潮徘徊时，家长应该及时给他忧患刺激，对他讲明厌学的后果。可利用具体事例，正反结合，激起孩子的忧患意识，启发学生为自己的前途考虑，使其学习动机慢慢增强，学习兴趣自然就慢慢提升了 。

现在，多数家长重视孩子功利性学习动机的培养，如为就业、为挣钱学习等，忽视了满足学生的求知欲、保护学生的好奇心，有时甚至扼杀了学生的好奇心，因此孩子没有感受到学习后的快乐。

激发孩子的学习动机要由低到高，因势利导，先从低层次要求，然后随着年龄的增长、知识的增加、思想认识的提高逐步上升。在小学阶段应先讲为父母学习，再讲为得表扬、为找工作学习，然后再讲为祖国、为四化、为人民学习。

学习动机和学习兴趣都属于非智力因素，可见，要想孩子学习好，必须充分发挥智力和非智力因素的作用。

一般认为，智力是由观察力、记忆力、想象力、思维力和注意力等五个因素构成的。非智力因素是除智力五因素外的所有心理因素的总称。从其对学习影响的角度来说，主要有学习动机、学习兴趣、学习情感、学习意志与学习性格等五个因素。事实证明，搞好学习单靠智力是不行的，还要依靠非智力因素的积极参与。因此，燕国材教授提出了学习成功之道在于智力（I）与非智力因素（N）相结合的理论。其基本含义是；在其他条件基本相同的情况下，学习的成功是由智力与非智力因素共同决定的。这可从四个方面来分析：

1. 智力对学习起直接作用，非智力因素则起间接作用。学习必须有智力的积极参与，因为知识和技能总是通过观察、记忆、想象、思维和注意来获得的。没有非智力因素的参与，学习可以照样进行，但其效果是不理性的。

2. 智力是学习的心理结构，非智力因素则是学习的心理条件。智力的五个因素以思维为核心组成一个完整的结构，这个结构也就是学习的心理结构。非智力因素对学习起间接作用，它是学习的心理条件。有没有这个心理条件，学习效果是不一样的。

3. 智力是学习的执行——操作系统，非智力因素是学习的动力——控制系统。没有智力操作，便无所谓学习。这是由其对学习的直接作用与心理结构来决定的。在学习过程中，必然会遇到这样或那样的困难或障碍，必须发挥非智力因素起动力作用，才能推动、引导、维持、调控学习过程，以保证学习的有效进行。

4. 智力的作用在学习活动中具体表现为"五会"，即会观察、会记忆、会想象、会思维、会注意；非智力因素的作用在学习活动中具体表现为"五学"，即愿学——激发学习动机，自愿学习，好学——激发学习兴趣，爱好学习，乐学——激发学习情感，乐于学习，勤学——修养学习性格，自愿勤学，独立学习——激发学习性格，独立自主学习。

总之，成功学习之道在于创造性地运用"五会"，以充分发挥智力的作用；自觉地进行"五学"，以发挥非智力因素的功能。一句话：智力加非智力，如虎添翼；五会加五学，马到成功。

我认为，有时候非智力因素比智力因素还重要。俗话说："聪明反被聪明误。"聪明是智商高的表现，但有的聪明人为什么没有学习好呢？事业没有成功呢？主要原因是动机、情感、意志等非智力因素出了问题，没有上进的动力，情感消极，意志薄弱。智商一般的人，如果有积极健康的情感、追求上进的动力、吃苦耐劳的意志、勤劳善良的性格，照样学业有成，事业有成。（详见《情商比智商更重要》。）

总结是成功之父

女儿日记

1988年1月4日

这次语文考49分，是我最差的一次语文成绩了。爸爸知道了这件事，脸上堆满了阴云，让我总结考差的原因，我认为有以下几条：

1. 爸爸讲我“傲”（初一时语文曾经考第一）；
2. 没把考试放在心上，考前没好好复习；
3. 考试时不仔细，落下好几题没做；
4. 平时看电视太多；
5. 考试后不检查，以至于把“虎”写成了“狼”。

或许还有很多原因，总之，我身上的缺点还很多，我一定要把它改掉，争取下次考出好成绩。

点评

女儿语文考了49分，我并没有打骂她，只是让她“总结考差的原因”。结果，她自己总结出五条考差的原因，为她下一次考好奠定了基础。

陶行知在育才学校当校长时，要求老师重视学生“总结能力之培养”。苏霍姆林斯基说：“真正的教育是自我教育。”自己总结经验教训就是自我教育，这比父母训斥、打骂一顿效果好得多。孩子考差了，或者做事失败了，或者犯错误了，或者受委屈了，或者得表扬了，这都是最好的教育的时机。当孩子考试不理想时，父母一定要相信孩子也是很痛苦的，相信孩子也是愿意学好的，相信孩子有能力达到自己所期望的目标。信任能使孩子在挫折面前镇静下来，得到精神上的鼓励。

西方的家长很少批评孩子的缺点和错误，而是引导孩子总结经验，认识问题，分析问题，找出原因，避免再犯同类问题。他们认为，孩子有问题是正常的，应该鼓励孩子行动，鼓励冒险，允许失败，甚至鼓励失败，从而提高承受失败的心理能力。老是怕孩子出问题是不行的，因为错误常常是正确的先导。如果孩子什么问题都没有，倒是真的有问题了。我在课堂上经常启发学生想问题，提问题。在进行心理健康教育的时候，也常引导学生提出需要帮助的问题。有的学生说："我没有问题。"我说："没有问题就是有问题。"不动脑筋想问题，不是问题吗？有问题才促进人总结、分析、思考问题，想办法解决问题。问题解决了，思维水平和解决问题的能力就提高了，人就进步了。

人们常说"失败是成功之母"，这句话在一定的条件下是正确的。条件之一就是认真分析失败的原因，善于总结失败的教训，否则失败者将永远失败。教会孩子经常地反思、总结学习、思想和生活经验，是成功的重要条件，可见"总结是成功之父"。

人人都在不断地总结经验，只是有积极和消极之分，有深刻和肤浅之分，有理性和感性之分，有口头和文字之分。总结经验，必须充分认识总结经验的重要意义。

曾子说："吾日三省吾身。"《战国策》曰："前事不忘，后事之师。"苏霍姆林斯基说："总结就是把握事物的规律性……没有总结就没法工作。"总结既要肯定成绩和经验，又要指出缺点和教训，从而找出规律性的东西。不抓总结，不知成绩、问题何在，原因何在，如何解决，怎么能进步？实践证明：没有总结，人就不能进步，社会就不能发展；不会总结经验，找不准失败的原因，人就不可能成功。经常反思工作、学习情况，及时总结经验教训，是人们提高认识水平、树立正确思想、加强个人修养的重要方法。

一切正确理论都是从经验总结中提炼、抽象、概括出来的。所有的成功者都是善于总结经验、及时总结经验的人。邓小平同志特别重视总结经验，他说："不犯错误的党，不犯错误的人，不犯错误的领导是没有的，问题在于及时总结经验，用批评与自我批评的精神检查工作。这样就可以不使小错误发展为大错误，发展为路线性的错误；就可以使党员和干部从正确经验中受到教育，也可以把错误变成肥料，将坏事变成好事。""过去的成功是我们的财富，过去的错误也是我们的财富。"在退居二线时，他语重心长地对新的中央领导成员说："一个总结经验，一个使用人才，这两点是我的正式建议。"

孔子、陶行知、苏霍姆林斯基等所有伟大的教育家的教育思想都源于他们的教育实践，都是他们对教育实践经验的思考、研究、总结的结晶。家长要树立正确的教育思想，既要学习、研究教育家的思想，也要联系自己的家教实际，认真反思、总结自己的家庭教育经验，不断实践、总结，舍此，无法取得家教的成功。我的家庭素质教育的成功，也是我努力学习教育家的理论和经验，不断实践、不断总结经验的结果。

女儿是个“电视迷”

女儿日记

1987年2月19日

这几天，正赶上放《娃女》，是个好电视片。我就天天放学回来看，简直成了“电视迷”。

爸怕我看电视影响学习，不让我多看电视。他在家我就学习。他不在家的时候，我也就跑到邻居家看电视去了。爸爸回家后的第一件事，就是把我从电视机前拉回来。越是这样，我越是不想学，整天憋着一肚子气，真是电视也看不好，学习也学不好。看电视时，提心吊胆，怕爸爸来找我，训我。学习的时候，总是想着看电视。

1987年元月9日

今天是星期六，下午放学回到家，天已经黑了，家里人都在等我吃饭。吃饭时，爸爸关心地问我有什么想法。我说：“我想看会儿电视，再让你看着我背书。”出乎意料，下星期二就考试了，爸爸还让我看电视。爸，你今天为什么问我有什么想法？为什么让我看电视？我想了一会有些明白，爸是不想让我把忧愁装在脑子里，想让我在愉快的情况下学习。

点评

第一则日记真实地记录了一个 “电视迷”的行为，同时反映了孩子爱看电视的心理：家长越是不让看电视，“我越是不想学，整天憋着一肚子气，学习也学不好”。如何处理孩子爱看电视和学习的矛盾，是每个家长都很头痛的问题。用简单、粗暴的办法禁止孩子看电视效果肯定是不好的。我们要理解孩子的心理需求并尽可能地满足孩子的合理需求。其实，看电视也是学习，看好的电视剧，其教育效果有时比说教大道理还好。因为电视是直观的，形象的，是声、形、情并茂的，是寓教于乐的。有时我和孩子一块儿看电视，边看边交流，边评论。当然，看的时间太长了也不好。我女儿的日记里多处记录了看电视的事，写下了看电视的心得体会，这对她的成长大有益处。（详见《有“心得”才能有道德》。）

第二则日记反映了我想满足她的合理要求，想让孩子愉快学习的素质教育思想。

满足孩子的合理需要，就能激发他的学习动机，调动学习积极性。快要考试了，我还同意她看电视，是想满足她合理的需要，因为“在愉快的情况下学习”，才能学习得更好。孩子在不快乐的情况下学习效果是不好的。这从日记里可以看出。

孩子的合理需要，首先是被关心爱护，其次就是对玩乐的渴求。爱玩是儿童的天性，玩乐也是儿童的权利。对于儿童来说，玩也是学习。会玩则需要聪明、智慧和技巧，要玩出点门道来，不仅需要智慧，而且需要一定的综合能力。只有满足了孩子爱玩的需求，孩子才能静下心来学习。正如小学语文课本中所说：“要学就学个踏实，要玩就玩个痛快。”澳大利亚的学校号召学生在星期日拼命地玩，玩过瘾，以保证学生在学习期间踏实、认真、愉快地学习。

如果孩子经常挨训，整天“把忧愁装在脑子里”，不仅影响学习，而且不利于孩子性格的培养。20多年前，高中学生徐力的母亲要求他必须考上省重点大学。为此，她一看到徐力看电视就训斥。多次的训斥导致徐力很压抑，冲动之下，酿成杀死母亲的惨剧。

为了了解孩子，我经常主动和女儿叙话，问她有什么想法，了解她的思想、道德、学习、情感状况和心理需求。我爱人曾经数落我：“你还说忙，忙，还有时间和孩子叙闲话？”其实，哪里是叙闲话，是叙真话，叙有用的话，是必要的思想和情感交流。和孩子平等地、自由地交流，不仅表现出我对孩子的关爱，而且是把交流当作一种非常重要的教育和学习方式。两代人在交流中学习，在交流中互动，在交流中和孩子交朋友。成人在和孩子的交流中传授人生经验，增加了了解，增进了友谊，有利于提高孩子的心理素质，促进孩子健康成长。

心理素质的高低决定人的成败，即“心态决定成败”。重要的考试和重大的比赛，比的不只是知识和技术，更重要的是人的心理素质。“瓦伦达心态”是一个典型：瓦伦达是美国20世纪50年代走钢丝的演员，一辈子都很成功，但最后一次从钢丝上掉下来摔死了。原因是：以前走钢丝，从不思前想后，只专注于脚下的每一步。而最后一次，他总是想“这是最后一次，千万不能失败”，结果丢掉了生命。后来，人们把专注做好眼前的每一件事而不患得患失的心态称为“瓦伦达心态”。过分在乎名次的运动员，往往失利；同理，过分在乎考试分数的考生，往往发挥失常。

愉快学习不仅有利于激发孩子的学习动机，提高学习积极性，更重要的是能提高孩子的心理素质，孩子在考试的时候不怯场，不迷糊，发挥正常，取得应有的考试成绩。我女儿每次重要的考试成绩都比平时考试成绩好，就是因为她的心理素质好，这与愉快学习肯定有关。

能力比知识更有力量

我的女儿和儿子成长的经历证明：教育的最终目的是为了孩子的一生幸福。但应试教育却使孩子感到学习苦，不幸福。多数独生子女缺乏生活能力，不缺钱花，好日子却过不好。实践证明，高分低能不幸福。

一说能力，人们就会想到许多有关的词语：学习能力、生活能力、认识能力、观察能力、思维能力、记忆能力、注意力、想象力、理解能力、分析能力、概括能力、阅读能力、组织能力、表达能力、表演能力、说话能力、写作能力、适应能力、运动能力、操作能力、创造能力、工作能力、管理能力、领导能力、协调能力、实践能力、交往能力、信息能力、公关能力、自控能力……可见，能力表现在人类生活、学习、工作的各个方面，可以说人的所有活动领域都有个能力问题。然而，应试教育重知识、轻能力，培养出不少高分低能的书呆子。因此，搞清知识和能力的关系问题，有助于培养孩子的各种能力。

英国哲学家弗兰西斯·培根有句名言：“知识就是力量。”多年来，人们用“知识就是力量”这句话教育儿童努力学习科学文化知识，这是无可非议的。但简单地把这句话理解为知识等于力量，认为只要有了知识，就自然而然有了力量，这是对“知识就是力量”的曲解。

在知识经济社会，我认为应把这句话理解为“学习、运用知识的能力更有力量”，即能力更有力量。

培根提出“知识就是力量，力量就是知识”的口号，辩证地说明了知识和力量之间是互相依存、互相促进的关系，而不是相等的关系。培根在其随笔《论读书》中，对知识和力量的关系做了很好的说明。他说：“读书足以怡情，足以博彩，足以长才。其怡情也，最见于独处幽居之时；其博彩也，最见于高谈阔论之中；其长才也，最见于处世判事之际……读书使人充实，讨论使人机智，笔记使人准确……”培根在这里说得很明确：知识可以增强人的能力，但关键在于运用。如果不运用知识于“高谈阔论之中”“处世判事之际”，不去“讨论”“笔记”，就达不到“怡情”“博彩”“长才”“机智”的目的。培根特别提倡“用书”。他说：“用书之智，不在书中，而在书外，全凭观察得之。”“当你处事做人时，正确运用知识就意味着力量。”

实践证明：知识不但不能等于力量，而且知识的多少和力量（能力）的大小也不完全成正比关系。古往今来，有不少学问家青灯黄卷，白首皓眉，终身沉湎于书海之中，却出不了成果，终被浩瀚的书海吞噬掉宝贵的生命。就是在当今，孔乙己、范进之类的人物也时有所闻。实践证明，只有在认识和改造世界的实践活动中，智力和知识才能转化为能力。没有知识，能力不可能强。但是知识多的人，不能应用知识于实践活动之中，能力也不会强。因为能力是和实践活动相联系的。人通过教育与实践获得了能力后，反过来又能促进智力的提高和知识的获得。学校里的全优学生，有80%走上工作岗位后适应能力较差，无创造性（即高分低能），应试教育重视传授知识、不注重培养能力是个很重要的原因。

古今中外，也有许多人在青少年时学的知识并不渊博，有的人几乎没受过系统的教育，但他们善于在实践中学习，善于把知识运用于实践，他们能创造性地提出问题和解决问题。曾被校长认为“无论在哪一方面都不会成功”的爱因斯坦首次报考大学名落孙山，但在20多岁时就提出了“相对论”；大发明家爱迪生曾被认为是一个不堪造就的笨学生，读了几个月的书就退学了；《物种起源》的作者达尔文在学校成绩不好，老师和父亲都认为他不会有出息……这些情况足以说明知识多的人能力不一定强。只有在学习知识过程中，重视提高自学能力、表达能力、操作能力、创新能力等，才能有所发现，有所发明，有所创造，有所贡献。

有些人之所以把“知识就是力量”理解为知识等于力量，是因为他们受了传统教育“传道、授业、解惑”思想的影响。心理学家的研究证明：人的大脑并不只是“储存事实的仓库”。人的大脑有四个功能区域：一是从外部世界接受感觉的感受区；二是将感觉到的东西收集整理的贮存区；三是评价新信息的判断区；四是按新方式把已有的知识和新信息结合起来的想象区。可见贮存知识的功能只是大脑功能的四分之一。如果一味地追求知识量的贮存，就会造成大脑功能发展的不平衡，甚至影响其他功能的发挥，影响其他各种能力的形成。

知识不能简单地等于力量，学历更不等同于能力。

当前，“应试教育扎扎实实”的一个重要原因是片面的学历观造成的。很多人认为，学历代表知识和能力。其实，知识、学历与能力不是等同的。

21世纪的人才最重要的素质是创新能力。我们要打破对学历的崇拜和以学历、学位为本位的人才观与用人观，树立多元化的人才观，确立以能力为核心的用人观和人才评价指标体系。

中国人民大学劳动人事学院副院长郑功成认为，片面追求学历的用人观再也不能持续下去了。否则，不仅有更多人成为受害者，而且将造成人力资本投资的巨大浪费。只有确立以能力为核心的人才观与用人观，尽快由学历崇拜转向能力崇拜，从学历社会迈向能力社会，才能涌现出亿万有能力的人才和劳动者，这是我们国家和民族发展的希望所在。

陶行知说：“智育以养成思想及应用能力为标准。”歌德也说：“单学知识仍然是蠢人。”在知识爆炸的时代里，培养人的能力比传授知识更重要。爱因斯坦早就说过：“发展独立思考和独立判断的一般能力，应当始终放在首位，而不应当把获得的专业知识放在首位。”

《中共中央国务院关于进一步加强人才工作的决定》指出：“人才资源能力建设是人才培养的核心……在提高全民思想道德素质、科学文化素质和健康素质的基础上，重点培养人的学习能力、实践能力，着力培养人的创新能力。”

我们弄清了知识和能力的辩证关系，就要坚决扭转小学是“听话教育”，中学是“分数教育”，大学是“知识教育”的状况，按照《中共中央国务院关于深化教育改革全面推进素质教育的决定》的要求，“重视培养学生收集处理信息的能力、获取新知识的能力、分析和解决问题的能力、语言文字表达能力以及团结协作和社会活动能力”。只有这样，我们才能培养出现代社会需要的高智能的人才。

智育注重自学

我1966年初中毕业时赶上了"文化大革命"，1968年下放农村，没有读过高中，靠自学于1997年考上了师范学院中文系。毕业后，因工作需要，又自学教育理论，考上了安徽省教育学院教育管理系。自学的实践使我认识到自学的好处及其重要性。因此，我很重视培养孩子的自学能力。我女儿大专学的是英语专业，她也是靠自学教育理论考上安徽教育学院教育管理系，没有毕业又考上了华南师范大学教育系的研究生。

陶行知说："智育注重自学。"梁漱溟在《我的自学理解》中说："任何一个人的学问成就，都是出于自学，学校教育不过给学生开一个端，使他更容易自学而已……有人说：'活到老，学到老。'这个'学'显然是自学。" 人们常说，师傅领进门，修行在个人。"修行"的本领，即人的自学和实践能力。市场经济推动中国由学历社会向能力社会转变。我们要与时俱进，改变重知识、轻能力的应试教育思想，重视激发孩子的学习动力，培养孩子的自学能力、创造能力、交往能力等，迎接能力社会的挑战。

自学能力是人的第一重要能力。自学能力强的人学习效率高。高考改革的一个原则，就是更加重视能力的测试，以解决学生"高分低能"的问题。自学不仅指学校以外的人自己学习，在校学生也是要自学的，如预习、自习、复习、练习、实习（应用）等。联合国教科文组织指出"把重点放在教育与学习过程的'自学'原则上"，并要求教育者"帮助学生在自学的道路上迅速前进，教会学生怎样对付大量的信息，他更多的是一名向导和顾问，而不是机械传递知识的简单工具"。家长也是一样，要当好孩子学习的向导和顾问。

有效的学习是自主学习。叶圣陶先生早在20世纪30年代就提出："教是为了不需要教。""当教师的人要引导他们，使他们能够自己学。" 当家长的也应该如此。家长指导孩子掌握了学习的规律和方法，使孩子离开了老师和家长，也要学习、会学习、爱学习、能学习（自学），家长就不用为孩子的学习而着急了。

教导孩子自学，家长应做好以下几个方面的工作：

第一，要让孩子明白自学的重要性。有人统计，大学生工作后需要的知识、技能，80%是在工作中自学获得的。

第二，让学生明白自学成才的可能性。家长多讲古今中外自学成才的典型例子，如孔子、毛泽东、鲁迅、苏霍姆林斯基、魏书生等，鼓励、激发孩子努力自学成才。

第三，教导孩子充分认识自学的好处。实践使我认识到自学有以下几点好处：（1）省钱，如参加自考。（2）省时，如既上脱产的大学，又上自考，三年可拿到两个文凭。（3）丰富知识，提高能力。我自学教育理论，不仅知识丰富了，自学能力、研究能力也提高了。（4）有利于搞好工作。人在工作中必须不断地自学，充电加油，否则就要被淘汰下岗。（5）可使人生活充实，精神快乐。有了工作就不学习了，天天打麻将，喝闲酒，会生活空虚，精神不振，影响身体健康。（6）有利于搞好家庭教育。父母以身作则，勤奋自学，对子女有潜移默化的影响。（详见《好学是传染的》。）（7）可以提高自信心、自尊心、成就感。（8）可以使外行变为内行。鲁迅、郭沫若在校学的是医学，后来弃医从文，成了文学家。毛泽东在校学的是师范专业，后来靠自学成为伟大的军事家、哲学家、政治家、革命家、诗人、书法家。叶圣陶中学毕业，靠自学成为语文教育专家、编辑出版专家。

第四，指导孩子自学的方法，帮助学生形成自学的习惯，提高自学能力。关于这方面的书很多，我就不再赘述了。

课外阅读不可少

女儿日记

1988年3月6日

我上三年级的时候，爸爸也在上学，我住在奶奶家，无人管问，学习也不好，天天拿奶奶的一分两分的零钱，到门口看小人书。

1989年5月10日

刚上初中时，我经常看课外书，以致失去了对学习书本的兴趣，爸爸心里很着急，但仍支持我读课外书。爸爸给我找来《少年大学生的奥秘》《致在困难中前进的朋友》之类的书给我看。出差回来总是给我买课外书，很少给我们买吃的东西。在爸爸的诱导下，希望的火种终于重新在我心中点燃，我又有了学习的信心，爸爸也欣慰地笑了。

1992年4月26日

昨天上午买衣服，真是令我很尴尬。看中的买不起，买得起的又看不中，没有钱真是不该上街买衣服。相反，逛书摊我就自得多了，一本本地买，很大气、很阔气的样子，真是过瘾。

1994年4月3日

我是个十足的琼瑶迷，每一次读她的作品，都会被深深地打动。那些美丽的、丑陋的、善良的、邪恶的人交织在一起，演出了一个个感人的故事，那么真，那么深，让人觉得拥有过一回，也没白活一生。

背景介绍

我读大学时，四弟在西城小学教书，我就让五岁的女儿在西城小学读一年级，女儿晚上住在我父母家里。我父母都是教师，工作忙，我兄弟姊妹又多，我父母平时很少有时间管教孩子，女儿过着比较自由的生活。上午、下午放学后，女儿经常到街旁的小人书摊看小人书，一分钱看一本。有时候没钱了，就偷着拿奶奶、爷爷的零钱去看。她看过《西游记》《三国演义》《水浒传》《红楼梦》的分集连环画，看过《小马过河》等许多寓言、童话、民间故事，以及神话故事、历史故事和名著改编的小人书。我有时间也和她一起看，给她讲画书的大概意思。她看得多了，意思大概也懂了，有时候还讲给小同伴们听。自由的生活，小人书的启发，使女儿的语言能力发展得比较好。小小的年纪，却很会叙家常话，和大人叙起话来头头是道，像个小大人，她的班主任说她是个“小老练”。

点评

这几篇日记的内容都与女儿阅读课外书有关。

实践证明，儿童从小多读小人书、连环画，对提高孩子的读书兴趣、阅读能力、观察（画面）能力、形象思维能力，丰富知识、理解生活、认识社会、发展智力、提高道德素质等都是很有好处的。可惜，现在可供儿童阅读的有利于孩子成长的小人书基本上没有了。童话、寓言、民间故事都变成音像制品了，孩子看多了，依赖上电视机了。我认为，还是让孩子多看小人书好，既看图，又认字，故事情节很吸引孩子，大人再有意识地引导孩子讲书里的故事，对提高孩子读书的兴趣和语言表达能力是很有益处的。遗憾的是，应试教育重视孩子学课本、考高分，轻视孩子课外阅读，学生作业负担过重，也没有时间看课外书了，孩子的读书的兴趣降低了，知识面越来越窄了，不仅写不出好作文，而且也不利于孩子学习做人、做事。

正如女儿所说："我是个十足的琼瑶迷，每一次读她的作品，都会被深深地打动。那些美丽的、丑陋的、善良的、邪恶的人交织在一起，演出了一个个感人的故事。"女儿初中的老师曾跟我讲，女儿有时上课也看小说，特别爱看琼瑶的小说，并建议我不要让她看琼瑶的言情小说，说是对青春期的女孩子影响不好。琼瑶的小说我没看过，电视剧也是断断续续地看过几集，感觉它是扬善抑恶的，没有什么不好。从我女儿成长的实践来看，我倒觉得不仅没有什么不好的影响，反而有利于她认识社会、理解人生、丰富感情，提高孩子对真善美与假恶丑的辨别能力。我女儿爱憎分明，很有爱心、孝心，极富同情心，我认为与她看了许多文学作品，特别是琼瑶的小说和电视剧有很大的关系。因为文学作品具有反映社会、认识人生、教育读者的功能。

我之所以支持女儿课外阅读，与我的读书阅历有关。前文说过，我小学毕业失学三年，初中毕业赶上"文革"，后下放农村，没有读过高中，在父母的指导下，似懂非懂地读了不少书，如《水浒传》《三国演义》《隋唐演义》《青春之歌》《苦菜花》《风雷》《钢铁是怎样炼成的》《古文观止》《唐诗三百首》等等。读初中时作业不多，遇到好书，我差不多一个星期（包括周日）可以读一本课外书。我的人生观、价值观、世界观的形成，初中毕业能考上大学，现在能写出几十篇文章，出版专著，与大量读书有非常密切的关系。很多干部、作家、学者并没有多高的学历，他们的成功都与博览群书有关。

古人云："读书破万卷，下笔如有神。"从学习语文的角度来说，也是需要大量阅读课外书籍的。从我女儿的日记可明显看出，她的语文水平很好，日记的语言流畅，感情充沛，生动感人，善于表达自己的情感和思想，这无疑与她读小人书、看好小说、看好电视剧有关。当然看得太多了，影响学习和身体健康也不好，家长应该帮助孩子学会控制自己。

据说，全世界平均每人读书最多的民族是以色列，中国大概是全世界平均每人读书较少的国家之一。1970年，联合国教科文组织第16届大会确立了"阅读社会"的新概念，倡导全社会人人读书学习。不买书的人是最吝啬的人，不读书的人是最悲哀的人，不爱书的人是最遗憾的人，不鼓励孩子读书的人是最愚蠢的人。愿家长们都成为好读书的榜样，支持孩子多读好书，学做好人。

民主教育篇

民主教育是教人做主人，做自己的主人，做国家的主人，做世界的主人。

民主教育应该是整个生活的教育……应该是健康、科学、艺术、劳动与民主织成之和谐的生活，和谐的教育。

创造力最能发挥的条件是民主。

——陶行知

民主的家长与专制的家长

女儿日记

1991年6月29日

人没有了精神寄托，整日无所事事，上进心就会慢慢磨灭，生活就会散漫。那些忙碌了一生的老人，老了也闲不住。像我爷爷，整天到老干部活动室抄资料，看书学习，上老年大学，还是市里关心下一代协会会员，经常给那些家庭有困难的老人解决难事，博得了许多人的好评，他的事迹还刊登在《颍州月谈》呢。

1987年2月9日

我上小学一二年级的时候，我爸爸正在上大学，妈妈又在乡下，我只好和奶奶、爷爷一起生活。我的童年是在脾气暴躁的爷爷和慈祥的奶奶身边度过的，既有欢乐，也有痛苦。爷爷不喜欢小孩，脾气也很暴躁，经常吵我。

背景介绍

在我上大学及到省教院进修期间，爱人在农村当教师，孩子在市里上学，住在我父母家里，由他们照管。

我父亲脾气暴躁，与他受到的迫害有关系。他是中学教师，工作积极性高，上进心强，曾被评为模范班主任。他特别关爱学生，经常资助家庭贫困的学生。一位受他资助的学生写的《难忘关怀》的文章，发表在《中国教育报》上。我父亲敢说真话，1959年，他对学校停课大炼钢铁不满，说了几句牢骚话，被打成右倾分子，在一个水库工地劳教了三年，直到1962年才平反，恢复了中学教师的工作。在这三年中，父亲吃尽了苦头，差一点没死在那里，精神受到很大的刺激。从此以后，脾气就特别暴躁，动不动就打骂孩子。

我父母一辈子非常不容易，工资低，孩子多，经历过多次政治运动，在非常艰难的条件下，养育了我们兄妹七人，我们非常感谢他们，怀念他们。

点评

女儿在日记里，记述了爷爷老有所学、老有所为、助人为乐、关心下一代的事迹，也记述了爷爷“不喜欢小孩，脾气也很暴躁，经常吵我”的性格和不好的教育方法。

我父亲是个称职的中学教师，但却是一个不受欢迎的爸爸，他教育方法简单，要求孩子和学生都特严厉。他常用成人的标准要求孩子，稍不如意，就训斥、打骂孩子，是典型的专制教育。这种教育不仅使孩子没有感受到他的关爱，反而产生了怨恨，我女儿的日记里就流露出了这种情绪。专制的教育给孩子的心灵造成很大伤害，容易使孩子产生压抑感、恐惧感，养成顺从、胆小、畏缩、依赖的性格。专制教育不仅扼杀人的创造性，而且影响青少年健全人格的形成，导致出现许多心理健康问题，严重的会导致心理变态，乃至犯罪。我六弟在小学、初中成绩都是前几名，读高中时，青春期的困惑没有得到很好的疏导，加上我父亲的严厉要求，经常的批评、训斥甚至打骂，使他产生了压抑感、恐惧感，患上了严重的精神病，悲惨地死去，我非常难过、惋惜。

我父亲教育孩子的问题主要有两点：一是家长制思想，二是脾气暴、性子急、没耐心。这两者也有关联，家长制思想使他听不进不同意见，看不惯孩子的童心和表现，经常耍脾气；脾气暴躁表现了他的专制作风。看来，教育好孩子父母要有民主作风，尊重孩子，养成良好的性格，不仅要有爱心，更要有耐心。没有耐心，也表现不出父母的爱心。育人是个复杂的、漫长的过程，急躁是不行的。

接受爸爸的教训，我很爱护孩子，尊重孩子，注重和孩子平等交流，我的家庭里基本形成了仁爱、民主、宽松、和谐、自由的氛围。我爱人常说我总是护着孩子，没动过孩子一手指头。在她批评、唠叨孩子过分的时候，我常替孩子说话。她说我买儿女的好，充当好人。其实，作为母亲，哪有不爱孩子的，只是我们俩爱孩子的方式不同。

民主的教育能促进人的觉醒和发展。在民主的环境中成长出来的人在独立性、灵活性、自我意识等方面都能够健康发展。人类的探索精神、创造能力、判断力、决断力的发展都需要民主、自由的环境。在民主环境下成长的人更富有公民性，也更富有独立的人格，思想也更深邃，更懂得如何通过正当的途径创造自己美好的生活。倡导民主教育，不仅有利于孩子的发展，更是政治进步、社会发展的必然要求。

“家长”是一个家庭的“统治者”，是一个充满着封建专制意味的称谓。在中国，很多父母的“封建家长”观念根深蒂固。我的一个朋友，也是一位老知识分子，在回忆、总结家庭教育时说：“我对孩子的教育和管理是专制主义的，孩子出了差错，我采取压制、处罚以至打骂的方式方法进行教育。我认为对的，就要求孩子们必须服从，从不认真主动倾听孩子们的想法和意见。孩子们有意见和想法，也不敢对我说。孩子们对我妻子说，妻子怕我生气，有些告诉我，有些不告诉我。”

目前，在中国的学校教育和家庭教育中，不民主的教育现象仍然非常普遍。由于老师和家长的专制，对孩子的不尊重甚至不人道，任意心罚、体罚、变相体罚、经济惩罚，甚至侮辱、打骂儿童的事件屡见不鲜，严重的出现了人命案，夏斐的悲剧就是家长专制的结果。请看下面的文字。

民主教育要宽容

女儿日记

1988年1月15日

今天晚上，随手翻看了一下《中国教育报》，看到一条骇人听闻的消息——“只因两门功课低于90分，一个小学生被母亲打死”。

夏斐今年9岁，上小学四年级。期末考试，数学82分，语文79分，名列全班第五。因为怕挨打，夏斐向母亲说，两门全在90分以上。母亲得知实情后，从中午12点开始，用铁制三角形木锉一直打到4点。直到5点多钟，孩子的爸爸才送孩子去医院抢救，可已经来不及了。事后，发现尸体上还有许多发青的斑斑伤痕。

我从来没有被父母狠打过，就是批评也是极少的。这次语文考49分，爸爸也只不过批评了我几句，并帮我查找原因，总结教训。

点评

当年，夏斐被母亲毒打致死的事震惊全国，没想到女儿把这件事记叙得如此详细。这至少说明两个问题：一是女儿很有同情心，非常同情夏斐，憎恨“那个可恶的母亲”。二是女儿善于体验生活，通过比较，深切地体验到了父亲的宽容和慈爱。失败是成功之母。孩子偶尔一次考差了，父母不要大惊小怪，更不能大打出手，而是要耐心地引导、帮助孩子查找原因，以便下次提高考试成绩。

夏斐被母亲毒打致死的事过去已经20多年了，素质教育的提出也有20多年了，然而应试教育似乎比以前更扎实了，其结果是儿童的心理问题越来越严重了，自杀的越来越多了，杀死母亲、同学和老师的事情都发生了。我们的教育到底怎么啦?

联合国教科文组织编写的《教育——财富蕴藏其中》说："宽容教育和尊重他人的教育作为民主教育的必要条件，应被视为一项综合性的持久的事业。"（教育科学出版社，1996年版，第45页）民主意味着宽容：宽容他人的个性，宽容他人的歧见，宽容他人的错误，宽容他人的与众不同，宽容他人的不成熟和错误……爱因斯坦曾说："善于宽容也是教育修养的感情问题。"宽容之中所蕴含的了解、信任、等待，表现了教育者对自己和教育对象积累了足够的信心，也浸透了一种于事业、于孩子们的深爱。当然，宽容也应因人、因事而异。

宽容也是教育。苏霍姆林斯基说："有时宽容引起的道德震撼比惩罚更有力量。"孔子"仁爱"思想的"一贯之道"就是"忠恕之道"。子贡问孔子："有一言而可以终身行之者乎？"子曰："其恕乎！己所不欲，勿施于人。"（《论语·卫灵公》）

很多教育奇迹都是由爱与宽容造就的。一颗无爱、无宽容的冷漠之心，必将绞杀学生的智慧和个性。陶弘开教授说："教育其实很简单，一腔真爱，一份宽容，如此而已。"我儿女的成才，印证了这句话的正确性。

陶行知要求家长"宽恕和了解孩子"。他说："教育者要像爱迪生母亲那样宽容爱迪生，在爱迪生被开除回家的时候，把地下室让给他去做实验。我们要像利波老板宽容法拉第，法拉第订书订得最慢，但是利波了解他是一面订书一面读书，终于让法拉第在电学上造成辉煌的功绩。"宽恕不仅是人们应该终身奉行的做人原则，更是一个非常重要的教育原则。只有宽以待人，才能够有包容，才能营造比较宽松的教育环境，孩子才有"安全感"。

莎士比亚说："宽容就像天上的细雨滋润着大地，它赐福于宽容的人，也赐福于被宽容的人。我们应该学会对别人宽容。"对人宽容，是做人的一种美德，对孩子宽容，是一种教育艺术，一种智慧，是一种特殊的爱。

现代教育应该是以人为本的主体教育，是发展个性、构建独立人格的民主教育。民主教育，贵在宽容。只有家长对孩子宽容，创造宽松和谐民主的教育氛围，才能达到教育的目的。

对孩子宽容，有三层意思：一是把孩子当人看，即重视孩子的需求，重视孩子的个性差异。二是把孩子当作未成年人看，孩子是处于发展中的未完善的人，我们不能用成人的眼光衡量孩子，不能把成人的标准强加给孩子。三是把孩子当成不完美的人看，即要以平和的心态看待孩子，对孩子的错误或不善之处决不能求全责备。

北京市光明小学的刘永胜校长提出了“学生无错原则”。他要求老师们允许和容忍学生美丽的“错误”，以科学的态度对待正在成长中的、尚未成熟的学生的“错误”，用发展眼光发现和理解学生出现的“错误”的价值，对“错误”做出延迟反应，将重点放在弄清“错误”的原因和帮助学生改进、提高上。

其实，在家庭教育中，家长也应该运用这一原则。儿童期是孩子犯错最多的时期。也许，孩子出于好奇或无知，也许孩子不能像成人一样控制自己的行为。这时需要成人从心底里宽容他们的错误、无意的失误、偶尔的失败、成长中的应有的问题，不计较或追究孩子成长中的过错。通过宽容来保护他们的积极性、自尊心，而不是发现孩子有缺点、毛病后，一味地采用批评训斥的教育方法。

其实，错误、过失、遗憾等本是人生的组成部分，只有经历过无数次的错误、过失和遗憾，才能在风雨洗礼后看见绚丽的彩虹。孩子的错误是他们走向成熟、探求真理的验证，是他们学习生活中不可或缺的“调味品”和“生长点”。宽容孩子的错误，为孩子分担一份错误就等于为其增添了一份探索的勇气。正如大地宽容了种子，才拥有了收获；大海宽容了江河，才拥有了浩瀚；天空宽容了云霞，才拥有了神采；人生宽容了遗憾与错误，才拥有了未来；人们互相宽容，社会、家庭、教育才有了和谐。

孩子说话总有他的道理

——民主教育从尊重孩子开始

我儿子很爱玩，上小学的时候常和我院一位职工的孩子一块儿玩。和我关系不错的一位同事跟我说：“你儿子总爱和某某的孩子一块儿玩，那孩子顽皮，不好好学习，别让你儿子跟他玩了。”我回来把这话说给儿子听，要求儿子别跟那个孩子玩。儿子顶了我一句说："我不跟他玩，那他没有朋友玩咋办？"小小的年纪竟敢顶撞老子，当时我差一点发了火。仔细一想，儿子的话也有他的道理：都不和他玩，他就没有朋友玩了。言下之意，我和他玩，是和他交朋友，这思想还真有点儿高尚。我为儿子的独立思考、乐于交友和敢于表达不同意见的行为高兴。我一向提倡民主教育，比较尊重孩子的意见，就说："你和他玩，是你帮助他学好，还是你跟他学皮[1]？"儿子当时没有回答我的话，我想我的带有启发性的反问肯定引起了他的思考，引导他做出正确判断和抉择。后来的实践证明，儿子没有学皮，而是对他的这个朋友有所帮助。这个顽皮的孩子虽然学习不好，但家庭贫困，处人、办事的能力较强，初中毕业后外出打工，现在一家人的生活也很好。

如果专制思想严重的家长遇到儿子顶嘴，可能会大发雷霆："你敢跟我顶嘴，不叫你跟他玩就别跟他玩，我再看见你跟他玩，我非揍你不可！"这样做的结果，可能有两种：顺从、听话的孩子可能听你的话了，但孩子可能没有知心朋友了；不太听话的孩子，拿你的话当耳旁风，表面说好，背着你照样和他的朋友玩。

鲁迅先生具有民主的教育思想。他说："孩子说话总有他的道理"，不能"认为父之于子，有绝对的权力和威严，若是老子说话，当然无所不可，儿子有话却在未出口则已错了"。家长要站在孩子的角度上，想一想孩子的话到底有没有道理，不能把不符合大人的想法都视为错误，不能把自己的想法强加在孩子头上，而是要站在孩子的角度看问题。

外国有这样一个故事：圣诞节期间，一位妈妈带着她5岁的儿子在一家百货公司购物。她以为儿子看到百货公司的漂亮装饰、橱窗里的商品展览及圣诞节的儿童玩具一定十分高兴。她拉着儿子的手走得很快，儿子几乎跟不上了，开始大哭大闹。她很不耐烦地训斥儿子："我带你来，是让你感受一下圣诞节的热闹气氛。圣诞老人不会把礼物送给那些又哭又闹的孩子。如果你想得到圣诞老人的礼物，必须停止哭闹。"

儿子还是吵闹不休，她则忙着抢购圣诞节前最后一分钟抛售的物品。她警告儿子："如果你不马上停止吵闹，我永远不带你出来买东西了。哦，是不是因为你的鞋带松了，被鞋带绊住了？"她一边说，一边蹲下来为儿子系鞋带。这时她抬头看了一眼。这是她第一次从5岁儿子的高度来看百货公司。她看到的不是

① "学皮"，当地方言，有"变得顽劣"之意——编者注。

美丽的商品、珠宝饰物、装饰美丽的柜台及各种各样的玩具，而是迷宫一样的走道，是烟囱似的长腿和背影。这些陌生人的长腿走来走去，简直可怕极了。她立即决定带儿子回家，并发誓说，再也不把自己的想法强加在孩子身上了，必须站在孩子的角度看问题。

人生有无数次的选择和放弃。民主的家长要给孩子自主择友（做事）的权利和机会，并尊重孩子的选择。千万不要强迫命令，不要包办代替。其实，孩子跟谁玩，家长是管不了的，你不能整天跟着他吧。家长应尊重孩子的意见，引导、支持孩子学会交友，学会选择和放弃，引导孩子在失败、挫折和错误中独立思考、判断和选择，这对孩子的健康成长是大有益处的。

现在，家庭教育的问题比学校多。武汉华中师大第一附小的高级心理教师尹双安的调查表明：中学生与家长的矛盾高于与老师的矛盾。61%的中学生认为自己与父母存在矛盾，在家庭中得不到尊重，父母经常不与自己交流。有的父母不尊重孩子的意见，代替甚至强迫孩子选择自己喜欢的学校、专业和朋友。前不久，一位熟人对我说，他妻子干涉儿子的工作和婚姻，儿子30岁了，还没有谈好对象。诸如此类的家庭教育悲剧时有发生。

2005年联合国可持续教育十年规划的第一个核心理念就是尊重。尊重是教育的核心理念，是教育成功的诀窍之一。没有尊重就没有教育。尊重是教育的前提，民主教育应该从尊重开始。要尊重儿童的情感，尊重儿童的思想，尊重儿童的个性，尊重儿童的差异，尊重儿童的人权，尊重儿童的创造力。特别要尊重智力发展迟缓的儿童，尊重学业成绩不良的儿童，尊重有过错的儿童，尊重有严重缺点和缺陷的儿童，尊重和自己意见不同的儿童。尊重意味着不伤害儿童的自尊心，不体罚、不辱骂儿童，不大声训斥儿童，不冷落儿童，不羞辱、嘲笑儿童，不随意当众批评儿童。千万不要伤害孩子的初恋，否则，儿童就没有真正的爱。

美国教育家爱默生说：“教育的秘诀是尊重学生。”苏霍姆林斯基说：“一个人如果没有自尊心，就不能成为一个道德上纯洁和精神上丰满的人。”尊重孩子是一种很好的教育手段。家长不尊重孩子，很难培养出自尊自重的孩子。缺乏自尊自重的孩子是最难教育的孩子。

前几天，我儿子回忆说，小时候他偷偷地拿了我5元钱，我发现以后，并没有说破，而是启发诱导他自己承认错误。过了几天，他给我写了信，认了错，我再也没有提这件事。我这样做，无非是不想伤害他的自尊心，想通过宽容他的错误来感动他，使他自我教育，收到了理想的教育效果。这件事我全忘了，而他还记得很清楚，说明尊重孩子、宽容孩子成长中的错误是能感动孩子、教育好孩子的。

自尊心是推动人们前进的动力。家长特别要尊重孩子的人格，不要把孩子当成私有财产，任意摆布，否则，会泯灭孩子纯真、活泼的天性。要尊重孩子自身的特点与发展的实际，相信孩子的发展主要靠自身的力量，外因要通过内因才能起作用。孩子没有“成龙”的素质，或家庭缺乏教子成龙的环境，就盲目地提出“成龙”的要求，结果会事与愿违的。

哲人詹姆斯说过：“人类本质中最殷切的需求是渴望被肯定。”而“真正的教育在于老师从来不伤害学生的自尊心，而是经常激发他们做一个好学生的愿望”。对孩子尊重与平等相待，特别有利于激发中下等孩子的学习积极性和自觉性。因此，家长应特别尊重孩子的个别差异和兴趣特长，多用几把尺子衡量孩子，善于发现他们身上的闪光点，要用放大镜去发现他们的优点，鼓励、肯定他们的点滴进步。

北京师范大学心理学院陈会昌教授把“自我控制”和“人的主动性”这两个心理维度比喻为人格发展的两颗种子。“自我控制”为第一颗种子，即我们常说的听话、顺从、遵守纪律，做好别人让你做的事；第二颗种子是主动性，这是以内在兴趣为核心的，以探究精神、好奇心为主的，即主动地、创造性地做好自己想做的事。陈教授认为：尊重与平等是第二颗种子生长的沃土。

通过对诺贝尔奖获得者的文献进行分析，陈教授总结出这些人在青少年时期的行为及人格特点，主要有六个方面：一是巨大的内在兴趣，二是极强的自学能力，三是成长及超越动机，四是反潮流精神，五是独立创造精神，六是孜孜不倦地工作。其中只有第六条是第一颗种子，其他五条都是第二颗种子。中国的家长对孩子高关心、高投入、高控制，孩子第一颗种子成长的土壤比较肥沃，但由于缺乏尊重与平等，第二颗种子成长的土壤就很贫瘠，所以中国的学生独立性和创造力较差。

尊重产生智慧。尊重是一种品质，一种修养，更是一种心境。我们没有理由苛求他人不犯错误，尤其是孩子，犯错是难免的。孩子在犯了错误以后，已是诚惶诚恐了，如果家长再穷追猛打，可能造成两种结果：对于胆小的孩子，只会加重他们的负罪感；对于常犯错误的孩子来说，批评对他们习以为常，起不了什么作用。这时特别需要家长尊重他们，关心他们，理解他们，孩子定会心存感激，因而知恩图报。

“蹲下来和儿童说话”的实质是尊重儿童。家长对孩子进行体罚、心罚，代替孩子做作业、选择专业，都是对孩子的不尊重。

我听父亲的一位领导——某中学的一位副校长谈他与儿子的关系时说：谈心时是朋友关系；讨论问题时是同志关系；叫儿子办事时是父子关系。这说明他有民主的教育思想，能尊重儿子的意见，他的孩子都成功、成才。

以人为本的教育就是要尊重人、肯定人的尊严。家长与孩子在政治上和人格上是平等的，他们之间既是教育与被教育的关系，也是朋友关系。家长应该尊重孩子在学习中的主体地位，尊重孩子的创新精神。家长应该用心灵赢得心灵，用尊重换取尊重。只有尊重孩子的家长才能获得孩子的尊重。

家庭教育要民主

震动全国、促人深思的家庭教育悲剧有青海省的“夏斐之死”，南京的王林杀死父母，浙江的高中学生徐力杀死了自己的母亲等，这些悲剧产生的原因多与父母“望子成龙”“盼女成凤”心切有关。但我认为封建专制教育思想是酿成这些悲剧的思想根源。教育专家孙云晓说：“在徐力杀死他母亲之前，他母亲已经在精神（即思想专制、情感虐待）上杀死了徐力。”

中国的封建专制社会一去不复返了，但封建专制思想仍在。陶行知批评中国“有大权的是大独裁，有小权的是小独裁”的现象依然有多种表现，鲁迅先生所说：“他们认为父之于子，有绝对的权力和威严，若是老子说话，当然无所不可，儿子有话却在未出口则已错了。”孩子若不听话，就要采取各种惩罚：其一是打，使之受皮肉之苦；其二是骂，使之受情感虐待；其三是逼，不给吃、穿、学费等经济制裁。

专制教育培养出的是奴才。由于家长对孩子的态度不同，孩子的表现或是“小奴才”，或是“小祖宗”。“小奴才”在家庭中没有任何地位，可任意驱使；“小祖宗”是家庭的小太阳，受到百般宠爱。这两种地位，看来似乎迥然相异，但有共同的本质：儿童只是家庭的隶属品。在这种观念指导下，认为听话的孩子是好孩子，好活动的孩子，常受到压抑、限制和训斥，以至打骂。这种封建专制主义教育容易使孩子变得唯命是从，扼杀孩子的创造精神。

有的父母文化水平很高（大学教授），对领导要求民主，但家庭教育却很专制，王林的父亲就是这样的人。这个20世纪80年代的高级知识分子家庭里毫无一点民主气氛，这真验证了陶行知的话："受了二千年之专制政治之压迫，几乎每个人一当了权便会仗势凌人……在中国几乎每一个有权的人是一个独裁……因为大家都在专制的气氛中成长，为独裁作风所熏陶。"这是值得每位家长反思的大问题。

鲁迅先生反对"听话"教育。他说："中国一般的趋势，是对孩子喜'静'不喜'动'，低眉顺眼，唯唯诺诺，才算一个好孩子。"

外国学者也反对"听话"教育。诺贝尔物理学奖获得者杨振宁说，中国的孩子自幼就受到家庭、学校、社会的压力，大中小学生都是战战兢兢地苦读书，无暇向各个方向发展。诺贝尔化学奖获得者李远哲说，和西方学生相比，中国的学生则表现得比较顺从，习惯于接受，听课时极少有人提问，近代中国出现的发明家、科学家较少，与所受的封建教育有很大关系。

有的家长不舍得打孩子，但却常用刺激性语言在情感上虐待孩子。他们对孩子抱有不切实际的期望。孩子的表现永远达不到他们的要求，也永远得不到父母的夸奖，得到的只是讽刺、挖苦，甚至谩骂。现在，对孩子情感虐待与对孩子肉体虐待一样普遍。而遭受情感虐待的孩子要比遭受肉体虐待的孩子承受的精神痛苦更大。情感虐待严重影响孩子的心理健康，使许多儿童出现自卑、内疚、缺乏信心、自暴自弃等心理问题。严重的会造成部分儿童失眠、记忆力减退、注意力涣散、食欲不振、精神恍惚等神经衰弱症状。有的表现为异常的行为方式，如杀人、轻生等。

我国著名的医学心理学教授丁瓒认为："人类的心理适应，最主要的就是对人际关系的适应。"人生活在好的人际关系中，容易生长出安全、依恋、归属、自信、自尊等感受。相反，如果人生活在恐惧、焦虑、不信任、不合作、暴力等不良环境中，就会对个体德性生长起破坏作用。下面这段话说的就是这个道理：

指责中长大的孩子，将来容易怨天尤人。

敌意中长大的孩子，将来容易好斗逞强。

恐惧中长大的孩子，将来容易畏首畏尾。

怜悯中长大的孩子，将来容易自怨自艾。

嘲讽中长大的孩子，将来容易消极退缩。

忌妒中长大的孩子，将来必能钩心斗角。

容忍中长大的孩子，将来必能极富耐性。

鼓励中长大的孩子，将来必能充满自信。

赞美中长大的孩子，将来必能心存感恩。

嘉许中长大的孩子，将来必能爱人爱己。

接纳中长大的孩子，将来必能心胸宽大。

认同中长大的孩子，将来必能掌握目标。

分享中长大的孩子，将来必能慷慨大方。

安定中长大的孩子，将来必能信任自己和他人。

诚实公平中长大的孩子，将来必能维护正义真理。

友善中长大的孩子，将来必能对世界多一分关怀。

祥和中长大的孩子，将来必能有平和的心境。

健康的或不良的人际关系的形成和发展，在很大程度上依赖于父母和孩子的关系。要帮助儿童建立良好的人际关系，首先是建立良好的父母与孩子的关系。这就要求父母树立民主的教育思想，平等地对待每一个子女，并要尊重他们的意见。如果父母缺乏民主作风，对孩子不公平，或过分严厉，孩子的表现往往具有攻击性，好吵架、寻衅闹事、嫉妒心强、缺少朋友、人际关系紧张，或表现出顺从、孤独、忧虑、抑郁等冷漠的人际关系。

鲁迅先生在实践上为我们树立了民主家庭教育的榜样。许广平同志在回忆鲁迅对其独生子周海婴的教育时说："鲁迅先生活着的时候，给他的教育是顺其自然，极力不多给打击，甚至不愿多拂逆他的喜爱……如果我们错了，海婴来反驳，他是笑笑地领受的。"

现在大多数家长最头痛的问题是孩子"不听话"。想叫孩子听话，首先，父母的话是正确的；其次，要少用命令式、说教式，多用启发式。家长要善于应用启发性的语言，在孩子最容易接受的时候启迪孩子应该做什么，不应该做什么。如家长能以民主的态度，商量的语气和孩子谈问题，共同学习、游戏、讲故事，听孩子讲学校、老师、同学、朋友的事，孩子发表的意见越多，越感到受尊重，就越关心周围的人和事，家长就能越多地了解孩子，启发孩子听父母的话，引导孩子去探索真理，服从真理。

人生设计咨询专家徐小平认为："无数家长反映的子女问题，其实是家长本身长期实施思想专制、精神暴力、人格虐待造成的。很多学生身上的问题，往往是家长长期实行'精神专制'——比如不准谈恋爱，不准自由选专业、改专业、换工作，不准有自己的思想、爱好、追求等造成的结果。"

父母专制容易导致孩子"后青春期叛逆"。有的孩子上大学后，再也不想当"好孩子"了，穿奇装异服，网恋，和网友同居。父母非常不明白：小时候那么听话的孩子，为什么上了大学如此叛逆？中科院心理所心理咨询治疗中心朱松同志分析说，一些平静度过青春期的“乖孩子”，在进入大学后，有的是在参加工作之后，开始出现叛逆的言行，这叫作“后青春期叛逆症”，或者叫作“回避父母型叛逆症”。这样的叛逆比青春期持续的时间要长得多，甚至会延续终身。对于“后青春期叛逆”者，父母除了需要理解孩子的心理发展轨迹外，还需要审视自己在孩子成长过程中的作用。如果是因为父母过于严格、过于刻板，即专制，就有必要进行调整。（摘自《中国青年报》2007年8月26日）

陶行知先生说：“民主教育应该是整个生活的教育……应该是健康、科学、艺术、劳动与民主织成之和谐的生活，和谐的教育。”家庭是社会的细胞，没有家庭教育的民主与和谐，就没有整个社会的民主与和谐。实行民主的家庭教育，是和谐教育的需要，是建设和谐社会的需要。

创造力最能发挥的条件是民主

钱学森生前多次提出：中国为何培养不出杰出（创造型）人才？中国的发展最需要创造型人才，需要诺贝尔奖获得者，家长也希望孩子成为创造型人才。

《中共中央国务院关于深化教育改革全面推进素质教育的决定》把“培养学生的创新精神”确定为素质教育的第一个重点。然而创造教育至今没有取得突破性的进展。我认为，根本原因是教育者没有落实《中共中央国务院关于深化教育改革全面推进素质教育的决定》，没有确立民主教育和创造教育的思想，没有切实实施民主教育和创造教育。

陶行知先生早就明确指出：“创造力最能发挥的条件是民主……如果要大量开发创造力，大量开发人矿中之创造力，只有民主才能办到，只有民主的目的，民主的方法才能完成这样的大事。”

陶行知为什么说“创造力最能发挥的条件是民主”呢？

第一，陶行知认为，专制“可以培养奴才和奴隶”，“在专制时代，少数人也能创造，但多数人的创造天才被埋没”，“在不民主的环境下，创造力也有表现。那仅是限于少数，而且不能充分发挥其天才”。

第二，陶行知认为，专制培养出许多独裁者。陶行知曾批评中国人：“受了二千年之专制政治之压迫，几乎每个人一当了权便会仗势凌人……在中国几乎每一个有权的人是一个独裁。"因此，陶行知认为，实施民主教育的"先决条件，是政治经济的民主。倘使政治经济不民主，小孩子的幸福是必然限于很少数的少爷小姐"。在世界历史上，中华民族曾经创造出灿烂的文明。但近现代以来，中国的创新能力为什么明显地逊色于西方先进国家呢？专制的教育是造成这一结果重要的原因之一。

第三，陶行知认为"民主教育是教人做主人，做自己的主人，做国家的主人，做世界的主人"。在民主教育思想的指导下，儿童不再被视为"奴隶"，而是被尊重为学习的主人、生活的主人，将来还可以做国家的主人、世界的主人，这样就能充分发挥他们的主体作用，他们就会有创造的主动性、积极性。因此，民主性原则是实施创造教育的重要原则之一。民主性原则要求教育者尊重儿童的兴趣、爱好、个性和人格，要以平等、博爱、宽容、友善、引导的心态对待每一个儿童，形成有利于创造的人际关系。传统教育过于强调"师道尊严"，儿童形成了唯师是从、唯书是从的思维定势，极大地阻碍了儿童创造力的发展，老师没讲过的不敢想，老师没教过的不敢做、不敢问、不想问，严重地阻碍了儿童独立意识和问题意识的发展。在服从意识盛行的地方，在对权威顶礼膜拜的地方，创新行为是不可能出现的。转变"唯师是从"的专制育人观，构建互相尊重、互相信任、互相理解、互相交流的民主、平等、合作的现代人际关系，才能培育创造型人才成长的环境。

心理学研究也证实："心理安全"和"心理自由"是创造力发展的重要条件，儿童的好奇心、自尊心和自信心与创造呈正相关。只有民主的教育才能实现和保证儿童有一个"心理安全"和"心理自由"的精神环境，才能激发、保护儿童的好奇心、自尊心和自信心。

陶行知是中国最早提倡并积极实践创造教育和民主教育的教育家。为了创造出最有利于创造力发挥的民主条件，陶行知写了《实施民主教育的提纲》《创造的儿童教育》《创造的社会教育》《民主》《民主教育》《民主教育之普及》《领导者再教育》《民主的儿童节》《小学教师与民主运动》等论文，论述了民主的政治、民主的校长、民主的教师、民主的家长、民主教育的教材、民主教育的课程、民主教育的学制、民主教育的行政、民主教育的文字、民主教育的方法、民主的社会教育、民主的教育环境、民主的文化等一系列问题，尖锐地批评了不民主的校长、教师、家长的专制教育思想和行为。其中论述得较多的是民主教育的方法，即"六大解放"。在《创造的社会教育》一文中，他特别在解放创造力的方法后面加上"民主"一词：

（子）解放他们的头脑
（丑）解放他们的口
（寅）解放他们的眼睛　}民主
（卯）解放他们的空间
（辰）解放他们的时间

这里陶行知提出的是“五大解放”。后来在《实施民主教育的提纲》和《民主教育》中，他又增加了“解放双手”，即变成了“六大解放”，并指出“有了这六大解放，创造力才可以尽量发挥出来”。他非常强调民主的方法是解放创造力、发挥创造力的最重要条件。

陶行知的民主教育思想是造福国家、造福人民、为人民服务的教育思想。他说：“民主教育是民有、民治、民享之教育……是人民的教育，人民办的教育，为人民自己的幸福而办的教育。”“民主教育一方面是教人争取民主，一方面是教人发展民主。在反民主的时代或民主不够的时代，民主教育的任务是教人争取民主；到了政治走上民主之路，民主教育的任务是配合整个国家之创造计划，教人依着民主的原则，发挥各人及集体的创造力，以为全民造幸福。”

为了使人人都享受到民主的教育，陶行知专门起草了《全民教育——为四万万中国人民提倡民主教育的初步计划》，在“计划”中提出了十八条“指导原则”，如民主第一、全民教育、全面教育、终生教育、婴孩期就必须奠定民主教育的基础、社会即学校、开展小先生运动、与其他国家交流教育民主化的情况和经验等。

陶行知力行民主教育。他不仅批评当时有权力的人“有独裁的作风”，还自我批评说：“就是我这个区区的校长也不是例外，常常不知不觉的独断专行，违反了民主的精神。”他指出：“在一个民主的国家里，做一个独裁校长是千不该、万不该的事情……只有再接再厉地多方想法以克服这与民主精神不相容的作风。”陶行知以身作则地接受“领导者再教育”，“在民主的生活中学习民主”，“在‘做’上学，在实行民主上，在发挥民主作风上，学习民主”。在“拜人民与小孩为老师”的过程中，使“自己在民主作风上精进不已”，把自己造成民主的教师、民主的家长。

陶行知说：“旧民主是少数资产阶级做主，为少数人服务，新民主是人民大众做主，为人民大众服务。”陶行知的创造教育和民主教育是完全彻底为人民服务的教育，因此，毛泽东同志称他为“伟大的人民教育家”。我们要学习陶行知“人民第一”“民主第一”“为全民造幸福”的服务思想，否则就没有真正的民主教育。

陶行知在重视民主教育的同时，还十分强调纪律。他说："民主要有自觉的纪律，人民只可以在民主的自觉纪律中学习作主人翁。""民主也不是绝对自由，民主有民主的纪律，与专制的纪律不同。专制纪律是盲从，民主纪律是自觉的集体的。"

李镇西博士认为，目前中国还存在着与世界的民主化潮流格格不入的非民主的教育现象：无视儿童的尊严、思想、情感需要，只见分数、不见人的"非人教育"；以"听话"为目的的培养"顺民"的"听话教育"；无视儿童差异、抹杀学生个性的"共性教育"；以分数为唯一标准，把儿童分成"优生"或者"差生"的"等级教育"；面向过去，只注意经验和知识传授，而非面向未来，致力于培养儿童的创造能力和开拓精神的"守旧教育"等。他说，民主教育就是把专制的、不民主的或者说不充分民主的教育，改造成为适合现代民主社会需求的教育。教育的每一个环节都应该充满着对人的理解和尊重，应该体现出民主与平等的现代意识。倡导民主教育，不仅仅是教育本身的内在要求，更是政治进步、社会发展的必然趋势。民主教育是当今中国教育的时代主题，没有民主，便没有创造；没有民主的教育，便没有民族的未来。

改革开放以来，在党中央的正确领导下，我国的政治民主、经济民主、学术民主、管理民主有了长足的进步，民主教育也有了较快的发展。我国积极推进民主教育，是因为社会主义市场经济期盼着民主教育。从某种意义上说，计划经济是领导经济，是管制经济，是下级服从上级的经济；而市场经济则是民主经济，是法治经济，是平等竞争的经济。市场经济不但需要一个真正民主、法治、平等、和谐、自由的社会环境，更需要民主教育培养出具有独立人格、创造精神、平等精神、自由精神、法制精神、竞争精神、宽容精神、仁爱精神、妥协精神的公民，以促进社会主义市场经济的发展和完善。

我们积极推进民主教育，是因为民主教育是以培养独立人格、公民意识、批判精神、创新能力为己任的教育，是"为全民造幸福"的教育，是为民主社会培养公民的教育。唯有这样的教育，才能培养出数以千万计的能迎接世界挑战的高素质人才。

我们积极推进民主教育，因为民主教育与素质教育及新课程改革都主张"以人为本"。我们提倡的"素质教育""创新教育""体验教育""成功教育"等，其核心理念实质上就是民主教育，新课程改革所倡导的师生平等、自主学习、合作探究、尊重个性等理念，都是民主精神的鲜明体现。没有民主的教育思想来指导实施素质教育和新课程改革，这个改革是不可能成功的。没有民主教育所蕴含的对人的尊重，所有的教育都是不可能成功的。

当今的中小学生已完全不同于在封闭社会和计划经济条件下成长起来的青少年。市场经济、开放的社会和现代化的信息传媒，使他们比历史上任何时代的青少年都更多地具有民主、平等的要求。他们厌恶、反感专横粗暴、专制压抑的教育方式。民主平等的人际关系能使他们渴望得到别人平等相待、尊重理解的心理需求得到满足，从而轻松愉快地学习。

然而，在有着两千多年封建专制传统的中国，确立民主教育思想谈何容易？封建专制的政治制度已被推翻近百年了，专制的教育思想直到现在仍然表现得相当严重。诺贝尔文学奖获得者、著名作家莫言对个别老师的专制行为做了深刻、形象的批判。他在《我的老师》一文中说："在我短暂的学生生涯中，教过我的老师有非常好的，也有非常坏的……幼儿园的那几个女人……对我们进行'准军事化'管理。饥肠辘辘是常有的，鼻青脸肿也是经常的……因为我当着一个同学的面说学校像监狱、老师像奴隶主、学生像奴隶，学校……想把我送到公安局里去……认为我思想反动，道德败坏，属于不可救药之列。"莫言忍受不了这种"肉体惩罚"，"辍学回家成了一个牧童"。由于老师的专制，对学生的不尊重甚至不人道，对学生的任意心罚、体罚、变相体罚、经济惩罚，甚至侮辱、打骂学生的事件屡见不鲜，严重的还打起了官司。

家庭教育中的许多问题也是由于家长的专制教育造成的。专制教育不仅扼杀人的创造性，而且影响青少年健全人格的形成，导致出现许多的心理健康问题，严重的会导致心理变态，乃至犯罪。

陶行知曾留学美国，师从杜威，他的民主教育思想是深受杜威等西方教育家民主教育思想影响的。因此，研究、借鉴西方的民主教育思想，吸收全人类的文明成果，对我们确立民主教育思想是有益的。

民主这个概念，虽然最初是由资产阶级提出来的，但并非资产阶级所专有。民主、自由、平等是全人类共同的美好理想。民主教育思想应该成为社会主义教育中的应有之义。民主教育思想是民主思想的衍生物。今日西方的民主教育思想直接源于200多年前席卷欧洲的"思想启蒙运动"。卢梭、狄德罗、孟德斯鸠、伏尔泰等一大批杰出的思想家经过200多年的研究、宣传、斗争，才使民主、自由、平等的思想深入人心。特别是卢梭提出的给儿童自由，把儿童当儿童看待，给儿童幸福、欢乐和愉快，师生之间应该建立平等的契约关系，教育活动中的儿童中心论等思想，对近代西方的教育思想影响甚巨。卢梭是18世纪提出这些光辉思想的，200多年来，西方的教育家们在此基础上又有了发展和创新。西方的科学技术创新成果比我们多得多，是与西方的民主教育分不开的。

“科学”和“民主”是五四时期中国先进的知识分子向西方学来的救国思想。现在，“科学”经过中国共产党的努力，已经成为“第一生产力”，但迷信仍然存在；“民主”经过中国共产党的奋斗，有了很大的进步，但专制仍有表现。五四运动到现在不过80多年的时间，和西方200多年民主进程的历史相比，相差很远。就在这80多年的时间内，曾不止一次地出现过民主的倒退。按陶行知的话说，在“五四运动后的一两年”里，“我们只上了很少的民主课”，后来“十余年来的有系统的、反民主的、变相的法西斯蒂训政（即国民党独裁统治）”，使民主政治“一暴十寒，胜不过二千年传下来的专制毒”。因此，“校长对于我们，我们对于学生，多少都存在着一些要不得的独裁作风”。看来，在中国这个有2000多年封建专制传统的国家里真正确立民主思想，还要经过相当长时间的努力奋斗。

人类已经进入21世纪，世界一体化、经济全球化的激烈竞争，知识经济社会对创造型人才的需求，中华民族的伟大复兴，都迫使我们必须只争朝夕，与时俱进，开拓创新。中共十六大以来，多次提出，要在建设社会主义精神文明和物质文明的基础上，加强社会主义“政治文明”“民主政治”建设，中国的政治民主、经济民主、管理民主、教育民主、学术民主随着“政治文明”的进程不断进步，专制教育的悲剧应不再重演，陶行知民主教育理想将变成现实，创造型人才将在民主思想的教育下大量涌现，中华民族将实现伟大的复兴。

（原载《中国教育学刊》2007年第2期，略有删改。）

创造教育篇

处处是创造之地，天天是创造之时，人人是创造之人。

小孩子有创造力。

教人创造富的社会，不创造富的个人。

——陶行知

想象力比知识更重要

女儿日记

1990年4月8日

走进西湖，从岸边到湖中的小岛上，有一座拱形白色小桥横卧在清澈的湖水上，桥的一侧刻着“台湾某公司捐建”的字。走在桥上，我不禁想到远在海峡那边的台湾同胞，那拱形的桥身就像一个大问号，切切在问：“何日团聚？何日团聚？”回头望时，我突然想到：何时能在海峡两岸架一座桥梁？

点评

这是女儿读初中时，老师组织学生到城西三十里河春游时写的日记里的一段话。女儿由“台湾某公司捐建”的拱形白色小桥，“不禁想到远在海峡那边的台湾同胞”，把拱形的桥身想象为“一个大问号”，好像“切切在问：‘何日团聚？何日团聚？’”她还联想到“何时能在海峡两岸架一座桥梁”，这样的想象不仅具有很强的政治意义，同时很有创造性，没有爱国主义精神和创造性思维、创造性想象能力是绝对想不出来的。后来，她把这种奇特的想象写在一篇作文里，参加了全省高中组的作文竞赛，得了三等奖，受到老师的大加赞扬。女儿的创造性思维和创造性想象力与我学习、实践陶行知的民主教育和创造教育思想是分不开的。

爱因斯坦说：“想象比知识更重要。”没有想象，就没有创造发明。人的想象力越丰富、强烈、新颖，其创造活动的道路就越宽广，描绘的蓝图越清晰，创造活动的设想越多样。

可惜的是，应试教育扼杀了孩子的想象力和创造性。一个小学老师问小学生这样一个问题：雪化了变成了什么？有个学生回答：“变成了春天。”老师说：“不对，雪化了变成水。”其实，小学生的回答很有想象力，老师的标准答案却扼杀了学生的想象力。

《知心姐姐》杂志曾做过这样的问卷调查：问中小学生，今后你想做什么？

2855名中小学生的答案中，有92.71%的答案几乎千篇一律的是“上一个好大学，找一份好工作”。只有7.29%的学生的答案有想象力，如“周游世界、研究宇宙和外星人、到别的星球工作”等。其实，孩子的“上一个好大学，找一份好工作”的回答多是父母要求。似乎考不上“好大学”就找不到“好工作”，考上一般的大学，只能找到一般的工作；考不上大学，就找不到工作。上大学成了孩子唯一的选择，这种急功近利的教育扼杀了孩子的想象力。

最近，有专家对西方20多个发达国家和中国儿童的想象力及计算机操作能力做了对比研究，结果是中国儿童的想象力倒数第一，计算机操作能力正数第一。扼杀想象力的教育怎么能培养出创造性人才呢？

发明千千万　起点是一问

女儿看连环画的故事

我女儿小时候喜欢看连环画。有一次，她看连环画册上《老虎的晚餐》的故事：老虎派猴子、鱼鹰等小动物给它准备晚餐。但它犯了“用人不当”的错误，派能上树摘果子的猴子下水捉鱼，叫能捉鱼的鱼鹰上树摘果子，当然谁也完不成任务。老虎没有晚餐，就要吃掉它们。怎么办？聪明的猴子看见老虎正在草棚里睡觉，就出个主意：几个小动物一起滚动一块大石头把草棚的门顶住，然后放火烧死老虎。连环画中有一个画面是几个小动物一起滚动一块大石头从外面顶门。女儿问我：“爸，咱家的门都是从屋里才能顶住，从外面顶门不是要把门顶开了吗？”我非常高兴地夸奖她：“真是好孩子，看书很认真，发现了连环画中顶门和日常顶门不一样的地方，今后要多提问题啊。”

点评

女儿的这个发现和提问，成年人（包括我）可能也提不出来，连环画的作者也没有想到这个问题。这说明女儿具有较强的观察力、联想能力、独立思考能力和强烈的问题意识。

陶行知说：“发明千千万，起点是一问。禽兽不如人，过在不会问。智者问得巧，愚者问得笨。人力胜天工，只在每事问。"我孩子很小的时候，我就教他们背陶行知的这首儿歌，并经常启发引导孩子细心观察事物，大胆提出疑问，重视培养孩子的观察力和问题意识，这对开发孩子的智力、培养孩子的创新思维能力很重要，因为创新始于"问题"。

现在，我女儿在多伦多工作。她为了让女儿学习汉语，去年把我外孙女留在我这里读小学一年级。和以前教育女儿一样，我常在送接外孙女上学、放学的路上，就所看到的事物向她提问题，如马路边为什么有铁篦子、公交车站旁边的绿化带为什么窄一些、沟里的水怎么越来越少了、下雨的时候天上哪儿来的水等等。为了培养她的观察和比较事物异同的能力，我问她："多伦多什么多？"她说："多伦多的车多（她家就两辆）、树多、草坪多、花多。"我引导她观察："阜阳什么多？"她说："阜阳人多、房子多、垃圾多、清洁工多、学生多、作业多。"后来我引导她向我提问题，有时候，她提的问题我也回答不出，有的问题即使回答了，她也不能理解，只好说："我也不知道，回家看书找答案。"

有一天傍晚，太阳刚刚落下去的时候，我问她："你看，太阳落到哪里去了？"她想了想说："太阳落到加拿大去了。"我非常惊奇！一个8岁孩子的想象力如此丰富！一般的孩子可能会说"太阳落到西边去了"，"太阳落到地下去了"，"太阳落山下面去了"。她可能知道加拿大在西边，中国的晚上是加拿大的早晨，因而说出"太阳落到加拿大去了"。

爱因斯坦说："提出一个问题往往比解决一个问题更重要，因为解决问题也许仅是一个数学上或实验上的技能而已。而提出新的问题、新的可能性，从新的角度去看旧的问题，却都要有创造性的想象力，而且标志着科学的真正进步。"

牛顿发现万有引力，始于他在苹果树下的思索："为什么苹果从树上掉下来，而不飞到天上去？"

提倡"多研究问题"的胡适在为北大毕业生开的三味"防身药方"中，第一味就是"问题丹"。他说："问题是知识学问的老祖宗。古往今来一切知识的产生与积聚，都是因为要解答问题。""没有问题的人们，关在图书馆里也不会用书，锁在试验室里也不会有什么发现。"孔子之所以成为大学问家，是因为他"入太庙，每事问"，即现在人们说的勤学好问。

"问题"产生于"好奇"与"质疑"。我国著名地质学家李四光曾说："不怀疑不能见真理，所以我希望大家都取一种怀疑的态度，不要为已成的学说压倒。"正是邓小平同志率先对"什么是社会主义、怎样建设社会主义"发问，对计划经济提出质疑，才有了充满活力的改革开放和市场经济，有了中国特色社会主义生气勃勃的发展。

亚里士多德讲过："思维是从疑问和惊奇开始的。"提出新问题，或者从新的角度去思考老问题，往往导致新的发现与突破。爱因斯坦有一句被人反复引用的名言："我并没有什么特殊的才能，我只不过是喜欢寻根问底地追究问题罢了。"

钱学森生前多次提出："为什么我们的学校总是培养不出杰出人才？"其实，答案是不难回答的，也是多种多样的。李政道教授说，我们的祖先创造了"学问"两个字，就是要"学问问题"，不是"学答"。应试教育很重视教学生"学答"，不重视教学生"学问"。许多孩子只会背标准答案，有问题也不敢问、不想问、不会问，这是中国培养不出创造型人才的重要原因之一。

美国加州斯坦福大学的教务长米凯莱·马林科维奇博士从一个方面回答了"钱学森之问"。她说："亚洲的大学恐怕仍需要花上20年时间，才能跃上世界级学府的地位，成为国际知名的大学。"因为"亚洲一些国家如中国仍缺乏自由与开放式的追问风气"。美国的教育之所以能培养出创造性人才，诚如黄全愈博士所说，美国的教授总是爱说"没有提问，就没有回答。一个好的提问比一个好的回答更有价值"。

家长要营造一个自由、宽松、民主的家庭教育环境，鼓励孩子独立思考、自由发问，才能培养出有创新精神的杰出人才。

培养孩子创造力的几点建议

一、注重培养孩子的积极、健康的情感

人有消极的情感，也有积极的情感，有原始本能的情感，也有社会化了、理智化了的情感。情感教育就是要发展、培养人的积极情感，这是教育的一个本源性、根基性的问题。培养积极的情感是比认知更为重要的教育目的。

人的活动主要取决于两个方面：一是能不能；二是愿不愿。"能不能"主要受人的知识和智力因素的制约；"愿不愿"则主要受人的情感的影响。两者相比，"能不能"不是关键问题，"愿不愿"始终是问题的关键和难点。人们强调的培养积极情感、激发学习动机、调动主动性、提高学习兴趣等，都是为了解决

"愿不愿"的问题。创造动机、创造兴趣、创造需要、主动性等都与人的积极情感体验有关。

目前学校的应试教育重视智力因素，忽视非智力因素，特别忽视非智力因素中的情感的培养。这种教育抽走了人的最生动、最丰富和最有活力的情感因素，只剩下了见书不见人、见分不见人的目中无人的教育，对培养创造型的人才是极为不利的。

激情让人心灵涌动，热情让人乐于创造。持久的热情比一时的激情更重要，更容易使人接近成功。

哈佛大学教授奥里森·马登说："热忱的态度是做任何事情都必须的。因为，唯有热忱，你才能全身心地投入，才能把事情做好。这是每个成功者都具有的素质。"

陶行知说："情育不是培养儿童脆弱的感情，而是调节并启发儿童应有的感情，主要的是追求真理的感情，包括创新的情感。"

英国心理学家高尔顿认为："不存在没有热情的智力，也不存在没有智力的热情。"美国心理学家麦金农的研究认为，高度的责任感和超常的热情对创新活动有巨大的作用。美国心理学家尼尔·戈尔曼根据相关理论和实验研究的成果，写了一本叫《情感智慧》的书，首次使用了与"智商"相对应的术语——"情商"。他认为，在人成功的要素中，智力因素即"智商"大约起20%的作用，其他因素（主要是情感因素）大约起80%的作用。可见培养情感的重要性。

创新过程绝不是冷冰冰的智力活动，它既是激烈的智力活动过程，也是强烈的情感活动过程。情感是一种巨大的动力，它能推动创新能力的发展和创新目标的实现。没有火热的崇高的情感动力，创新活动就无法展开。那些具有杰出创新才能的人，他们的发明和发现都是以创新情感为动力，始终伴随着崇高的情感、高尚的情操，如爱国主义情感、热爱科学并为之献身的情感等。所以，我特别重视孩子的情感教育，这在"心育篇"中有很多论述。

二、重视培养孩子的独立意识

独立意识是激励创新思维和创新行为的真正土壤。由独立到创造，是人才成长的基本规律。凡有创造性的人，无不具有很强的独立性。没有独立思考能力，没有独立的意志和人格，不可能有创见。

黄全愈博士在《素质教育在美国》一书中尖锐批评中国应试教育：过于抑制人的独立行为，过于控制人的个性发展，过于重共性轻个性，过于重义务轻权利，过于重服从轻自主，过于重外在的纪律、轻内在的能动。由于个性受压抑，从而没有得到全面、健康的发展，就不敢“为天下先”。没有坚强的独立性的人，就会时时处处依赖他人。像那些需要老师叫起床、催睡觉的大学生，怎么可能有打破常规所需要的百折不挠的承受力？怎么会有独辟蹊径的创造性？我认为，这也是中国的教育培养不出创造性人才的原因之一。

孩子的独立意识应该从小培养。我的两个孩子都很有独立性，很有个性，别人给我女儿起的外号叫“小老练”，儿子叫“小辣椒”。

“小老练”的意思是说我女儿上小学时个子小，但和同龄孩子相比，独立性较强，表现较成熟、老练一些。据说这个外号是她小学的班主任起的。

女儿的独立性是在自由、独立的生活中培养出来的。前文说过，我曾三次把她送到岳母家，她在姥姥家过着自由、独立、没有学习压力的快乐生活。上幼儿园和小学期间，多数时间是在我父母亲家生活的，我父母也是不怎么管她的，她可以自由地看小人书，和小朋友们玩耍。在我家里，更是自由、快乐的。她经常到别人家里看电视，很晚才回家。我除了督促、检查她写日记，从不逼她写作业，考高分。高考也是她自己去，自己回。高考不理想，心烦，不辞而别，自己出去旅游，坐火车到开封玩一天。

儿子外号“小辣椒”，意思是有个性，胆子大，干事情不怕难，有闯劲，有较强的独立性，曾多次与人打架。有人说这与他头上长有两个对称的“穴位”有关。人的个性与遗传可能有关，更与我的有意培养有关，是我进行民主教育、自主教育的结果。这在有关的内容里有所论及。

很多家长把“听话”“守规矩”和“文静”作为儿童的美德，而把“好提问或好提不同意见”“好动”“顽皮”作为儿童的缺点。他们对待这样儿童的态度一是不放心：对儿童的独立思考、独立行动不放心。独立性的发展的确是有风险、有代价的。但如果把儿童老是抱在手上，不让其独立发展，必然抑制儿童的成长。二是不高兴：缺乏民主思想的人对孩子独立性的发展是不喜欢，甚至是害怕的。他们要求儿童一切顺从，培养的儿童没有主见，不思创新，只会盲从。三是不放手：由于不放手，管得严，儿童像被修剪的棵棵“冬青树”，看上去整整齐齐、文文静静，实际上遏制了儿童的独立意识，束缚了儿童创造性的发展。

2007年，被哈佛大学化学生物学系录取的武汉青年范犇，是该系在中国录取的6名全额奖学金博士生之一，他认为，成功是10%的天赋，加上30%的独立思考，再加上60%的勤奋，而30%的独立思考最重要。

西方发达国家的家长很重视从小培养孩子独立地思考问题、回答问题的能力，从下面的例子可以看出。

有一次，美国《孩子说出的出人意料的东西》的电视节目主持人，问一个七八岁的小女孩：“你长大了想当什么？”女孩自信地说：“总统。”全场一片哗然。主持人问：“你说，为什么美国至今没有女总统？”女孩不假思索地说：“因为男人不投她的票。”全场一片笑声。主持人对全场观众说：“愿意投她的票的请举手。”伴随着笑声，不少男人举起了手。主持人得意地说：“你看，有不少男人投你的票呀!”女孩淡淡地说：“还不到三分之一呢。”主持人不高兴地说：“请在场的所有男人举起手来。”在哄笑中，几乎所有的男人举起了手。主持人得意洋洋地说：“怎么样？‘总统女士’，这回大多数的男人投你的票啦！”沸腾的场面慢慢静了下来，观众想看这个女孩还能说什么。女孩露出了一丝与童稚不太相称的笑意说：“他们不诚实，他们心里不愿意投我的票。”全场一片掌声，一片惊叹……只有民主、自由的家庭教育才能培养出这样独立思考问题、幽默智慧地回答问题的孩子。

三、充分认识应试教育扼杀人的创新精神的问题

中华民族是勤劳智慧的民族，也是富有创新精神的民族。中华民族曾经在世界历史上创造过灿烂的文明，但近现代以后，中国的创新能力却明显地逊色于西方先进国家。诺贝尔奖设立至今已经进行了近百次评选，然而占世界人口五分之一的泱泱大国——中国籍公民却只有一人。原因固然很多，其中重要的方面是我国的教育有严重的问题，即人们常说的应试教育冲击德育、伪化智育、矮化体育，忽视人的独立性、自主性，扼杀人的创新精神等。

老师用标准答案扼杀学生创造性的典型例子很多，我就目睹过老师扼杀学生创造性思维的例子。我在中等师范学校工作时，曾带毕业生到小学实习。一位实习生在教四年级语文课中的《草船借箭》一文时，引导学生学习分段。同学们有分三段的，有分四段的，也有分五段的。有一个学生却说分两段：第一句“周瑜看到诸葛亮挺有才干，心里很妒忌”为第一段，其余的那么长为第二段。年轻的实习老师用参考书上的标准答案——四段分法轻易地否定了学生的两段分法。很明显，这个学生是突破了一般的分三段或四段的思维定势，从因果关系的角度思考分段的。虽然他还不能说明分两段的道理，但已经朦胧地认为“妒忌”是因，“借箭”是果。后来我把这种方法概括为“因果关系分段法”，很多同行都同意。其实，给文章分段并没有一定的标准和答案，各人可以有不同的分法，标准答案会约束学生的创造性思维。

下面借用几位华裔诺贝尔奖获得者对中国教育的看法，启发我们进一步认识应试教育问题的严重性。

杨振宁教授说，中国传统的教育是从最抽象的、最高深的原则开始，然后一步一步地、完完整整地把一门学科又一门学科学好，培养出来的学生“胆子小，老师没讲过的不敢想，老师没教过的不敢做”。

丁肇中教授针对中国学生忙于应考，家长期望学生考第一的问题发表谈话说：“孩子在学校考第一不代表什么，至少我认识的科学家都不是年年拿第一的好学生。我自己更不曾考过第一名。小时候父母不管我，让我自己发展。”

朱棣文教授说，中国学校过多强调学生的书本知识和书面应试能力，而对学生的创新精神的激励则明显不足。在美国，教师和父母让他们的孩子，从小时候开始就养成自己思考与评价事物的习惯。特别是要求他们看待事物要有自己的新观点，只有这样才能逐步培养出青年的创造性。我们传统的教育，恰恰是在有意或无意之中扼杀青少年自己的思想和观点，最典型的事例是考试中的那些标准答案。

应试教育的教学往往是教学生如何回答问题，以学生没有问题为完成任务，很少教学生如何提问题、发现和提出有价值的问题。诚如尼尔·波斯特曼在批判压抑甚至扼杀人的创造精神的传统教育时说：“孩子们入学时像个‘问号’，而毕业时像个‘句号’。”因此，我们的孩子往往迷信书本、迷信权威，缺少好奇心、怀疑精神和创造精神。

四、学习、实践陶行知的民主教育与创造教育思想

陶行知是世界创造教育最早的探索者之一，是我国创造教育的开拓者。陶行知的创造教育理论和实践经验，不仅在20世纪三四十年代的中国和世界教育史上独领风骚，而且对当前我国全面推进素质教育、培养创造性人才有十分重要的指导意义。家长想使孩子成为创造型人才，应该认真学习、实践陶行知的民主教育与创造教育思想，树立以下教育理念：

1. 认清封建专制、传统教育（主要指应试教育）、家庭专制观念、迷信、自卑等妨碍创造力发展的种种原因，切实实施“六大解放”（见《创造力最能发挥的条件是民主》）的创造教育的原则和方法。

2. 立足实际，把“手脑双全”“征服自然，改造社会”“教人创造富的社会”作为创造教育的目标。

3. 重视启发觉悟，培养高尚思想道德品质、坚强的意志及团结协作精神等

非智力因素。

4. 相信“处处是创造之地，天天是创造之时，人人是创造之人”，尊重儿童，相信儿童，“承认小孩子有创造力”，“人人有创造力”。

5. 注重思维能力、想象能力，特别是创造性思维和创造性想象能力的培养和训练。

6. 陶行知说：“行动是老子，思想是儿子，创造是孙子。”以生活为教育的中心，实行教学做合一，以“做”为中心的教育。

7. 实施充分的民主教育，在对孩子充分了解、信任、尊重的基础上，激发儿童的积极性和创造性。反对压抑个性、摧残人才、扼杀人的创造性。

8. 鼓励孩子在集体创造中学习创造，支持孩子参与小发明、小创造活动。

9. 重视发展个性，对有特殊才能的孩子施以特殊的培养。

10. 常用创造发明家和科学家的动人故事教育孩子，激发人的创造精神，培养人的科学道德。

11. 重视通过绘画、音乐、歌舞等艺术教育活动（即美育）培养儿童的创造能力。

12. 家长要有改革精神、试验精神、创造精神、民主精神。

13. 陪孩子多看小发明、小制作的电视节目，把民主教育、科学教育和创造教育结合起来。

生活教育篇

生活即教育。

过什么生活，受什么教育。

给生活以教育，用生活来教育，为生活向前向上的需要而教育。

体育为智体二育基本。

健康是生活的出发点，也是教育的出发点。

社会即学校。

在劳力上劳心。

造就会用脑指挥手，手开动脑的手脑健全的人。

——陶行知

过什么生活　受什么教育

女儿日记

1987年2月10日

爸爸的童年，是那样的清苦。
没有好饭好衣，却有欢声笑语。

寒冷的冬天，大雪纷飞，爸爸赤着脚，穿着破棉衣，
在冰冷的雪地里走路，脚冻得青一块、紫一块的。

艰苦的学习环境，却没有使爸爸后退。
童年时爸爸学习很好，成绩总是前几位。

那时爷爷被打成“右倾”，奶奶又去“劳改”，
抛下七个孩子，数我爸爸最大。
全部家务都落在了爸爸身上，洗衣，做饭，哄弟妹……
干着这些活，爸爸还学着习。

不，爸爸的童年不清苦，因为他学习好，不受批，
他们同学之间，有歌声，也有笑语。

背景介绍

我母亲可能对我女儿讲过我童年的生活学习情况，但没想到女儿会把它记录得如此详细，而且还用诗一般的语言写出来。看来，我童年的艰苦生活对女儿产生了积极的影响和情感共鸣，不然的话，她不会记得这么清楚，写得如此感人。

我父母亲在“文革”期间都受到错误的批判，我母亲被送到一个打井队里监督劳动，和劳改犯差不多，但不是“劳改”。

我的童年生活很坎坷，遇到许多失败和挫折。在1959—1962年的“三年灾害”及“文革”期间，正值美好读书年华的时候，我小学和初中毕业后两度失学在家。我是老大，全家的家务都落在了我的身上，买粮，洗衣，做饭，照顾弟妹，有时间也读点书。

点评

家庭教育专家、北京师范大学的赵忠心教授指出，家庭教育具有非正规性，它是寓教育于日常生活之中的，是不能脱离家庭生活的。并非刻意的教育才是教育，无意识的生活使孩子受到的潜移默化的教育，有时却效果很好。人们常说，学校无小事，事事有教育。同样的道理，在家庭中，生活无小事，事事是教育。用伟大的人民教育家陶行知的话说，就是“过什么生活便是受什么教育；过好的生活，便是受好的教育，过坏的生活，便是受坏的教育”。我小时候过着贫苦的生活，自然受到贫穷和苦难的教育，这是人生非常重要的必修课。

恩格斯说：“不幸是一所伟大的学校。世界上只有一种不幸比任何不幸都不幸，那就是一辈子都没有遇到过不幸。”

苦难是人生最好的老师。苦难使人奋发，促人成熟，苦难使人坚强、刚毅。苦难是人生极其宝贵的财富。没吃过苦的人，体验不到现在的甜。

现在，经济发展了，大多数孩子不缺钱花了，孩子没有吃苦的环境了，加之父母的娇惯，因而很多孩子怕吃苦，家庭教育越来越难了。家长应该认识到创造或者寻找一个吃苦的生活环境，给孩子补上“吃苦教育”“磨难教育”课是非常必要的，否则，孩子就会身在福中不知福。能否做到，关键要看父母能否下决心，是否放心。

我的两个孩子之所以成人、成才，除了受到有目的的学校教育外，与他们生活在我这个穷知青的家庭中有关，与他们生活在经济上比较贫穷但精神比较富有的教师家庭中有关，与我有意识地在生活中进行教育有关。

陶行知的生活教育理论要求教育以生活为中心，教育与生活相结合，目的是“给生活以教育，用生活来教育，为生活向前向上的需要而教育”。家长要树立生活教育思想，把无意识的生活变成有意识的教育，使教育不脱离生活，以促进生活“向前向上”。教育孩子，首先要让孩子过上健康的、和谐的、文明的、俭朴的、自由的、艰苦的、互相关爱的生活，否则，一切教育都是苍白无力的。

有钱难买少时苦

女儿日记

1987年2月9日

我上小学一二年级的时候，我爸爸正在上大学，妈妈又在乡下，我只好和奶奶、爷爷一起生活。我的童年是在脾气暴躁的爷爷和慈祥的奶奶身边度过的，既有欢乐，也有痛苦。

吃过早饭我去上学。因为手冻僵了，解不开棉裤带，拉的一裤子尿，我又哭了，泪水浸透了我的围巾，流满了我的面颊。我在泪水中失去了快乐的童年。

点评

从健康的角度讲，应该是“有钱难买老来瘦”；从孩子成长的角度讲，应该是“有钱难买少时苦”。现在，有句话叫“再穷不能穷教育，再苦不能苦孩子”。前半句话是对的，是重视教育的思想。针对当前的教育问题，后半句话应改为“再富不能富孩子”。从小让孩子吃些苦，受艰苦生活的磨练是有利于孩子成长的。据说巴西的足球明星贝利曾说：“我儿子在足球技术上也许可以达到我的水平，但在思想水平上永远达不到我的水平，因为他没有吃过我那么多的苦。”中国自古就有“上辈当官，下辈砸砖”“富不过三代”的说法，当然这也不是绝对的，不能肯定出生于富裕家庭的孩子就不能成才，出生在贫苦家庭的孩子就一定成才，关键还要看这些官员和富人的教育思想和道德修养如何，会不会教育孩子。

我的两个孩子的健康成长肯定与我的教育有关，但贫苦的生活环境起了决定作用。

我出生在一个穷教师的家庭之中，是一个下放在农村里的穷知青。我当时穷困的程度，说出来人们可能不相信。1968年底，我和三弟一块儿下放农村。虽然我父母亲都是教师，但我家兄弟姊妹7人，布票不够用，被子少，衣服少，我兄弟俩下放时只有一床被子，冬天我俩铺麦秸、铺棉袄睡觉，穿的衣服和农民的孩子差不多。当时，我参加了公社文化站的文艺宣传队活动。下放几年了，文化站的站长还以为我是回乡知青。当上级号召知识青年“扎根农村干革命”，即允许知青结婚时，我追求的一位女孩却因为我贫穷而拒绝了我。后来很多知青通过关系招工走了，我因无钱请客送礼，只得“扎根农村干革命”，当了耕读教师，在生产队里当“小孩王”。后来又到大队学校教小学、教初中。出生在这样的家庭里，我女儿小时候没有像样的儿童玩具，只有农村孩子几乎都有的扑棱鼓。孩子缺衣少食，营养不足，身体又小又瘦。可能是孩子适应了这样困苦的生活，孩子的抵抗力较强，很少生病，而且意志比较坚强，能吃苦耐劳，这为她以后应付紧张而繁重的高考、考研做好了意志力的准备，为追求成功的人生打下了牢固的基础。同时，她也在贫穷的生活中体验到了父母的辛劳，热爱、孝敬、报答父母养育之恩的情感不知不觉地就培养起来了。这是现在许多独生子女不可能有的生活和教育环境。大多数独生子女意志薄弱，与他们的生活环境和父母的溺爱有很大的关系。

1995年，女儿以优异的成绩大专毕业，她的许多同学，因家长有经济实力和活动能力，多数被安排在城里的中学或行政机关工作。我没钱，也不愿请客送礼，也想培养孩子的自立能力，就把她安排到农村的一所中学当了教师。她感到在农村工作没前途，不想去那里工作，我就劝她参加专升本的成人高考，报考了省教育学院教育管理系。她大专学的是外贸英语专业，而考教管系主要考教育理论。我就给她找了几本教育理论的书，并辅导她准备考试。由于她有坚强的毅力和自学能力，更重要的是她有上进的动力，不怕吃苦，经过两个多月的刻苦自学，当年她就顺利地考取了省教院的教育管理系。她继续刻苦自学，一年后，本科没毕业，又考上了华南师范大学教育系的研究生。

后来有人问我：你是怎样教育女儿的？我说：因为我无钱、无权又无能，只好让孩子自立、自学了。用陶行知的生活教育思想来解释，就是“过什么生活，受什么教育”。用军事术语说，就是“置之死地而后生”。用教育理论的话说，就是“环境起决定作用”。她的一些在行政机关工作的同学看她考上了研究生，也想考研，无奈环境优越，吃苦精神不足，意志薄弱，都未能如愿。

改革开放使我国的经济迅速发展，很多人有钱了，许多父母再也不想让孩子吃苦了，不知不觉地溺爱、娇惯起孩子来。我向农村中小学校长调查学生辍学的情况，校长们说，现在不仅初中的学生不少有厌学情绪，小学生的厌学情况也越来越严重。原因之一是很多父母在外打工挣了不少钱，为了表达因不能亲自照顾孩子的歉意，往往给孩子很多零花钱。有的还告诉父母，即孩子的爷爷、奶奶，不要对孩子太苛刻。所以，很多学生有吃、有穿、有钱花了，学习的上进心不强了。孩子没有吃过苦，受过难，意志力、控制力普遍较差，抵不住各种诱惑，贪图吃喝玩乐，特别是独生子女，苦事、难事都让父母干完了，心理承受力差了，经不起失败和挫折了，心理问题不断增加。因此，家长们应狠下心来开展磨难教育、吃苦教育、挫折教育，磨砺孩子的坚强意志，提高孩子的耐挫能力，这样才能追求成功、幸福的人生。

人富了如何"穷"孩子呢？

1. 家长以身作则，勤俭节约，不摆阔气。李嘉诚是世界华人首富，但个人生活节俭，穿戴平常。他从小受过苦，当过店小二，深知"穷"孩子有好处。他鼓励儿子李泽楷勤工俭学，自食其力，不许儿子摆阔显富，仗富欺人。

2. 多给孩子讲讲古今中外名人吃苦成才的故事，也讲富人家的孩子吃喝玩乐、败坏家业的故事，让孩子理解"自古英雄多磨难，纨绔子弟少伟男"，"苦难是人生的一所好学校"的深刻含义。

3. 意志是在克服艰难困苦的活动中锻炼出来的。没有意志的人，不能刻苦地、持之以恒地学习、工作，什么事也干不成。家长要利用一切机会让孩子到艰苦环境体验生活，磨炼意志，以提高孩子生存、生活的能力。

4. 回访生活过的地方，如下放的农村、战斗过的战场。

陶行知说："吃得苦中苦，方为人中人。"合理的要求是训练，不合理的要求是磨练。没有要求就没有教育，没有严格的训练就没有良好的习惯和坚强的毅力。没受过批评指责，甚至委屈，就不能动心忍性，就很难"曾益其所不能"。我们要教育孩子下定决心，持之以恒，"苦其心志，劳其筋骨，饿其体肤，空乏其身"，吃苦耐劳磨意志，艰难困苦育儿成。

姥姥是个好榜样

女儿日记

1994年10月1日

一觉醒来，已是傍晚时分，望着窗外的几抹红云，我忽然想起了病榻上的姥姥和她的一生。

听大人们说，姥姥生在一个大家庭里，但并不富裕。所以，在家未嫁时，姥姥就样样活儿拿得起，放得下。虽然是唯一的女孩子，又排行最小，却无人娇惯。后来，姥姥嫁给了姥爷，生活自然发生了变化。但姥爷不是一个性情温和的人。因姥姥比他大几岁，又不识字，而姥爷是学堂毕业的小先生，不喜欢姥姥，常常给姥姥脸色看，这种不如意的婚姻生活几乎伴随了姥姥一生。听妈妈说，在她十几岁的时候，姥爷因病住院，姥姥买了鸡蛋去看姥爷。姥爷一看见姥姥，就把头一扭，一句话也不愿和姥姥说，姥姥只好难过地离开了医院。可姥姥并不抱怨，还是默默地孝敬老人，伺候丈夫，照顾孩子。姥爷的胃病也多亏了姥姥数十年如一日的精心调养，这使姥爷抱病走过了被错打成反革命的日子，熬过了“文化大革命”被停止工作的日子，直到平反重新回到工作岗位。

姥爷去世了，儿女们也都出嫁了，姥姥又担负起照顾第三代的责任。我就在姥姥身边生活过好几年。在我模糊的记忆里，深深地印下了姥姥操劳的身影。我从不知姥姥每天早晨是何时起床的，只知道我起床时，姥姥早已做好了饭，喂完了猪呀鸡呀，准备下地干活了。我也不知道姥姥晚上是何时入睡的，好多次我半夜醒来时，不见身边的姥姥，便拖着鞋出来，倚在门框边，看见院子里月光如水，姥姥在月影下洗红芋、切豆饼、剥玉米……婆娑的树影遮住了姥姥弯曲了的背，只见灰色的发丝在夜风中飞舞。

说不清为什么，大舅到40多岁都没娶上媳妇，这便成了姥姥一块心病。一天姥姥上地干活回来，在路边发现一个弃婴，已经60多岁的白发苍苍的姥姥毅然把她抱回家，一点点、一滴滴用心血抚养她长大，教她学说话时，喊大舅为爹，喊自己奶奶。就这样姥姥替大舅养大了一个女儿，使大舅暮年时不再无依无靠，孤苦伶仃。

能为别人做到的，姥姥几乎都做到了。忽然有一天，姥姥在黎明时晕倒了。70岁高龄的姥姥在辛苦了一辈子之后倒下了，开始了常年瘫痪在床上的生活。我很难想象这两年多的日子，姥姥怎样一天天熬过的。俗话说久病床前无孝子，面对着儿女们并不周到的照顾和孤寂，姥姥会有怎样一种心情。每次去看姥姥，都见她靠着被褥坐在床上，两眼茫然地看着前方，布满皱纹的脸上看不出什么表情，几乎是麻木的。在几百个清醒的日子里，姥姥都是这样寡言地度过。我也许永远都不可能知道，每每这个时候，姥姥在想什么，或者什么也不想，只是这样痴望着，在孤独中走过人生剩余的时光……

天已经黑了，我仍然躺在床上想姥姥。泪水早已浸湿了枕巾。恍惚中，似乎听到一声心底的呼唤：姥姥！我的好姥姥！刹那间，好像有千百个声音一起在呼喊，响声在大地的上空回荡，回荡……

1995年1月17日

有时候我给姥姥喂饭，看着她半残的面容和吃饭狼吞虎咽的样子，竟无语流泪。很难说清这泪水流出的是什么样的感情。我从姥姥那儿看到人生的不易，也更珍视生命的价值，不敢再虚度一分一秒。

1995年2月28日

今天早上上完两节课，我就骑车下乡去看姥姥。这两天心神不宁的，一直担心姥姥。

姥姥盖着两层被，直直地躺在那里。我问她可知道我是谁，她好像已经看不清了。我告诉她，她才恍然大悟，脑子里还是很清楚的。听妈说，姥姥身上已经烂得发黑了，皮下组织已经丧失功能了。我不忍看，怕又心疼落泪，而且动一动一定很痛。我总觉得这也许是最后一面了，便想多看姥姥一眼。

已经快五点了，我跟姥姥告别，又看了姥姥几眼，便上路了。走前，问姥姥想吃点什么，下次好带来，姥姥说什么都不想吃。

辞别了姥姥，回到家的时候，天已经黑了。我不知道这条路还能走几回，还能看几回姥姥！

背景介绍

因学习和工作需要，我曾三次把女儿送到岳母家生活。

第一次是1977年，邓小平决定恢复高考制度。为了复习迎考，在最忙的秋收秋种季节里，我离开了下放的家，到城里拜师访友，夜以继日地复习功课。我爱人替我在大队小学教课，两岁多的女儿不得不送到离家70多里远的岳母家，请岳母照看。

苍天不负有心人，我这个初中毕业的民办教师考上了师范学院中文系，我要长期离开妻子和女儿到城里上学。爱人当了民办教师，还要耕种承包的土地，无力照顾女儿，我第二次把女儿送到岳母家。从1978年春到1979年秋，女儿大部分时间是在岳母家度过的。

第三次是1983年秋，因工作需要，学校派我到省教育学院进修教育理论，我父母无力照顾孩子，我只得又把女儿送到岳母家生活了半年，让她在附近一个小学插班读书。她虽然得不到父母的爱，却得到姥姥的关心爱护。

在女儿的日记里，多次写了姥姥，而且写得很感人，可见她和姥姥的感情很深，很爱姥姥。我岳母晚年患脑血栓病，晚期拉屎、尿水都在床上。我女儿看到后，不嫌脏，不怕臭，为姥姥擦洗身体，换洗衣被，比她妈妈还有耐心，并要“把被子带来，住在姥姥这儿，一天做三顿饭给姥姥吃”，当时在场的亲戚都非常感动。

点评

我每一次读女儿的这几篇日记，都感动得流泪。从女儿生动、形象、感人的日记里，可以看出她对姥姥的孝心、爱心，对姥姥的关爱、悲悯之情，看出女儿丰富的情感世界和高尚的人性美。

我十分佩服岳母的人品，也很同情她辛苦受累的一生。从我岳母身上看出许多优秀母亲（农民）身上普遍存在的勤劳节俭、朴实诚信、吃苦耐劳、默默奉献、无怨无悔，甚至忍辱负重的高尚品德。我岳母虽然没有文化，但一生辛劳，生儿育女，相夫教子，任劳任怨，善良宽厚，她的思想境界、道德品质比很多有文化的人高尚得多。特别是她的吃苦耐劳精神，为人宽厚的品德。正如我女儿所说：“能为别人做到的，姥姥几乎都做到了。”我经常和我爱人提起岳母的优秀品质。

女儿在姥姥家常帮助姥姥做些简单的家务，到农田里拾庄稼，到菜园里浇水、拔草，呼吸着农村清新的空气，和同村的孩子一块儿上学，放学了一块儿回家，一块儿玩耍，没有学习的压力，没有严格的管教，过着清贫但自由、快乐的生活，不知不觉中感受、体验着中国农民的勤劳、质朴、节俭、仁爱、宽厚的性格，受到姥姥潜移默化的影响，女儿和姥姥建立了亲密的关系，一生都怀念她的姥姥。女儿在姥姥家的生活，虽然对她的知识学习有些影响，回城重读了二年级，却培养了女儿的爱心和孝心，这比学知识更重要。

人们常说，榜样的力量是无穷的。我这个没有文化的岳母是我们全家学习的榜样，是最宝贵的教育资源，是我女儿最合格的德育老师，是最称职的生活老师，是影响女儿一生的人师。陶行知说，“生活即教育”，“用生活来教育”。和高尚的榜样生活在一起就是最好的教育。

身体不好是废品

女儿日记

1987年2月7日

我和爸爸每天早晨起来跑步已经三天了，一天比一天有进步。

第一天，我只能从三岔路跑到飞机场，而且气喘吁吁，满头大汗，回来就只能走着了。第二天，我跑到飞机场，已没那么喘了，回来时也能跑一半的路了。第三天，我不但跑到飞机场，而且又跑了回来。三天中，我的腿疼过，腰酸过。但是在爸爸的鼓励下，我克服这些痛苦，顺利地过了前三天。我想，第四天会比第三天更好的。

1987年2月8日

俗话说："一日之计在于晨。"早晨空气新鲜，天空明朗，太阳还没有露脸，我和爸爸、弟弟便起床跑步了。

凉风直往衣服里钻，我的头发被吹得飘飘扬扬。一层薄薄的乳色的雾气笼罩着大地，不一会儿，太阳露出了脸，雾气便慢慢散去，最后便无影无踪了。勤奋的人们已经开始工作了，我们也已经跑出汗来了。太阳升起来了，我们爷仨也跑步回到家，一天的生活就这样开始了。

早晨来得那么匆匆，又去得那么匆匆。我多么希望永远生活在早晨里，因为早晨跑步永远使我精神振奋。

点评

教育工作具有多端性，可以从智育（学习知识）开始，也可以从德育开始。我认为，家庭教育应该从体育开始，因为这比较容易做到。如和孩子一起晨练，这是引导孩子磨炼意志、养成良好习惯的办法，关键在于持之以恒。

我在初中时当过体育委员，一直爱好体育活动，几十年如一日坚持体育锻炼。从上大学时开始学打太极拳，到现在已经坚持了30多年。我在师范学校工作时，坚持要孩子每天起早和学生一起上早操；假期里，我坚持和两个孩子起早跑步。我的两个孩子身体素质都很好，意志力较强。儿子上初中时学拳击不怕苦，在部队训练不叫苦，现在跑销售不嫌苦；女儿复习考研不怕苦，经常学到夜里一两点钟，这与我以身示范、重视体育锻炼有关。

陶行知说，“健康第一”，“体育为德智二育基本”。“健康是生活的出发点，也是教育的出发点。”他在“每天四问”中的第一问，就是“你的身体有没有进步？”

人生有两大爱好最有价值，即体育锻炼与读书。一个作用于人的生理，使人身强体健；一个作用于人的心理，使人精神丰富。

斯霞老师说：“德育不好是危险品，智育不好是次品，体育不好是废品。”应试教育使中国青少年学生的身体素质普遍下降，已经引起了许多有识之士的关注。可惜的是，现在学校的体育课大多马马虎虎，不少家长重视智育，不重视体育，其后果不仅是孩子的体质差，更严重的问题是孩子的意志薄弱，自制力差。这样下去，孩子不仅有可能成为“废品”，严重的可能会成为“危险品”。因为，意志薄弱的人，控制能力差，往往贪吃、贪玩，成为网迷和胖墩，打起架来不要命，其后果往往不堪设想。可见，体育的重要意义不仅在于增强体质，是养成良好的健身习惯，更是锻炼坚强意志、增强自控力的重要途径。

现在，经济发展了，贫苦的生活远去了，许多人好吃、懒动的本性膨胀了，早晨起不来了，几乎没有“苦其心志，劳其筋骨”的机会了，身体素质普遍下降了，意志力也普遍薄弱了。不少孩子学习不好，不是因为笨，是因无恒心；不是不聪明，而是不能自控。应该坚持的，有点困难就动摇，应该抵制的诱惑抵制不住。没有意志的人，不能吃苦耐劳，什么事也干不成。

体育的重要意义除了增强体质、锻炼意志外，还可以促进智力发展，培养良好的道德品质和个性心理，增进快乐，调节情绪。研究表明，经常参加体育锻炼的人，大脑会分泌一种叫“内腓肽”的物质，科学家称之为“快乐素”，它能使人产生愉悦。所以说体育可“养乎吾身，乐乎吾心”。

学会健身是21世纪的教育理念。一个人如果每天锻炼一小时，就能快乐工作50年，幸福生活一辈子。

在古希腊奥林匹亚阿尔菲斯河岸的岩壁上刻有这样几句名言：如果你想聪明，跑步吧！如果你想强壮，跑步吧！如果你想健康，跑步吧！朱永新教授将这几句话改为：如果你想拥有健康的心灵，请参加体育活动吧！如果你想拥有强壮的体魄，请参加体育活动吧！如果你想拥有成功的人生，请参加体育活动吧！如果你想拥有体育活动的习惯，请从学生生涯开始吧！我再增加一句话：如果你想让孩子成才、成功，请从体育开始吧。

爸爸支持我游学

女儿日记

1992年4月29日

今天下午，刘老师宣布到南京去春游，同学们都很高兴。老师接着说要包车，每人车费三十多元，旅馆费十元，门票五元，食物自备，一共要六十元左右。我一听就蒙了，妈妈哪舍得花这么多钱让我去春游，八成我是去不了。我不好说没钱，只好跟老师说我去过了。这使我感到很自卑，就像穷人站在富人面前一样。别的同学根本不为钱担心。

我回家试探着问爸爸，爸爸说：“春游好啊！”我说花钱太多，咱家不是没钱了吗？爸说借钱也得让你去。我听了，禁不住好惊喜，好激动。

点评

我一贯提倡在游览、游历、游玩中学习。儿子四岁多时，我到芜湖开教研会，带他旅游了芜湖和南京，步行到南京长江大桥游览。女儿初中毕业时，我带她游了黄山。她玩得高兴，触景生情，写了很值得孩子们一读的游记——《游黄山》。

中国的古人提倡“读万卷书，行万里路”。李白读万卷书，又行万里路，才写出那么多脍炙人口的诗文。俞平伯教授认为，“读万卷书，行万里路”是对一桩事情的两种看法：游历是读活动的书，读书是广义的游览。把旅游摆在和学习知识同等重要的地位，这是非常有道理的，这是中国传统文化中非常优秀的理念。美国的父母把旅游当作重要的教育方式，美国人家庭开销的很大一部分用于旅游。

我参加的学术会议较多，游玩的地方也不少。我的体会是：旅游是有效的爱国主义教育，是直观形象的美育，是潜移默化的德育，是锻炼身心的体育和心育，是难得的生态环保教育，也是热爱生命的教育。游历祖国的名山秀水、名胜古迹，能够了解各地的风土人情，感悟各民族人民的人文道德、名人趣事和发展历史。不游黄山，怎能知晓黄山的云海、奇松、怪石的奇特壮观？不游苏杭，怎能领略祖国的园林建筑之精美绝伦？不游北京、西安，怎能知道祖国历史文化之悠久灿烂？不游览各地的历史博物馆、革命博物馆，怎能了解中国历史之悠久，革命之艰辛？不到海边，怎能理解“海纳百川，有容乃大”的名言？不入古寺，怎能体验到难得的宁静与心灵的净化？不登庐山，怎能体会到“横看成岭侧成峰”的诗意？不入云南，怎知石林之奇景，怎能感受大自然的神奇造化？不游泰山，不亲自看见“挑山工”的辛苦，怎能够理解《挑山工》的教育意义？不看日出，怎知日出之壮美，怎能理解《看日出》的文意？不经常组织“春游”“秋游”“红色旅游”等，怎能写出大自然的美景，怎能受到革命传统的熏陶？大城市的儿童不到农村“郊游”，怎能分清韭菜和麦苗，怎能体会“粒粒皆辛苦”的含义？在游学中，我们能体验到只学书本无法体验到的东西。游学不仅学习了历史知识、地理知识，受到人文精神和美的陶冶，更激发了人们的爱国情，激励自己为振兴祖国发愤学习，努力工作，为保护环境而积极奉献。旅游是一种能很好地促进人的德智体美劳全面发展的教育活动。

游学是人生不可缺少的一种非常重要的学习方式和生活方式，更是儿童非常感兴趣的事。在旅游中学习是乐学，是自学，是体验，是感悟，是潜移默化，是动情感、健身心、炼意志的活动，能激发活力，促人上进，延年益寿。

应试教育使孩子学习太累了，太苦了。现在，人们的生活水平提高了，旅游花钱不成问题了。家长应该积极利用各种假期带孩子游学，这对孩子的健康成长绝对大有益处。

1990年暑假，我到歙县参加全省学报工作会议。这年我女儿初中毕业，我带着她，在会议的前一天，和我妹妹及其女儿一行四人游了黄山，我要求女儿写了下面这篇游记，详尽记录了游黄山的全过程，这里选择了其中主要的内容。女儿的文笔之流畅、描景之逼真、情趣之健康、感悟之深刻、联想之丰富让我惊讶。女儿的成才与她的观察力强、语文基本功好有很大的关系。

游黄山

1990年7月25日

天还是一片灰蒙蒙的，我和爸爸、姑姑、彬彬便钻进了出租车，在盘旋的山路上蜿蜒前进，向后山的云谷寺开去。远处东面的山腰出现了一片红霞，云霞游动着，圆圆的太阳慢慢地浮上来了，然后用力一顶，一个没有耀眼光芒的红彤彤的太阳便挂在山间的天上了。

我们来到隧道口还不到六点钟，小轿车、大汽车已经停了十多辆，排队买电缆车票的队伍像长龙一样，黑压压的一片，约有上千人吧。人们的生活水平有了很大的提高，像以前吃不饱、穿不暖的日子，谁有多余的钱、多余的情趣来游玩呢。

我们进了缆车，车壁是由透明玻璃装成的，我们也乐得站在那里观景。车慢慢启动了，简直平稳极了，不断地加速上升，山谷离我们越来越远，四周是山，山上长满了翠绿的松树。往下看也是一片翠绿，整个天空给人广阔、幽美而又和谐的感觉。人们担心的那种可怕的情形在我心里早已荡然无存。我的心胸也随之开阔起来，充满了豪气，充满着大山绿树，却也不乏柔情。

途中，我们也看到了下面的山路，窄窄陡陡的一条羊肠小道上，人们像蜗牛一样吃力地慢慢地往上攀。两个多小时的山路，坐缆车8分钟便到顶了，现代科技之先进不能不为之感叹！

走出电缆车，便到达了白鹅岭。在山下那浑身的燥热顿时消散了。有几个穿着短裤短褂的女孩冻得缩成一团。来到一片平台上，依着扶栏，靠着青山，我们拍了照片，留下了永久的纪念。

黄山风景优美，空气新鲜。走不多远，我们便看到了黄山四绝之一——怪石名景——妙笔生花。这个景的名字若不是某人妙手偶得，也确是经过一番锤炼的了。你瞧，那石头自然形成的圆圆的、粗粗的、长长的，顶点尖尖的，不就是一支笔吗！那笔端上挺立的曲曲折折的松树，不正宛如大笔上的一朵小花吗？妙啊！还有远处的十八罗汉上高桥，附近的始信峰、骆驼峰，简直妙不可言。

往下走，我们便来到了北海，古色古香的北海宾馆清晰地矗立在我们的面前。楼房、商店、小摊，熙熙攘攘的游人，一切都依然是小街市的形象。房价很贵，我们不敢问津，马不停蹄地来到了"清凉世界"。清凉世界又叫清凉台，并非此处真比他处清凉，而是北海观日出的佳处。这里有一景美其名曰"猴子观海"。站在清凉台往北看，一座山峰上有一块赫然显露、宛如猴状的石头，正抬头眺望东方的云海中的日出，游人称之为"猴子观日"。

树叶中透出点点金光，热度越来越强，身上的凉意渐渐消散了，浑身是汗，路也显得漫长了。往对面一看"飞来石"挺立在眼前。一块石头飞来落在另一块石头上，那奇异的景象，不能不令人浮想联翩。许多美丽动人的传说由此产生。

11点多了，我们简单地吃了午餐，也休息了一会儿，便登上了光明顶，莲花峰、天都峰呈现在眼前。远看莲花峰，峰顶周围的个个山峰一律向上，紧围着主峰，呈莲花状，故曰“莲花峰”。“天都峰”以“险”闻天下，上“鲫鱼背”平滑，使人望而生畏，两腿发抖。

站在光明顶，可以看到远处的“鳌鱼驮金龟”，那石头怪得让人心奇，鳌鱼张着嘴，金龟昂着头，栩栩如生，形态逼真，令人难忘。

来到鳌鱼洞前，只觉得是一块大石头罢了，几丈高的石顶颇为平滑，上面已有几个人手拉着手慢慢向前蠕动。我们继续前走，扭头一看，“鳌鱼”正张开大嘴对着我们，我们只好让它吞下去了。那口中的石阶梯就像它的利牙，既尖又陡，似乎一不小心，就会滚到它的肚子里。我们小心翼翼，慢慢地竟然从“鳌鱼”口里“逃”了出来。为了纪念这次“生命的挑战”，我们在这里拍了照。

因莲花峰施工，不准攀登，我们只好向玉屏楼挺进。天越来越暗，山间布满了乌云，就在我们即将靠近玉屏楼的时候，老天爷落泪了，豆大的雨点砸在我们身上，打着伞，依然淋得厉害，阵阵雷声震耳欲聋，让人心惊胆战。

玉屏楼的屋檐下站满了人，你挨着我，我贴着你，浑身的水像淋浴一般，冰冷的衣服紧贴在身上，冻得我直哆嗦。姑姑穿得薄，比我们更冷，但却不忘观景。她指着天空让我们看，透过雨帘，只见那山坳间乌云上下翻腾，一会儿一起涌出，一会儿一起落下，远处的石头都雾蒙蒙的。近处，我平生第一次看见瀑布，那白色的水带从山上伸下来，嵌在青山上，那么引人注目。尖利的石头将这玉带击得粉碎，刹时瀑布又变得汹涌澎湃，翻滚着向山下冲去，真是难得一见的美景。

雨点小了点，但仍让人睁不开眼睛，也使人无法观赏迎客松的英姿了，我们留了影，再往下走，来到了天都峰的脚下。望着那通往峰顶、青云直上、陡峭的石级，我们只好敬而畏之了。然而，勇士辈出，下着大雨，仍有人不停地往上攀登。我不禁惭愧万分，如今有路却不敢登。想当年，徐霞客无路而从文殊院（即现在的玉屏楼）直登天都峰，发现了“万峰无不下伏，独莲花峰与抗耳”之态势，我们是无法领略了。

继续前行，无甚奇景，只是听到了让人心惊的奇闻：“天都峰上雷电打死人了！”“大概四十多岁，一个男的。”“打得浑身发紫，眼珠都出来了，好吓人啊。”“幸亏我们没登天都峰。”人们七嘴八舌地议论着，这便是冒险的代价，没想到会出现这样的事。

雨停了，太阳出来了，刚才冷得让人打颤，片刻工夫，人又热得受不了了。山上果然是气象万千，变化莫测。

我们顺着石级走，腿慢慢地变硬了，一打弯就痛得要命。我们艰难地走走歇歇，终于来到黄山脚下，黄山之行顺利地结束了。然而，我的无限遐想并没有随着旅游的结束而结束，黄山这自然之宠物必将留在我的记忆里。若不是勇敢、勤劳的劳动人民开凿的石级，黄山那美丽迷人的风光怕不能为许多游人领略了，我怕是今生也登不了黄山了。我感谢那些不畏艰难的探险者，感谢那些开凿山路的劳动者，感谢那些为游人服务的工作者。

放手让孩子读"无字之书"

女儿日记

1993年5月20日

我高中毕业了，学习不那么紧了，可以抽出一些时间到社会上去读无字之书了，可以交一些朋友，积一些交际处事的经验，以便两年后走出校门的我，活得更好。毕竟，子女不能靠父母一辈子，我们终究要靠自己去闯，去搏。请求爸爸把我当成一个大人，不再是一个叽叽喳喳的小孩子。我要用十八年来我的所学、所闻、所知独立地处理自己的事情。重要的事情我当然会找父母商量，毕竟"不听老人言，吃亏在眼前"。女儿要多交一些不同类型的朋友，请相信女儿判断是非标准的能力，相信你培养了十八年的热爱生活的我，是积极向上的，请放开你呵护的双手，让我像小鸟一样，去自由地飞。

点评

这篇日记反映了高中毕业的女儿希望我把她"当成一个大人"，要求我"放开你呵护的双手，让我像小鸟一样，去自由地飞"，要"到社会上去读无字之书"。这种思想、勇气和自信是很可贵的，这与我一向支持、鼓励她独立、自主地学习社会、广交朋友、积累社会生活经验有关。

陶行知先生说："生活即教育，社会即学校，教学做合一。"并要求"以做为中心”，“不做无学”。人的一生要接受家庭、学校、社会三个方面的教育。社会是个大学校。人的发展是在社会实践活动中实现的。美国规定：大中学生都要参加一定时间的社会活动，到需要的地方做志愿者，了解社会，服务社会。中国的许多家长怕孩子到社会上出事，不支持孩子参加社会实践活动，很多孩子社会活动能力很差。

我的两个孩子中小学学习都一般化，但他们学习社会、适应社会的能力都很强。特别是我儿子，只有大专文凭，现在却当上了副总经理。我们既要重视孩子学习书本知识，更要放手让孩子读懂社会这本无字之书，这是一本比有字之书更重要、更难读的书，是一本人人必须读的人生“教科书”。

女儿日记

1991年6月29日

人没有了精神寄托，整日无所事事，上进心就会慢慢磨灭，生活就会散漫，往往会走上邪路。那些忙碌了一生的老人们，老了也闲不住。像我爷爷，整天到老干部活动室抄资料，看书学习，不仅上老年大学，还是市里关心下一代协会会员，经常给那些家庭有困难的老人解决难事，博得了许多人的好评，他的事迹还刊登在《颍州月坛》上呢。从此，我爷爷忙得更欢了。所以说，人不能闲着，否则，生活会变得没有意义。不管你是学生、工人，还是待业青年，只要认准了一条道路，只要能使自己的生活变得充实、有意义，就要走下去，坚持不懈，总会有所成就，有所收获的。

背景介绍

我父亲退休以后，热心关心下一代的工作，积极创办老年活动中心和幼儿园，免费接收缴不起费的幼儿入学。他老有所为的事迹上了报，得了全国三等奖。我父亲一辈子教书育人，默默无闻，没想到老了却出了名。

点评

女儿的日记记述了我父亲晚年老有所为的情况。可贵的是她从我父亲的晚年生活中读懂了人生意义——人不能闲着，否则，生活会变得没有意义。她深刻地认识到：找到能使自己的生活变得充实而有意义的道路，只要坚持不懈地走下去，总会有所成就、有所收获的。这种极富生活哲理的思想靠死记硬背书本知识是不可能学到的。可见我女儿热爱生活、观察生活、善于读无字之书，并从中思考人生的意义，这有助于培养青少年正确的人生观、价值观。

我父亲的行为对我和我的女儿都产生了榜样的作用，这比读有字之书更有效果。我和我女儿都受我父亲的影响，一直在追求有意义的人生。

我们既要教育孩子学习书本知识，更要引导孩子善于读无字之书，学习身边的好榜样。

勤做家务孩子有望成才

我爱人是个勤于家务、讲究卫生的贤妻良母，在她潜移默化的影响下，儿子从小就养成了爱做家务的习惯，特别是在我到省教育学院学习的几年中，他和他母亲一起办年货、和面蒸馍、炸东西、打扫卫生，平时自己的衣服自己洗，干起家务来比我干净、利索，经常得到我和他妈妈的表扬。

儿子中小学学习成绩不好，高中毕业两年都没有考上大学。打工10年，现在当上了一个公司的副总，充分证明了"儿童小时候做家务劳动与其长大成才有一定联系"的结论是正确的。

美国哈佛大学的社会学家和儿童专家，对波士顿地区的456名少年儿童所做的长达20年的跟踪调查发现：爱干家务的孩子与不爱干家务的孩子相比，长大后失业率为1：15，犯罪率为1：10，且前者比后者的平均收入要高20%左右，此外，离异率、心理疾病患病率也较低。可见，儿童小时候做家务劳动与长大成才有一定联系。要想培养视野开阔、头脑聪明的孩子，必须锻炼手指活动能力。手指的活动能刺激脑髓中的手指活动中枢，能提高儿童的智力。

现在，很多家长经常对孩子说：不要做家务了，只要好好学习就行了。这不仅会使孩子越来越懒，不会做家务，不利于孩子智力发展，严重的问题是孩子不尊重劳动，看不起劳动者，不知"盘中餐""粒粒皆辛苦"，就会不珍惜劳动成果，进而不爱劳动，好吃懒做，将成为无用之人，严重者会走上犯罪的道路。

现在的啃老族越来越多了。据说，有这样一个男大学生，嫌工作不好，在家当了啃老族。妈妈吵他，他打妈妈。妈妈气得走亲戚去了，他却因好吃懒做，生活能力太差，饿死在家里，真是不可思议。

陶行知说："人生两个宝，双手与大脑。用脑不用手，快要被打倒。用手不用脑，饭也吃不饱。手脑都会用，才算是开天辟地的大好佬。"陶行知还批评中国教育教出来的一些"读书人成了书呆子，读死书，死读书，读书死"。饿死在家的这个大学生就是个典型的"读死书，死读书，读书死"的书呆子。

附录一

加强家庭文化建设　提高家庭教育水平

在一次家庭教育研讨会上，一位家长说：“现在我也有汽车有楼房了，银行里也有存款了，有钱吃喝玩乐了，但仍感到很纠结，不知怎样教育好孩子。”这涉及人生观、价值观、幸福观、教育观问题。其实质是物质文化发展了，精神文化没跟上的问题，教育问题更是一个文化问题，进行一两次讨论、提供一些简单的方法是难以解决问题的。中国人信奉的是中华传统文化，必须通过弘扬优秀传统文化，加强家庭文化建设，提高人的教育文化素养，来提高教育水平，解决人生观、价值观、幸福感和教育观问题。

一、充分认识文化的力量

加强家庭文化建设，必须充分认识文化的力量。

十八大报告把文化建设提到前所未有的高度。为了说明文化建设的重要性，胡锦涛同志在十八大报告中说：“文化是民族的血脉，是人民的精神家园。文化实力和竞争力是国家富强、民族振兴的重要标志。”

习近平同志在《文化是灵魂》一文中说：“文化的力量，或者我们称之为构成综合竞争力的文化软实力，总是‘润物细无声’地融入经济力量、政治力量、社会力量之中，成为经济发展的‘助推器’、政治文明的‘导航灯’、社会和谐的‘黏合剂’。一位哲学家曾做过这样的比喻：政治是骨髓，经济是血肉，文化是灵魂……要化解人与自然、人与人、人与社会的各种矛盾，必须依靠文化的熏陶、教化、激励作用，发挥先进文化的凝聚、润滑、整合作用。”

治国和治家的道理是一样的，加强文化建设对一个国家很重要，对一个家庭也同样重要。文化软实力是国家富强、民族振兴的重要标志，也是家庭幸福和兴旺的有力保障。一个没有文化的人，可能就是一个没有精神家园、灵魂不安的人。加强家庭文化建设就是为了发挥“文化的熏陶、教化、激励作用”，建设我们的精神家园，安顿我们躁动的灵魂，以建设一个文明、富裕、和谐、后继有人的幸福之家。

二、家庭文化建设的重点是习行中华优秀传统文化

中国人信奉的主要是传承了五千年的中华文化。因此加强文化建设的重点就是胡锦涛同志在十八大报告中提出的：“建设优秀传统文化传承体系，弘扬中华优秀传统文化。”

习近平同志在中央党校讲话时，要求领导干部“多读优秀传统文化书籍”。2013年11月26日，习近平总书记到曲阜考察，来到孔子研究院，对《孔子家语通解》《论语诠解》很感兴趣，说“这两本书我要仔细看看”。习总书记以身作则，带头“多读优秀传统文化书籍”，尊重和发扬中华优秀传统文化，是我们学习的榜样。

为什么两任总书记都要求我们弘扬优秀传统文化呢?

中华优秀传统文化具有包容性、先进性、时代性、超前性和世界性。世界四大文明之所以只有中华文明传承至今没有断代，是因为中华文化主张政以人为本、人以德为本、德以孝为本，倡导仁政德治、社会本位、群体和谐。中华文化历久弥新，海纳百川，与时俱进，培育了“自强不息，厚德载物”的伟大的中华民族，维系了中华民族的团结，推动了中国和世界的和平与发展。中国有如此广袤的疆域，如此众多的国民，如此强大的国力，优秀的中国传统文化是功不可没的。“文化大革命”没能革除中华文化，足见中华文化的强大生命力、巨大影响力。20世纪被誉为“亚洲四小龙”的香港、韩国、新加坡和台湾，都是信奉儒家文化的，它们的发展与儒家文化的助推力是分不开的。中国改革开放30多年来经济和社会的快速发展，中国文化圈内各国社会的稳定、经济的繁荣，也有力地说明了以人为本、以和为贵的中国传统文化与以个人主义为核心的西方文化相比，更有利于团结人民、教育人民，有利于社会的稳定和发展。

中华优秀传统文化的主体是孔子创立的儒家文化。孔子被西方人誉为“东方的太阳”，《论语》被称为“亚洲的圣经”。其思想不仅促进了中国的稳定、和谐、发展，对世界的文明进步也产生了巨大的影响。他的“和合”思想有利于世

界的和平共处与和谐发展；他的"天人合一"的卓见有利于解决全世界的生态危机；他的"仁""礼""信""宽""孝""恕"等道德思想成为中华乃至世界各国道德修养的重要内容；他的"有教无类""因材施教""学而不厌，诲人不倦"等教育思想依然散发着智慧的光芒。因此，近年来中国在全世界创办了几百所"孔子学院"，外国出现了"汉语热""儒学热"。一位诺贝尔奖获得者认为：如果人类要在21世纪生存下去，必须回首2500年前，去汲取孔子的智慧。可见中国优秀传统文化具有包容性、先进性、时代性、超前性和世界性。

自五四运动打倒孔家店以来，特别是"文化大革命"，把中国传统文化批得体无完肤，中国人对传统文化的误解达到了登峰造极的程度，致使很多中国人丧失了民族自尊心和文化自信心，没有了文化主体意识，文化自信陷入严重的危机。

很多中国人看不到中国传统文化中有许多宝珠，倒是许多西方学者很认同中国传统文化的影响与价值。早在20世纪70年代，英国著名历史学家、哲学家汤因比就指出："真正能解决21世纪社会问题的，只有中国的孔孟儒学与大乘佛法。"汤因比在同日本宗教活动家池田大作谈话时说："就中国人来说，几千年来，比世界任何民族都成功地把几亿民众从政治文化上团结起来。他们显示出这种在政治、文化上统一的本领，具有无与伦比的成功经验。这样的统一正是今天世界的绝对要求。中国人和东亚各民族合作，在被人们认为是不可缺少和不可避免的人类统一的过程中，可能要发挥主导作用。"我们有充分的理由坚信"中华文化是中华民族生生不息、团结奋斗的不竭动力"，是中华民族的血脉，是中国人民的精神家园。

第二，习行优秀传统文化有助于提高国人的道德水平。中国传统文化的特点是其人文性和道德性。《论语》和《道德经》中的很多内容，或直接与道德有关，或间接与道德有关。钱穆先生说："中国文化精神应称为道德精神，中国历史乃由道德精神所形成。"

经济发展是社会和谐、发展的物质基础，但人的物质生活水平提高，并不会自然而然地带来道德的进步和社会的和谐。目前，中国的经济发展了，人的生活富裕了，但贪污腐败、骄奢淫逸之风盛行，道德沦丧的现象比比皆是，最好的解决途径是弘扬以德为本的优秀传统文化，加强德育和德治。

习近平同志说："传统文化中，读书、修身、立德，不仅是立身之本，更是从政之基……领导干部多读优秀传统文化书籍，经常接受优秀传统文化熏陶，可以提高人文素质，增强对人与人、人与社会、人与自然关系的认识和把握能力，正确处理义与利、己与他、权与民、物质享受与精神享受等重要关系。要通过研读优秀传统文化书籍，吸收前人在修身处事、治国理政等方面的智慧和经验，养浩然之气，塑高尚人格，不断提高人文素质和精神境界。”这话既是对领导干部说的，也是对每个中国人说的。

中国的腐败和道德滑坡与“文化大革命”错误批判中国传统文化有直接关系。“文革”提倡“造反有理”，大破所谓的“旧思想、旧观念、旧风俗、旧习惯”，把中国人民几千年形成的传统观念和那些已经凝固在我们生活中的习俗（孝悌忠信、礼义廉耻等）都批判了，父子、夫妻互斗，朋友互批，同志互揭，君臣有义、父慈子孝、兄友弟恭、朋友有信都不讲了，伦理道德滑坡自然难免了。西方社会主要依靠基督教的精神来维持、提高人的道德修养。中国要提高国人的道德修养，必须复兴“以德为本”的儒家文化。正如美国著名汉学家、芝加哥大学终身教授艾凯所说：“虽然儒家本身不是一个宗教，但是儒家能够发挥宗教的功能，起到宗教的作用；只有儒家不需要借助超自然神明的信仰并仍能维持自身的伦理道德体系；也只有儒家能包容一切宗教，但不对任何特定的宗教深信不疑。在多元文化的现代世界，大概只有儒家才能让全世界在伦理道德的规范上达成共识。”

第三，优秀传统文化对中国人的修身、齐家、育人、治学、治事、治国有重大指导作用，习行优秀传统文化有助于提高家庭教育的水平。

国学经典《大学》曰：“身修而后家齐，家齐而后国治，国治而后天下平。自天子以至于庶人，壹是皆以修身为本。”

儒学是为人之学，教人孝悌忠信、礼义廉耻、仁爱和平、修身、齐家、治国，以成为仁人、贤人或好人；儒学是为官之学，教育官员民为邦本、民贵君轻、为官清廉、为民服务。因而，宋代宰相赵普有“半部《论语》治天下”之说。古有诸葛亮，近有曾国藩，今有周总理等，都是名垂千古的大儒、贤臣；儒学是为师之学，孔子不仅是世界伟大的思想家，更是伟大的教育家，是“万世师表”。当老师的、为父母的一定要学思习行儒家的教育思想，才能成为合格的老师和父母；儒学是为学之学，《论语》中有丰富的学习思想，对家长和孩子的学习永远具有指导作用。

曾国藩是毛泽东和蒋介石都佩服的晚清名臣。近几年，有关曾国藩的书有几十种，特别是《曾国藩家训》非常流行。曾国藩的成功是其坚持修身、齐家、育人、治国、平天下的成功，是其坚持“无一日不读书”“无一日不写日记”反省自己的成功，是其坚定的信仰和追求儒家成圣成贤目标的成功。晚清以来，中国一直流行着“做官要学曾国藩”的名言。其实，何止做官、做人、做事、做学问要学曾国藩，修己、育人更要学习曾国藩。

我的两个孩子教育成功也是我几十年习行孔子教育思想的结果。我在阜阳师范学院读中文系期间就开始读《论语》，毕业后曾三次到山东曲阜祭拜孔子，参观孔府，瞻仰孔墓，游览孔林，多年来一直研究、习行孔子教育思想，写作发表了《论孔子思想中的民主因素》《论孔子的教育革新思想》等文章。《论语》是我最常读的书，我很感恩孔子的教诲。下面几首不是律诗的诗，反映了我学而时习《论语》的心路历程和心得体会，以此说明孔子的伟大思想及高尚人格对我修身、齐家、治学、治事、育人的重大影响，对教育孩子的指导作用。

《论语》伴我三十年[①]

一

《论语》伴我三十年[②]，"师表"[③]教诲记心间。
改行机会四次弃，立志从教承父言[④]。

二

百读《论语》心不烦，研孔究教文百篇[⑤]。
"半部论语"修齐家[⑥]，儿女成才我成贤[⑦]。

三

①2013年暑假，我应邀参加了为期一个月的"中国传统文化伏羲班师资共修班"，为宣讲孔子生平和思想，我再读《论语》和《孔子评传》，有感而发，写了几首诗，回顾了自己研读《论语》的心路历程和心得体会。

②我于1977年考入阜阳师范学院中文系，1979年开始研读《论语》，至今已30余年。

③伟大的教育家孔子被尊称为"万世师表"。

④我父母都是教师，大学毕业后我发表了两篇文章，有几个行政单位的领导想调我去搞文字工作，皆因我受孔子影响，热爱教育工作，继承父母事业，四次放弃改行从政的机会。

⑤至今我已在《中国教育学刊》《教育史研究》等杂志上发表研究孔子、陶行知教育思想和其他教育论文近百篇。

⑥宋代赵普有"半部《论语》治天下"之说。

⑦我女儿博士毕业，现在国外工作，儿子是某大公司的副总经理，皆成人成才。"我成贤"指我努力学习古圣先贤，力争成为贤德之人。

学而时习圣人言，读教编著不偷闲[①]。
学业事业皆小成，“万世师表”恩如山。
四
习行《论语》为圣贤，德为根本孝为先。
忠义仁爱常记起，修身不忘礼耻廉。
五
《论语》教我学不厌，立德立功再立言。
诲人不倦四十载[②]，“人之三乐”[③]趣无限。
六
文化建设谱新篇，中华文化迎春天，
弘扬优秀古文化，老有所为乐奉献。

三、加强家庭文化建设的几条建议

第一，多购、多读优秀传统文化书籍。习近平同志说：“广大党员干部要养成多读书、读好书的习惯，使读书学习成为改造思想、加强修养的重要途径，成为净化灵魂、培养高尚情操的有效手段，要真正把读书当成一种生活态度、一种工作责任、一种精神追求、一种境界要求……”我们要努力把读书当成一种生活方式、一种生活态度、一种精神追求，以解决人生观、价值观、幸福感、教育观问题。最近十几年，全国出现了国学热，出版了很多传统文化方面的书，每个人都应有自己的书屋或书橱，有自己的藏书。我们应该多购、多读《论语译注》《孟子译注》《大学》《孔子家语通解》《论语诠解》《论语心得》《曾国藩家书》《弟子规》《三字经》等书。如果能坚持写日记，写点读书心得， 给孩子树立一个好学、勤学的榜样，对孩子的教育效果会更好。

第二，多听宣讲优秀传统文化的报告，如中央电视台《百家讲坛》栏目播出的于丹主讲的《论语心得》、鲍鹏山主讲的《孔子是怎样炼成的》、郦波主讲的《曾国藩家训》等。

第三，多订阅优秀的报刊，多看弘扬优秀传统文化的影视作品。中国许多优

---

①指读书、教书、编辑学院学报和出版个人专著。我把自己一生的工作概括为读书做人、教书育人、编书益人、著书立言立人。

②我从1971年开始教书，至今已40余年。

③孟子说：“得天下英才而教育之，人之三乐也。”

秀的杂志和影视作品直接或间接地弘扬优秀传统文化，对人进行伦理道德教育。

第四，多参加有益的文化活动。最近几年，全国各地纷纷举办以宣讲《弟子规》等优秀传统文化为内容的公益文化论坛活动，我参加过阜阳市举办的这样的活动，听了来自全国的专家、名人的感人报告，很受教育。家长可以带着孩子一起听听，对提高文化修养大有裨益。

第五，充分利用网络，阅读优秀传统文化书籍，聆听专家报告。现在网络已经普及到农村，网络世界，应有尽有。人人都可上网读书、听报告、看影视节目，既省钱，又方便。

第六，多购、多读教育学、心理学、家庭教育方面的书报杂志。现在，有关教育方面的书报杂志很多，长期坚持学习，理论联系实际地观察、思考家庭教育问题，丰富自己的教育思想，总能找到教育好孩子的方法。

第七，《中庸》云："博学之，审问之，慎思之，明辨之，笃行之。"学习优秀传统文化一定要"笃行"，才能把知识转化为思想，进而指导自己的言行。只学知识而没有行动，则不能提高人的文化素质，可能还是一个"有知识，没文化"的人，即只会背诵死知识而没有文化修养的人。

附录二

家长应该做到的40件事

下面的文章是我在多伦多女儿家看到的西方国家对家长的要求，对中国的家长很有启发、借鉴意义，特附在这里供家长参考，括弧里的话是我的点评。

1．对孩子提出的问题要耐心、老实地做出回答。（耐心和爱心同等重要，没有耐心就没有爱心。耐心、诚实地回答孩子的问题是对孩子的尊重，能激励孩子不断地观察发现问题、提出问题、思考问题，培养孩子的问题意识，满足孩子的求知欲。）

2．认真地对待孩子提出的正经问题和看法。（“认真”即不敷衍、不忽视孩子提出的“正经”问题，包括两性问题。孩子的“看法”可能与成人不同，不要反对孩子的“看法”，可以平等地和孩子讨论不同看法，有利于培养孩子的独立思考问题的能力。孩子没有发现问题，或没有不同看法，或者有问题、有不同看法而不敢提，才是最大的问题。）

3．建立一个陈列室，让孩子充分展示自己的作品。（这样做是对孩子的肯定和支持，能提高孩子对绘画、小制作等的兴趣，培养孩子的动手能力、创造能力。）

4．不因孩子房间里或者书桌上很乱而责备他，只要这与他的创作活动有关。（这是对孩子创作活动的支持，想一想爱迪生的故事吧。）

5．给孩子一个房间，或房间的一部分，主要供孩子玩耍。（给孩子一个自由活动的空间，让孩子自由自在地玩耍，有利于培养孩子的个性和创造性。没有自由就没有思想，就没有创造。）

6．向孩子说明他本身已经很可爱，用不着表现自己。（这样做能让孩子感受到父母的爱心，增强孩子的自信心。）

7. 让孩子做他力所能及的事情。（放手让孩子做力所能及的事情，能培养孩子的动手、动脑能力，提高孩子的生活能力，因为能力比知识更重要。）

8. 帮助孩子修改他的作业。（耐心“帮助”，即启发、引导孩子自己改正作业，而不是指责孩子作业中的错误，或简单地告诉答案，这有利于培养孩子的自学能力。）

9. 帮孩子制订个人计划和完成计划的方法。（这有助于帮孩子形成做事有计划的习惯。）

10. 带孩子到他感兴趣的地方玩。（兴趣是最好的老师，玩是儿童的基本需要。）

11. 帮助孩子与来自不同社会文化阶层的孩子正常交往。（交往能力是人最重要的能力，是做人的基本功。要支持和帮助孩子学会和各种人交往，为今后的发展打下坚实的基础。）

12. 家长养成合理的行为习惯，并留心让孩子学着做。（身教重于言教，榜样的力量是无穷的。要求孩子养成合理的行为习惯，家长首先要养成合理的行为习惯。）

13. 从来不对孩子说“你比别的孩子差”。（这是对孩子的信任，能提高孩子的自信心。不要盲目地和其他孩子攀比。切记自信是成功的基础。）

14. 允许孩子参加计划家务和外出旅行的事情。（这是对孩子的尊重和信任，有助于培养孩子学会生活。）

15. 向孩子提供书籍和材料，让孩子干自己喜欢的事情。（有助于孩子养成读书的好习惯，培养孩子的兴趣。）

16. 教孩子与各种年龄的成年人自由交往。（孩子的成长离不开交往活动，交往就是学习。）

17. 定期为孩子读点东西。（为养成读书习惯奠定基础。）

18. 让孩子从小养成读书的习惯。（好习惯助人成功。）

19. 鼓励编故事，去幻想。（有助于培养孩子的想象力和创造力。）

20. 认真地对待孩子的个人要求。（对孩子要尊重，尊重孩子是教育的前提。）

21. 每天都抽出时间和孩子在一起。（这样能更多地了解孩子，让孩子感受到你的爱心。）

22. 不用辱骂来惩治孩子。（用辱骂来惩治孩子是无能又无效的教育，会使孩子出现心理问题。）

23．不能因孩子犯错误而戏弄他。（孩子犯错误是难免的，因此而“戏弄”孩子是对孩子的羞辱，会引起孩子的逆反心理。）

24．表扬孩子会唱歌、背诗和讲故事。（表扬的力量是无穷的，表扬孩子的具体事情效果更好。）

25．让孩子独立思考问题。（没有独立性就没有思想，没有创造性。）

26．详细制订实验计划，帮助孩子了解更多的事情。

27．允许孩子玩各种废弃物。（有助于培养孩子的创造性。）

28．鼓励孩子发现问题，随后解决这些问题。（可以培养孩子的观察力和解决问题的能力。）

29．在孩子干的事情中，不断寻找值得赞许的地方。（好孩子都是夸出来的。）

30．不要空洞地和不真诚地表扬孩子。（防止孩子出现虚荣心。）

31．诚实地批评自己对孩子的感情。（家长做出自我批评的榜样，启发孩子学会自我批评。）

32．不存在家长完全不能与孩子讨论的话题。（同2）

33．让孩子有机会真正做决定。（有助于培养孩子的判断、选择和做决定的能力。）

34．帮助孩子成为有个性的人。（有个性就有活力。有个性的人才有独立性和创造性。）

35．帮助孩子寻找值得注意的电视节目。（孩子可以从值得看的电视节目中学到书本里学不到的东西。）

36．发挥孩子积极认识自己才能的能力。（人贵有自知之明。这有助于培养孩子的自知之明和自信心。）

37．不对孩子的失败表示瞧不起，并不要对孩子说：“这个我也不会。”（失败是成功之母。对孩子的失败瞧不起，就是看不起孩子，会打击孩子的积极性。）

38．鼓励孩子尽量不依赖别人。（应该培养孩子脱离依赖性，增强独立性。）

39．相信孩子的理解并信任他。（可增强孩子的自信心。）

40．让孩子独立完成他所从事的工作的基本部分，哪怕不会有积极的结果。（有助于培养孩子的自信心和独立性。）

（原载育儿网论坛）

参考文献

［1］华中师范学院教育科学研究所．陶行知全集[M]．长沙：湖南教育出版社，1985.

［2］赵忠心．家庭教育学[M]．北京：人民教育出版社，1994.

［3］赵忠心．中国家庭教育五千年[M]．北京：中国法制出版社，2003.

［4］孙云晓．好的关系胜过许多教育[M]．北京：新世界出版社，2005.

［5］孙云晓．我眼里的健康教育[M]．长春：时代文艺出版社，2008.

［6］王世杰，张耀宗，吴一德．陶行知创造教育思想[M]．合肥：安徽教育出版社，1991.

［7］何国华．陶行知教育学[M]．广州：广东高等教育出版社，1994.

［8］李镇西．民主与教育[M]．成都：四川少年儿童出版社，2004.

［9］联合国教科文组织．教育——财富蕴藏其中[M]．北京：教育科学出版社，1996.

［10］杨伯峻．论语译注[M]．北京：中华书局，1980.

［11］刘彦灯，范又琪译著．道德经　百喻经俗译[M]．武汉：华中理工大学出版社，1990.

［12］丁广举．忠信教育法及其评要[M]．北京：华夏出版社，1999.

［13］朱小蔓．情感教育论纲[M]．北京：人民出版社，2008.

［14］朱小蔓．教育的问题与挑战[M]．南京：南京师范大学出版社，2000.

［15］黄全愈．素质教育在美国——留美博士眼里的中美教育[M]．广州：广东教育出版社，1999.

［16］黄全愈．美式校园——素质教育在美国[M]．北京：中国人民大学出版社，2010.

［17］陈绶祥．素质教育在中国[M]．广州：羊城晚报出版社，2000.

［18］储朝晖．中国教育再造[M]．上海：上海教育出版社，2005.

［19］郭家齐．中国教育思想史[M]．北京：教育科学出版社，1987.

［20］檀传宝．学校道德教育原理[M]．北京：教育科学出版社，2000.

[21] 班华. 心育论[M]. 合肥：安徽教育出版社，1995.

[22] 卢勤. 告诉孩子你真棒[M]. 武汉：长江文艺出版社，2004.

[23] 马绍斌. 心理保健[M]. 广州：暨南大学出版社，1995.

[24] 郑日昌. 大学生心理咨询[M]. 济南：山东教育出版社，1999.

[25] 史林. 曾国藩成功学全书[M]. 北京：中华工商联合出版社，2000.

[26] 杨博一. 哈佛情商设计[M]. 北京：中国城市出版社，1997.

[27] 廉勇. 哈佛优等生的学习方法与培养细节[M]. 北京：石油工业出版社，2007.

[28] 刘畅. 赞赏是世界上最有效的教育法则[M]. 哈尔滨：哈尔滨出版社，2008.

[29] 王耀华. 说到不如做到[M]. 台北：普林斯特资讯股份有限公司，2010.

[30] 张乐群. 中小学校长教育与管理思想研究[M]. 合肥：安徽大学出版社，2007.

[31] 林瑞瑜. 哈佛之路. 台北：宝瓶文化事业有限公司. 2013.

[32] 邓小平. 邓小平文选[M]. 北京：人民出版社，1993.

后　记

断断续续写了几年的《“一半的教育”在家庭》终于付印了，我要特别感谢久闻大名、至今尚未拜见的中国家庭教育学会副会长、中国教育学会家庭教育专业委员会理事长、北京师范大学教授赵忠心为本书题词，对拙作给予了出乎意料的评价和推介；非常感谢中国教育科学研究院研究员、中国陶行知研究会副秘书长、陶行知研究专家、《教育史研究》副主编、教育学博士储朝晖同志百忙中写出了长篇序言，对拙作做了全面的梳理和点评，提出了很好的修改建议；安徽省陶行知研究专家，《安徽教育学院学报》原副主编、副编审，八十七岁的吴一德老人是我陶行知研究的引路人和指导者，衷心感谢他不顾年老体衰认真审读，并为拙作写序，给予较高的评价和热情的鼓励；感谢阜阳市关工委家教组的领导给我鼓励和支持。感谢我的同事、朋友桑建中同志的建议和支持；感谢所有的关心、支持、鼓励我写作的领导、老师、同学和朋友们。当然，也要感谢我的爱人、儿女的支持。

感谢女儿，没有她的日记，这本书是写不出来的。更要感谢女儿和儿子努力的奋斗和优秀的表现，证明了我对他们的素质教育是卓有成效的。

孩子的成长，家庭教育是“一半的教育”，学校教育是另“一半的教育”。没有学校的“一半的教育”，家庭教育是不可能成功的。他们的良好表现不仅是家庭教育的结果，也是他们的许许多多的老师培养教育的结果。所以，我特别感谢孩子幼儿园、小学、中学、大学的那些教育、培养他们的教授和老师。

书中的部分内容在不同级别的教育刊物上发表过，编入时做了一些适当的修改。

由于本人的水平有限，本书肯定还有一些不妥和讹舛之处，敬请读者指正。

我很乐意和读者交流，共同研究、解决家庭教育问题。欢迎读者不吝赐教，提出读后的意见和建议。

我的电子信箱是：1343029819@qq.com

张乐群

2014年2月10日于多伦多